Y FO – GUTO

Guto Roberts – un o gewri gwerin gwlad

Y dethol a'r golygu gan
MEREDYDD EVANS

Argraffiad cyntaf: Hydref 2000

ⓗ *awdur/Gwasg Carreg Gwalch*

Rhif Llyfr Safonol Rhyngwladol:
0-86381-652-5

Llun y clawr: Guto yn y ffilm 'Twll o Le', Ffilmiau Bryngwyn, 1987
Cynllun clawr: Sian Parri
Allanoli ffilm i'r unedau o luniau: Gwasg Dwyfor

Argraffwyd a chyhoeddwyd gan Wasg Carreg Gwalch,
12 Iard yr Orsaf, Llanrwst, Dyffryn Conwy, LL26 0EH.
☎ 01492 642031
📠 01492 641502
✉ llyfrau@carreg-gwalch.co.uk
Lle ar y we: www.carreg-gwalch.co.uk

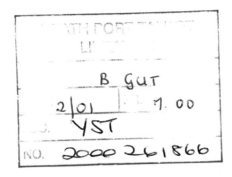
Cyflwynedig i Marian

Â'r elw o werthiant y gyfrol hon i Gronfa Cyfeillion Cae'r Gors.

Cynnwys

Anerchiadau

Rhagair

Yng nghwrs y bennod agoriadol nodais gymorth penodol a gefais gan rai o gyfeillion Guto. Poenais a holais ragor ohonynt o bryd i'w gilydd ond maent yn rhy lluosog i'w henwi yma. Derbynied pob un ohonynt fy niolch gwresog.

Eithr yr hyn sydd bennaf yn fy ngolwg yma yw maint fy nyled i Marian. Hi a gasglodd bapurau Guto ynghyd er mwyn imi ddethol rhannau ohonynt ar gyfer eu cyhoeddi. I'w hymchwiliadau hi mewn archif a llyfrgell yr wyf yn ddyledus am lu o ffeithiau yn ei gylch. Gadewais y dewis o ddarluniau yn llwyr iddi hi ac at hyn i gyd teipiodd y cyfan o'r defnydd ar gyfer imi ei olygu. Cedwais hi i siarad ar y ffôn am oriau a theithiodd deirgwaith i'm gweld yma yng Nghwmystwyth i drin a thrafod cynnwys y gyfrol.

O ran golygu cynnyrch Guto ei hun, ar wahân i'r ysgrifau ffurfiol sy'n llenyddol eu harddull, y gwaith anoddaf oedd ceisio sicrhau cysondeb orgraff. Diamau imi fethu yma ac acw. Maddeuer.

Gŵr llafar oedd Guto a phrofiad a gefais droeon wrth ddarllen cerdd a sgwrs o'i eiddo oedd ei glywed yn eu llefaru – ei oslef, ei amseru, ei gywair a'i drawiad. Bellach distawodd ei lais ond erys ei eiriau a chredaf fod digon o fywyd ynddynt i beri difyrrwch a boddhad i lu o'i gyd-Gymry. Trwy droeon ei yrfa dyna fu un o amcanion hogyn Muriau Mawr.

Byrgofiant

Prynhawn braf o haf oedd hi. Crwydrai Guto a minnau flaenau Cwm Pennant. Fy ymweliad cyntaf i â'r fan. Pwrpas y bererindod oedd gweld Isallt Fawr, y tŷ hynafol o'r ail ganrif ar bymtheg y ganwyd fy nghyfaill ynddo. Ac fe'i gwelsom, er y bu'n rhaid bodloni ar edrych arno o'r tu allan yn unig. Nid anfantais mo hynny chwaith oherwydd gwelais ei du mewn cynharach yn eglur ddigon yn nisgrifiad Guto ohono ddyddiau ei blentyndod

Hyd at hynny bu'r llifeiriant geiriol o'i du o yn ddibaid. Bellach, ninnau â'n gwarrau at yr hen dŷ, disgynnem mewn dwys ddistawrwydd i lawr y llechwedd i gyfeiriad yr afon ar lawr y Cwm. Safodd Guto'n sydyn. Dechreuodd feichio crïo; crïo lond ei fol. Ni allwn innau wneud yn amgen na gosod fy mraich dros ei ysgwydd a'i wasgu'n dynn.

Dyna fo i'r dim. Dyn teimladwy yn ymateb yn ebrwydd i unrhyw newid. Un hawdd iawn i'w gyffwrdd a'i gyffroi; creadur clwyfadwy. A'r dwthwn hwn fe'i dyrchafwyd a'i ddarostwng gan Isallt Fawr.

Yno y ganwyd ei fam a'i mam hithau ac ymfalchïai Guto fod ei wreiddiau mewn lle mor hynafol ac enwog. Onid yma yr oedd gwreiddiau y Robertiaid hynny a gyfrannodd mor anrhydeddus i feddygaeth yng Nghymru, gydag un ohonynt, Griffith Roberts, yn dra adnabyddus fel casglwr hen lawysgrifau Cymraeg, ac onid un o'r hil hefyd oedd Gwen, mam Dafydd y Garreg Wen, a gwraig fedrus ar ganu penillion? Yn wir, prin bedair blynedd cyn ei farw fe'm galwodd ar y ffôn yn llawn cyffro gorfoleddus. Newydd ddarganfod, meddai, ei fod yntau yn perthyn i Robertiaid Isallt Fawr. Ni chofiaf bellach sut y bu iddo ddarganfod hynny ond cofiaf yn ddigamsyniol frwdfrydedd yr adroddiad.

Ni wyddai Guto i sicrwydd ymhle yn union y ganwyd ei dad, Morris Roberts; efallai Llangwnnadl, gan mai merch Plas Llangwnnadl oedd ei fam, ond yn Llanfrothen y magwyd o a hynny mewn tŷ o'r enw Carreghylldrem Bach. Ac yr oedd gan Guto stori drist ryfeddol am ei nain Llanfrothen.

O gylch y flwyddyn 1920 roedd Ifan Owen, a ffermiai Hafodgaregog, Nanmor, yn gyrru ei gert a cheffyl i Borthmadog a chafodd nain Guto fynd gydag o. Wrth ddod drwy'r pentre dyma godi hogyn, William Evans, oedd tua deg neu un ar ddeg oed ar y pryd (a chanddo fo y cafodd Guto'r stori flynyddoedd lawer yn ddiweddarach). Bu'n glawio'n drwm oriau ynghynt ac roedd dŵr dros ffordd y Morfa, rhwng y pentre ac afon Glaslyn. Erbyn dod at Bont Traeth, honno'n bont bren y pryd hynny, roedd y dŵr mor uchel fel ei fod yn ffrwtian yn ffyrnig rhwng estyll y bont. Dychrynodd y ceffyl a cheisiodd droi'n ôl. Dim gobaith. Torrodd drwy'r canllawiau ac aeth yntau a'r gert i ferw'r llif. Llwyddodd William Evans i neidio i'r tir fel y dymchwelai'r gert i'r dŵr ond boddwyd nain Guto ac Ifan Owen.

Ganwyd Guto ei hun yn ail fab i Jane a Morris Roberts yn Isallt Fawr ar Fawrth 13eg, 1925, ond bum mlynedd yn ddiweddarach symudodd y teulu, y rhieni a'r bechgyn, Wil, Guto a Morris, i bentre Rhos-lan; i Fronolau Isaf i ddechrau ac yna i Muriau Mawr.

Bywyd caled ac anodd oedd bywyd ffermwr bychan yn y cyfnod hwnnw a chymhlethwyd y sefyllfa ymhellach yn Fronolau Isaf oherwydd fod y tad yn dioddef o'r Clefyd Siwgwr. Fe'i cawsai'n anodd cael dau ben llinyn ynghyd a cheisiodd gael gostyngiad rhent gan y meistr tir. Dywedodd y byddai'n cefnu ar y fferm oni châi hynny. Ni thyciodd hynny ddim a rhoed y fferm i deulu arall.

Yn ffodus cafodd Morris Roberts gynnig tŷ Muriau Mawr i fyw ynddo gan Gruffydd Roberts, Cae Canol. Gwaetha'r modd nid oedd daliadaeth tir ynghlwm wrth hwnnw ond o fewn ychydig amser wedi i'r teulu symud yno llwyddodd y tad i rentu tri chae a gweirglodd o dir fferm dros y ffordd, Cefn Uchaf. Addasodd beth ar dai allan Muriau Mawr a chaed beudy a chadlas yno. Cadwai'r teulu ddwy neu dair o wartheg a thipyn o ddefaid. Hefyd, yn wahanol i ffermwyr yn gyffredinol, aeth Morris Roberts ati i drin gardd lysiau. 'Doedd yno fawr ddim lle i arddio, chwedl Guto, ond trodd ei dad bob congl o'r ychydig oedd ar gael er mwyn cyfarfod â rhai o anghenion ei deulu.

Eithr dirywio a wnâi cyflwr Morris Roberts o fis i fis ac aethai trin y tir yn orthrwm cynyddol arno. Ymhen amser bu'n rhaid gwerthu'r gwartheg a'r defaid. Yn 1938 bu farw ac er bod Wil, y mab hynaf, erbyn hynny wedi dechrau gweini ar rai o ffermydd y cylch a thrwy hynny yn ysgafnhau rhywfaint ar faich cynhaliaeth y teulu, dyfodol tywyll ddigon a wynebai Jane Roberts a'i phlant. 'Does ryfedd i Guto flynyddoedd yn ddiweddarach saernïo englyn i'w fam gan ei gosod yn arwrol yn y cefndir hwn o fywyd llawn ymdrech:

Er ei byw heb aur y byd – na'i chwennych,
    Ni chwynodd am ennyd;
Hwyliodd trwy stormydd celyd
Yn braf, canys uwch ei bryd.

Serch hynny roedd gweddau eraill ar y bywyd ymdrechgar hwn, o drugaredd, ac un o atgofion mwyaf pleserus cyfnod plentyndod Guto oedd ymweliadau'r teulu â pherthnasau iddynt a drigai ym Mhenclogwyn, tyddyn ar y gefnen sydd rhwng Cwm Pennant a Chwm Ystradllyn. Soniodd am yr ymweliadau hyn droeon yn gyhoeddus, ar lwyfan a radio, a chyrchu dŵr dros afon a fyddai imi geisio llefaru ar ei ran. Dyma'r dyn ei hun yn ei ddigyffelyb ddull:

I'r Penclogwyn yma y byddwn i'n mynd. Mynd yn rheolaidd bob gwyliau ysgol a'r naill neu'r llall ohonom, dri o hogia, yn aros yno yn ein tro. Mi fydda 'Nhad a Mam a'r ddau frawd arall yn danfon y cynta bob amser.

Mynd hefo'r bŷs o Ros-lan, drwy'r Garn a Dolbenmaen a'r Golan cyn belled â'r Clenennau. Yna ei throedio hi yn bump hapus ar draws y caeau a llygaid pob un wedi ei ddyrchafu, os nad i'r mynyddoedd, i'r tŷ bychan gwyn uwchlaw.

Sylwi'n sydyn fod rhywun yn sefyll ar ymyl y Clogwyn rhyngom a'r awyr las ac yna'n diflannu yr un mor gyflym i gyfeiriad y tŷ.

Roedd Anti Meri wedi'n gweld ac wedi brysio â'r newydd i Anti Bet a Dewyrth Wiliam, ei chwaer a'i brawd. Dyna ninnau bellach wedi cyrraedd y terfyn rhwng Y Clena a Chae Du. Tros gamfa a dringo hytraws y cae i gamfa arall a throsodd i dir Penclogwyn. Mae'r llwybr yn serth iawn bellach o'r fan honno i Benclogwyn ond os bydd y gwynt yn ffafriol, dygnu arni, gan fod aroglau llosgi mawn i'w ffroeni yn yr awyr a ninnau o fewn chwarter milltir i'r tŷ.

Cyrraedd y top, a'r tri hogyn yn osa ras ar hyd y llwybr, llwybr gyda rhimyn o lechi yma ac acw ble'r oedd y tir yn llaith.

Dod at y tŷ, heb yn wybod bron, a chael eich hun wrth y drws cyn ei weld, gan fod wyneb y tŷ yn llawer is na'r tir o'i flaen o, ond fod llwybr dwylath yn rhedeg ar ei hyd o o'r Tŷ Mawn yn y talcen at Ddrws y Ffrynt.

Drws ddylwn i ddeud; 'doedd 'no ddim drws cefn. Yn wir, tŷ un drws, tŷ un llawr oedd o. Tŷ un corn, tŷ un stafell, mewn gwirionedd, ond fod dau wely wenscot â'u cefnau at y rhan fyw, a drws yn hongian ar dalcen un, a chliciadu ar dalcen y llall, i ffurfio math o siambar. A'r drws hwnnw oedd yn arwain heibio un o'r gwlâu i'r tŷ llaeth a'i do ar osgo yn y cefn.

'Fydda dim angen curo. Cyn gynted ag y clywid sŵn ein traed mi fydda Anti Bet yn galw – 'Dowch i mewn hogia bach' – a chyn gynted ag y byddan ni dros y trothwy roedd 'na lasiad bach o win ysgaw i 'Nhad a Mam a llond ecob bob un i'r 'Hogia bach, i'w cnesu nhw'.

Allan â ni'r hogia wedyn i chwara cuddio yn hafnau'r clogwyni, i ddisgwyl bwyd, a 'Nhad a Mam yn sgwrsio hefo'r ddwy chwaer a'r brawd yn y tŷ.

Mae cynhesrwydd y croeso yn dweud y cyfan a byddai'n arfer gan Guto hefyd ddisgrifio'r tri chymeriad a dodrefn y tŷ.

Hepgorwn hynny yma am y tro, fodd bynnag, gan fodloni'n unig ar ei ddyfynnu yn adrodd stori am un o'r chwiorydd:

Roedd yr hynaf o'r merched, sef Mary Roberts, wedi bod i ffwrdd yn gweini byddigions ar un adeg ond am ryw reswm wedi dod adref, oherwydd ei hoed hwyrach, gan ei bod hi'n tynnu 'mlaen pan gofia i hi gynta. Hi fydda'n arfer mynd a dŵad i'r Port a'r Garn i neud negeseua a hi hefyd, yn fwya arbennig, fyddai â gofal y tŷ ac anaml y ceid hi, ac eithrio ar gynhaea gwair, yn ymwneud â gwaith y tyddyn.

Mae'n wir y bydda hi'n mynd i'r fawnog adeg cario mawn ac o dro i dro yn cynorthwyo i fynd â gwarthegyn o gae i gae, neu fynd ag un o'r buchod at y tarw i'r ffarm nesaf. Tueddai at fod yn wyllt ei thymer a chlywais amdani unwaith yn cael trafferth fawr mewn tir agored wrth fynd ag un o'r buchod at y tarw – y fuwch honno yn mynnu rhedeg a chrwydro i ganol y cae yn lle dilyn y clawdd.

Yna, hefo Meri wedi gwylltio'n gaclwm, gwylltio nes oedd hi'n crïo, medda hi: 'Wel, wel, 'wn i ddim pam ddiawl na chadwch chi fustych.'

I Ysgol Llanystumdwy yr aeth Guto i ddechrau a hynny yng nghwmni tua phymtheg o blant eraill; cerdded gryn dair milltir yno o Fronolau Isaf. Ychydig a gofiai am yr ysgol honno ond arferai sôn dipyn am Miss Whittington oedd wedi bod yn athrawes ar y plant lleiaf am yn agos i ddeugain mlynedd cyn i Guto ddod yn un o'i disgyblion. Trwyddi hi cafodd unwaith olwg ar yr hen drefn. Hogyn llawchwith oedd un o'i gyfoedion ac er mwyn sicrhau ei fod yn sgwennu â'i law dde rhoes yr athrawes ei fraich chwith mewn hen fag brethyn a'i glymu â llinyn uwchlaw ei benelin; profiad annymunol iawn i'r dioddefydd druan. Tystiai Guto gyda balchter mai Cymraeg oedd iaith yr ysgol, fod yno ddisgyblaeth dda a bod parch at yr athrawon o du'r plant. Roedd yno gansen bid siŵr ond ni theimlodd lach honno unwaith: 'rhaid 'mod i'n dda neu na ches i rioed fy nal' oedd ei esboniad ar hynny. Gan ei bod yn Ysgol

Eglwys disgwylid iddo adrodd y Credo a phob Tachwedd yr unfed ar ddeg gorymdeithiai gyda'r disgyblion eraill i Eglwys y Plwyf ar gyfer y Gwasanaeth Coffa. Ei ddyfarniad cyffredinol ar yr ysgol oedd: "Doedd hi ddim yn boen yn y byd imi'!

Yn 1937 aeth oddi yno i'r Ysgol Sir ym Mhorthmadog ac i awyrgylch bur ddieithr a gwahanol. Ar wahân i ambell athro a siaradai Gymraeg yn y dosbarth yn achlysurol ysgol drylwyr Seisnig ei hiaith oedd yr un newydd. A dyfynnu Guto ei hun: 'Ysgol Seisnig iawn iawn oedd hi'. Disgrifiodd ei brofiad yno mewn sgwrs fywiog a digrif ryfeddol a roes yng nghyfarfod dathlu canmlwyddiant yr ysgol, a gynhaliwyd yng Nghricieth ar Fedi 30ain, 1994. Atgynhyrchir y sgwrs honno yn nes ymlaen yn y gyfrol hon a gallwn felly symud ymlaen at gyfnod ennill ei fara beunyddiol.

Cyn hynny, fodd bynnag, mae'n werth sylwi iddo fwrw iddi i weithio yn ystod gwyliau'r ysgol. Un diddiog iawn oedd hogyn Muriau Mawr. Cynorthwyo yn rhai o ffermydd yr ardal yr oedd, yn arbennig adeg cynaeafau gwair, ond yn ystod haf 1939 cefnodd ar hynny a bu'n brysur ar ei feic yn dosbarthu teligramau o Swyddfa Post Cricieth i'r ardaloedd cylchynol. O ddewis, chwedl yntau, y gwnâi hyn ond nid amherthnasol o bell ffordd oedd y ffaith ei fod yn derbyn rhywfaint o dâl am ei ymdrechion a thrwy hynny yn cyfrannu peth at gynhaliaeth ei deulu.

* * *

Ar brynhawn Sul yn haf 1941 daeth un o athrawon yr Ysgol Sir, W.J. Hughes (gŵr â'i wreiddiau yng Nghae'r-ffridd, Tanygrisiau) draw i Furiau Mawr i ddweud bod lle i Guto, pe dymunai, i ddechrau gweithio mewn siop groser ym Mhorthmadog. Digwyddai fod allan ar y pryd ond pan dorrwyd y newydd iddo gan ei fam yn ddiweddarach neidiodd at y cynnig ar unwaith gyda'r canlyniad iddo gychwyn gweithio yn Cash Stores ddechrau Medi, 1941. Gŵr o'r Garn oedd J.O. Jones, perchennog y siop, ac fel 'Jones Cash' yr adwaenid y siop gan bobl y dre a'r cylch. Yno, yn un ar bymtheg oed, y bwriodd Guto ei brentisiaeth fel siopwr a gadawodd hynny farc annileadwy arno.

Mewn ysgrif i'r *Radio Times*, rhifyn wythnos gyntaf Ebrill, 1969, fe'i disgrifiwyd fel hyn gan ei gyfaill, W.S. Jones (Wil Sam):

> Mae Guto Roberts, Muriau Mawr, wedi'i brentisio yn siopwr. Mae o'n siopwr da; werth chi weld o'n troi clustia bag Mari Bisgwij. Cwsmar yn mynd i siop i chwilio am chwartar o frôn a dŵad allan hefo ham gyfa. Siopwr fela ydy Guto, rhoi clap o fferis yng ngheg hogyn piwis a gwerthu'r siop i'w fam o.

Yr un awch ac ysfa i werthu a hybu nwyddau oedd wrth wraidd y gwerthu a hybu 'achosion' o bob math a'i nodweddodd weddill ei oes.

Yn ddeunaw oed galwyd arno i gofrestru ar gyfer y Lluoedd Arfog. Bu'n petruso am gryn dipyn beth a ddylai ei wneud, pa un ai ymuno â'r fyddin ynteu sefyll fel gwrthwynebydd cydwybodol. Penderfynodd ymuno ond am resymau meddygol fe'i gwrthodwyd ac arhosodd yn y siop am saith mlynedd.

Symud wedyn yn 1948 i weithio yn siop E.B. Jones ym Mhwllheli. Bu Hugh Williams, Tŷ Capel Penmount, Pwllheli, yn cydweithio ag o yno; ar y cychwyn yn cario negeseuau i gwsmeriaid yn ystod gwyliau ysgol ac ar Sadyrnau, yna yn ddiweddarach yn llawn amser yn y siop. Erbyn hynny roedd Guto wedi dechrau ei sefydlu ei hun yn Eifionydd fel siopwr llengar a chawn gip felly arno yn atgofion Hugh Williams. Mynnai fod yr hogyn yn dysgu englynion a gosodid profion cyson arno wedi i'r 'athro' ddewis rhai ar ei gyfer. Byddai gofyn iddo weithiau hefyd weithredu fel cynulleidfa. Cofia Hugh yn burion am y tro hwnnw pan wahoddwyd Guto i arwain Eisteddfod Ffermwyr Ifainc yn Neuadd y Dref, Pwllheli ac yntau wedyn yn gorfod gwrando ar rai straeon 'o'r llwyfan' er mwyn gweld pa rai ohonynt a âi i lawr orau. Ar ail lawr yr adeilad y digwyddodd y perfformiad hwn ac i'r fan neilltuedig honno hefyd y ciliai Guto yn achlysurol i ymarfer ar gyfer perfformiadau eraill yn Aelwyd Y Garn. Os bu paratöwr trylwyr erioed Guto oedd hwnnw. Ond nid esgeulusai ei ddyletswyddau siopwrol ar unrhyw adeg. I'r gwrthwyneb. Tystia Hugh yn groyw i'w fedr fel siopwr; yn sionc yn ei ffedog wen, ei lewys wedi eu torchi at ei benelinoedd ac yn syndod o gryf wrth symud sacheidiau a bocseidiau trymion.

Wedi dwy flynedd ym Mhwllheli symudodd i weithio i siop arall, yn Fourcrosses, Siop yr Hafod neu Siop Frank fel y gelwid hi ar ôl Frank Williams, y perchennog. Arhosodd yno am bedair blynedd ac unwaith yn rhagor cawn dystiolaeth i'w frwdfrydedd llenyddol mewn llythyr cydymdeimlad a dderbyniodd Marian oddi wrth y Parchedig Pryderi Llwyd Jones a'i briod:

> Pan oeddwn i'n ifanc roeddwn i'n mynd â'r Herald o dŷ i dŷ ym mhentra Ffôr. Roedd Guto wedi dŵad i weithio i'r siop a'i syniad o oedd mynd â'r papur o dŷ i dŷ. Ond roedd ganddo syniad arall hefyd – ac un gwell. Wrth ddechra ar fy rownd roedd o'n rhoid englyn i mi ei ddysgu a'r gamp oedd adrodd yr englyn iddo fo ar ôl cyrraedd yn ôl. Weithia roedd y rownd yn cymryd mwy na ddylia hi – ond fe wnes i ddysgu englyn bob wythnos!! Dyna pam mae gin i stôr ohonyn nhw. A dyna pam yr oedd Guto yn creu brwdfrydedd a llawenydd fel 'athro' wrth reddf.

Yn Y Ffôr yr oedd hefyd pan luniodd un o'i ddychangerddi cynharaf. Eithr nid y mannau y bu'n gweithio fel siopwr ynddynt a welodd osod y seiliau i'w yrfa fel carwr llên, actor a gŵr cyhoeddus. I ardal Garndolbenmaen (a chofio fod Rhoslan, yng ngolwg Guto beth bynnag, yn rhan ohoni) y perthyn y fraint honno ac at hynny y mae'n rhaid troi yrŵan. Gweithio yn y Port, Pwllheli a'r Ffôr, ond byw yn Y Garn; dyna'r drefn.

Yr allwedd i'r cyfan, hyd y gwelaf, yw y capel yn Rhos-lan ac yn arbennig felly 'Yr Aelwyd' yn Y Garn.

Yn 1941 daeth y Parchedig J.T. Williams yn weinidog ar Eglwys Yr Annibynwyr, Rhos-lan, a chymerodd y ddau at ei gilydd yn y fan a'r lle. Yn wir, yng nghwmni ei weinidog y cwrddais i â Guto am y tro cyntaf, yn 1943 os cofiaf yn iawn, ym Mangor. Roedd J.T., a dyna sut y cyfeiriai Guto ato yn ddieithriad, wedi dod i Fangor i edrych am gyfaill dyddiau coleg iddo, Emlyn Howells, ac ar ei aelwyd ef a Norah, ei wraig, y bu'r cyfarfyddiad. Ar y pryd roedd Guto o gylch deunaw oed a chofiaf i sgwrsio'r ddau ohonom droi o gylch siopa a heddychiaeth! Ond cofiaf sylwi hefyd fod perthynas gynnes rhwng y gweinidog a'i aelod ifanc. Yn ddiweddar cefais lythyr oddi wrth J.T. Williams a thystia rhan ohono yn amlwg i ddiddordebau llenyddol Guto:

Byddem ein dau yn cystadlu â'n gilydd i weld pwy fyddai'r cyntaf i brynu pob llyfr Cymraeg newydd a ddeuai allan – 'doedd y nifer bryd hynny ddim yn fawr a chaem afael ar y rhan fwyaf a ddeuai o'r Wasg. Sawl tro wedi iddo brynu llyfr newydd ym Mhorthmadog, rhedai i lawr o Muriau Mawr i Tŷ'n Rhos (rhyw hanner milltir) lle'r oeddem ni yn byw, cyn iddo gael ei fwyd, er mwyn dangos ei lyfr newydd a'i fod wedi cael y blaen arnaf fi. O fewn dyddiau byddai wedi mynd trwyddo a'i feistroli . . . Tra bûm yn Rhoslan roedd gennyf ddosbarth dan Gymdeithas Addysg y Gweithwyr (W.E.A.) yng Ngarndolbenmaen unwaith bob wythnos. Bu Guto yn aelod gwerthfawr a ffyddlon o'r dosbarth drwy'r blynyddoedd a'i gyfraniad yn y drafodaeth yn fywiog a goleuedig.

Tipyn o aberth iddo oedd dod yn ffyddlon i'r dosbarth ar ôl diwrnod hir o waith. Ond dyna Guto i'r dim. Cerdded adref wnaem ar ôl y dosbarth – i Muriau Mawr. Tra roeddem ni yn y dosbarth arhosai Eunice yn gwmni i Jane Roberts ac yno y byddem ni wedyn tan oriau mân y bore yn sgwrsio a thrafod. Roedd Guto yn gwmnïwr diddan. Roedd testunau'r dosbarth yn amrywio o aeaf i aeaf:- 'Hanes Cymru', 'Athroniaeth Groeg', 'Barddoniaeth Gymraeg', 'Arweiniad i'r Cynganeddion' – a thybiaf i mai yn y dosbarthiadau hyn y tyfodd ei ddiddordeb yn y cynganeddion y daeth yn gymaint o feistr arnynt wedyn. Yr oedd yn englynwr campus. Yr oedd ganddo doreth o englynion ar ei gof, llawer yn eiddo i feirdd gwlad Eifionydd.

Yn ddiamau bu dylanwad ei weinidog, ac Eunice ei wraig, yn fawr ar Guto ac ymatebodd yntau yn ymarferol a chadarnhaol i hynny trwy gyfrannu'n fywiog i fywyd yr eglwys. Yn ôl J.T. Williams:

'Doedd Guto erioed wedi ffitio i mewn i'r grefydd gyfundrefnol. Roedd o'n sylfaenol gadarn ac yn aml byddai hi'n ddadl ddiwinyddol rhyngddo fo ac Eunice. Codai gwestiynau mawr a meddyliech am funud ei fod yn amheuwr ond nid felly – tynnu rhywun allan fydda fo ac ni chymerai ddim yn ganiataol. Yn ei waith y gwelech chi grefydd Guto. Roedd gwell gafael ganddo ar y gwirionedd na llawer a honnai fwy.

Tystia hefyd fel y dilynent, y ddau ohonynt, gyfarfodydd gwleidyddol yn Llŷn ac Eifionydd a ffawdheglu ar brydiau i feysydd yr Eisteddfodau Cenedlaethol yn ne a gogledd y wlad.

Eithr yn Y Garn y cafodd Guto y cyfle gorau i ddatblygu ei ddoniau cymdeithasol ymysg cyfoedion llawn asbri a brwdfrydedd dros foddau diwylliannol eu bro. A'r Gymdeithas a fu'n ganolog i hyn oedd 'Yr Aelwyd'. Dyna enw pobl Y Garn arni ond nid oedd cysylltiad rhyngddi o gwbl a mudiad Urdd Gobaith Cymru. Fe'i sefydlwyd a'i chynnal, ar y cychwyn, yn gyfan gwbl gan bobl yr ardal. Dyma fel y bu.

Yn 1945 daeth ysgolfeistr newydd i fyw gyda'i deulu yn Nhŷ'r Ysgol y pentref, R. Emyr Roberts, gŵr yn wreiddiol o Ben-y-groes, ac un o'r pethau cyntaf a wnaeth oedd galw cyfarfod cyhoeddus gyda'r bwriad o sefydlu canolfan ieuenctid a'i lleoli yn yr ysgol. Roedd am i'r gymdeithas leol ddefnyddio cymaint ag a ellid ar yr ysgol fel ag i sefydlu cysylltiad byw rhyngddi a'r teuluoedd a wasanaethai. Cafodd ymateb parod i'r alwad ac o fewn dim amser roedd pwyllgor yn ei le, rhaglen wedi ei threfnu dros dymor 1945-6 ac enw 'Yr Aelwyd' wedi'i fabwysiadu ar gyfer y fenter.

Hawdd credu ei bod ymysg canolfannau cymdeithasol mwyaf bywiog y wlad o ystyried amrywiaeth ei gweithgareddau a dyry cipolwg ar y rheiny oleuni inni ar ddatblygiad Guto fel gŵr cyhoeddus amryddawn. Mae'r rhestr digwyddiadau yn drawiadol, yn arbennig o fanylu arni, ond rhaid bodloni yma ar gyffredinoli yn unig.

Ceid darlithiau gan Llwyd o'r Bryn, Bob Owen, Croesor, John Gwilym Jones, Harri Gwynn ac eraill, ymweliadau gan bartïon o bell ac agos, a Pharti Yr Aelwyd ei hun yn eu difyrru hwythau, cystadlu â Chlybiau Ieuenctid ac Aelwydydd yr Urdd, gornestau Tennis Bwrdd, a chystadlu yn Eisteddfod Ieuenctid y Sir. Ym Mai 1951 daeth Yr Aelwyd yn ail orau yn Nosbarth y Clybiau gyda dros 50 o aelodau.

Eithr tynnu ar eu hadnoddau eu hunain a wnâi aelodau'r Aelwyd am eu difyrrwch gan mwyaf a chaed sgyrsiau a phapurau gan rai ohonynt yn aml; Guto yn eu plith. Ar Ionawr 18fed, 1952, traddododd ei sgwrs gyntaf yn Yr Aelwyd, o bosibl, gan ganolbwyntio ar ei atgofion difyrraf, ei hoff bethau a'i hoff lyfrau. Gofelid hefyd am gyfle, bron bob tymor, i'r aelodau ieuengaf a diweddaraf i ddarllen papurau ar ryw bwnc neu'i gilydd. Câi talentau cyfoethog ac amrywiol yr ardal ddigonedd o gyfle i'w mynegi eu hunain mewn cyngherddau a nosweithiau llawen, nid yn unig fel perfformwyr ond hefyd fel cyflenwyr defnydd ar gyfer perfformio, yn gân, adroddiad, sgiets, ac ati, a threfnu'r gweithgareddau. Ymysg yr eitemau mewn Cyngerdd Gŵyl Ddewi un tro yr oedd cystadleuaeth rhwng Côr Bws Porthmadog a Chôr Bws Cricieth a'r gynulleidfa'n beirniadu. Ond dichon mai'r feithrinfa orau ar gyfer hybu doniau mwyaf amrywiol y cylch oedd Eisteddfod Yr Aelwyd. Yma roedd lle i grefftwyr coed a lledr, gwnïo a choginio, i arlunwyr, llenorion a beirdd, yn ogystal ag i adroddwyr, unawdwyr, deuawdwyr a phartïon 'clasurol', arweinwyr corau, a chorau, bandiau cribau a phartïon chwibanu. A pherthynai'r cystadleuwyr i gyd i ddau neu dri thîm gyda phwyntiau yn wobrau. Diwyd y paratoi, ffyrnig y cystadlu a'r cyfan, yn ôl grym arfer anrhydeddus, yn parhau dros gyfnod hir hyd oriau mân y bore.

Un cystadleuydd cyson, ar adrodd yn neilltuol, oedd Helen Pugh ('Parry' bryd hynny) a gyhoeddodd bedair ysgrif mewn rhifynnau o bapur bro *Y Ffynnon* sy'n cyfleu yn gampus yr ymroddiad a'r brwdfrydedd a nodweddai aelodau ei chyfnod yn Y Garn. Dyma ddyfyniad blasus o'i hysgrif ar yr Eisteddfod:

Roedd yn amser gwefreiddiol iawn mewn llawer i gartref yr adeg hynny, gyda mam a merch, a thad a mab yn cystadlu yn frwd yn erbyn ei gilydd neu gyda'i gilydd . . . David Jones, Cambrian Terrace, a Guto y mab yn canu'r ddeuawd fawr 'Lle treigla'r Caferi' nes codi'r to o'r bron. Hefyd unawdau gan rai fel Iorwerth Pritchard, Dafydd Roberts a David John Owen, sydd heddiw'n unawdwyr mewn corau o fri. Aeth rhai eraill ymlaen i fod yn enillwyr cenedlaethol . . . Byddai tua chwe pharti cydadrodd ar y llwyfan, ond parti bechgyn a pharti merched Mrs. Ritchie Williams, Glyn Mair, fyddai'n cipio'r wobr bron yn ddieithriad. Uchafbwynt y noson fyddai'r corau mawr. Tri chôr yn cystadlu a'r beirniad yn gorfod hollti blewyn i wobrwyo. Côr David Jones, Cambrian Terrace, a chôr Mr. Griffiths, Argoed a chôr Tommy Jones, Cefn Ucha. Mae'n dda o beth nad wyf yn cofio pwy âi â'r wobr gyntaf, ond i mi côr David Jones oedd y gorau gan mai i hwnnw yr oeddwn i yn perthyn.

Ac os Eisteddfod Goronog, wel, Ffug Eisteddfod amdani, fel honno a gynhaliwyd yn Ionawr, 1952, hefo 'Tŷ Ni' a 'Tŷ Nesa' yng ngyddfau'i gilydd. Cafwyd Ffug Etholiad yn gynharach, ar Chwefror 4ydd, 1949; Guto'n sefyll dros Blaid Cenedlaethol Cymru ond yn colli i Arfon Pritchard, ymgeisydd y Blaid Ryddfrydol, er i Guto fynnu cael ail gyfrif ar y diwedd! Cynhaliwyd Ffug Brawf hefyd gydag un aelod yn cyhuddo aelod arall o dorri amod priodas.

Gwedd amlwg ar weithgaredd Yr Aelwyd oedd yr un grefyddol ac nid elai tymor heibio heb i'r aelodau drefnu i gynnal gwasanaeth crefyddol yn un o gapeli'r pentref gan wahodd un o'r pregethwyr lleol yno neu, weithiau, bregethwyr o'r tu allan, i draddodi pregeth, gyda'r aelodau eu hunain yn gyfrifol am weddill y gwasanaeth. Ar un nos Sul ym Mehefin, 1947, aeth yr aelodau yn llu mawr i gapel yr Annibynwyr yn Rhos-lan i wrando ar bregeth olaf y Parchedig J.T. Williams fel Gweinidog yr Eglwys cyn iddo symud i fugeiliaeth arall; hynny fel arwydd o barch tuag ato ac o ddiolchgarwch iddo fo ac Eunice ei wraig am eu cefnogaeth a'u cyfraniad i weithgarwch Yr Aelwyd. Cynhelid cyfarfodydd arbennig o gwmpas y Nadolig a thystiodd Gwilym Owen wrthyf mewn sgwrs dro'n ôl, yntau ar ddechrau'r chwedegau yn cynorthwyo Ifor Bowen Griffith i drefnu gwaith Clybiau Ieuenctid Arfon, mai Clwb Y Garn yn unig o holl glybiau'r Sir, a arferai agor eu cyfarfodydd â gair o weddi.

Yn annisgwyl braidd, o ystyried fod Cynan yn cynnal dosbarth Cymdeithas Addysg y Gweithwyr yn Y Garn ar y pryd, fod Guto ei hun yn actor wrth reddf a bod W.S. Jones, yr athrylith comedi hwnnw, yn ymweld â'r Aelwyd yn aml (onid oedd Dora yn aelod amlwg yno?) nid oedd ond ychydig o weithgaredd dramayddol yn digwydd yn y pentref. Serch hynny, nid oedd yn gwbl absennol ac o gwmpas Calan Ionawr, 1950, cyflwynwyd tair drama fer gan yr aelodau; un ohonynt, sef 'Y Gŵr Diarth' yn gynnyrch Wil Sam ei hun. Y ddwy arall, yn ôl Helen Pugh, oedd 'Tynnu Lluniau' a 'Dau Wynebog'. Guto a gynhyrchai ac ef hefyd a chwaraeai ran y Tynnwr Lluniau. Mae'n eithaf tebygol mai yma y cychwynnodd ar ei yrfa fel actor.

Trefnai pwyllgor Yr Aelwyd giniawau pentymor (y dynion yn eu tro yn gyfrifol am y coginio a'r gweini) a chaed digwyddiadau 'allanol' yn ogystal, megis Carnifal, Dathlu Guto Ffowc, Mabolgampau a Theithiau i fannau pell ac agos, o Gwm

Pennant hyd at Gaer a Manceinion.

Fel y gellid disgwyl cyfrannodd Guto yn helaeth at weithgaredd cyhoeddus Yr Aelwyd ond gweithiodd yn ddygn ac effeithiol hefyd ar yr ochr weinyddol i bethau. Bu'n aelod teyrngar o'r Pwyllgor dros flynyddoedd ac yn Arweinydd swyddogol y ganolfan o 1948-52.

Cyfiawnhaodd yn llwyr ymddiriedaeth ei gydaelodau ynddo fel Arweinydd a hyd heddiw tystiolaethant yn gadarn i hynny.

Cyn yr Ail Ryfel Byd cyfrifoldeb mudiadau gwirfoddol oedd darparu yr hyn y daethpwyd i'w alw yn swyddogol, ymhen amser, yn 'Wasanaeth Ieuenctid' ac enghraifft wiw o fudiad felly yn ein plith ni fel pobl, wrth gwrs, oedd Urdd Gobaith Cymru. Eithr ar 27ain o Dachwedd, 1939, rhyw ddeufis wedi cychwyniad y rhyfel, cyhoeddwyd 'Cylchlythyr 1486' gan y Bwrdd Addysg, i'w ddilyn o bryd i'w gilydd gan nifer o Gylchlythyrau cyffelyb a arweiniodd, yn y pendraw, at benodi Swyddogion Ieuenctid proffesiynol perthynol i'r Awdurdodau Lleol. Swyddog Ieuenctid cyntaf Cyngor Sir Gaernarfon oedd Goronwy Roberts a phan etholwyd ef yn Aelod Seneddol yn etholiad cyffredinol 1945 fe'i dilynwyd gan Ifor Bowen Griffith.

Yn ôl cofnodion un o gyfarfodydd Pwyllgor Addysg Bellach Arfon ar Ionawr 22ain, 1948, (ac rwy'n ddyledus am y manylion hyn i Evan Parry, un o aelodau cynnar Yr Aelwyd) cyfeirir at roi seithbunt ar gyfer treuliau cynnal a chadw yr hyn a elwir yn y cofnodion yn 'Aelwyd Yr Urdd', Garndolbenmaen. Yna, yng nghofnodion yr un Pwyllgor, ar gyfer 9fed Mehefin, 1949, nodir i symiau o £30 yr un gael eu talu i R.E. Roberts a G.E. Roberts, yr arian i'w hôl-ddyddio i'r cyntaf o Ebrill; hynny, fe ymddengys, yn rhaniad cyfartal o'r swm yr arferid ei dalu y pryd hynny tuag at dreuliau a gwaith Arweinydd Clwb Ieuenctid. Ac at hyn, ym Medi, 1949, rhoir £60 tuag at gynhaliaeth y Clwb.

Gellir casglu yn weddol ddiogel oddi wrth hyn i Aelwyd Y Garn ddod yn un o Glybiau Ieuenctid swyddogol Arfon erbyn tymor 1948-9 a chystal ychwanegu iddi newid ei chanolfan yn ogystal. Yn ystod ail hanner 1948 bu'r aelodau wrthi'n brysur yn addasu yr 'Institiwt', fel y'i gelwid, ar gyfer bod yn gartref newydd i'r Aelwyd ac ar nos Lun, 23ain Rhagfyr agorwyd y Ganolfan newydd yn swyddogol gan Drefnydd Ieuenctid Y Sir, I.B. Griffith.

Fel hyn yr adroddodd J.P. Thomas ar y pryd yn ei golofn 'Bro Y Garn a'r Cylchoedd' a ymddangosai'n wythnosol yn y *Leader* (*Yr Arweinydd*, newyddiadur Porthmadog):

' . . . Y mae'r adeilad lle yr ymgynullant yn lle manteisiol, ac iddo ystafelloedd addas; lle i chwarae ac iddynt fwrdd biliards; lle i gael tamaid o ymborth; lle i gael eistedd i ddarllen a chael sgwrs. Y bobl ieuanc a fu'n addasu'r lle, yn ei blastro a'i baentio a hwy a dalodd am y gwelliannau.

Y mae ganddynt rhyw fath o gyfarfod bob nos; darlith, dadl, seiat, noson lawen, a cheir yr un gefnogaeth i'r cwbl. Trefnir hefyd ddosbarthiadau gwnïo, dysgu drama, etc.

Y mae nifer yr aelodau dros 100; 80 ohonynt dan 25 oed. Cefnogwyr yw'r gweddill ac y maent yn ffodus yn eu cefnogwyr . . . '

Fel y gwelsom eisoes y tymor hwn oedd tymor cyntaf Guto fel Arweinydd. Cafodd bedair blynedd eithriadol o brysur yn y swydd honno heb unrhyw amheuaeth: cadeirio pwyllgorau ac is-bwyllgorau, arwain a pherfformio mewn cyfarfodydd difyrrus o bob math, arwain eisteddfodau, llywyddu yma a llywio acw, trefnu rhaglenni a dyfeisio ffurfiau newydd arnynt, hybu a pherswadio pobl i wneud hyn ac arall, cyfansoddi amrywiaeth o ddefnyddiau ar gyfer iddo fo ac eraill eu cyflwyno, a hyn i gyd yn dilyn rhuthro o Bwllheli neu o'r Ffôr wedi oriau hir a phrysur tu ôl i gownter ac mewn warws. Gwir iddo gael cymorth achlysurol gyda'r Arweinyddiaeth, yn arbennig gan Geraint Owen, a bod ganddo ysgrifenyddes dda wrth ei benelin bob amser ond tystia pob un o aelodau'r Aelwyd i'w allu arbennig i drefnu digwyddiadau a chyfarfodydd yn effeithiol a thrylwyr.

At hyn i gyd bu'n weithgar yn Rhos-lan. 'Doedd o ddim yn grefyddwr uniongred nac ychwaith yn gefnogwr brwd i grefydd gyfundrefnol ond yr oedd, chwedl J.T. Williams 'yn sylfaenol gadarn' a gwasanaethodd Eglwys Yr Annibynwyr yno yn ddygn a ffyddlon nid yn unig fel llanc a dyn ifanc ond hefyd hyd flynyddoedd olaf ei oes.

Yn 1949 ef oedd cynrychiolydd yr eglwys yn y Cyfarfod Ysgolion ac yn un o ddau Archwiliwr Cyfrifon. Yn chwech ar hugain oed, yn 1951, fe'i etholwyd yn ddiacon ond fe'i gwnaeth yn gwbl eglur ar y pryd na fwriadai aros yn y swydd yn hir ac, yn wir, ymddeolodd yn 1957. Yr un flwyddyn, fodd bynnag, etholwyd ef yn un o Ymddiriedolwyr y capel ac yn ôl ei dystiolaeth ei hun cadwodd gofnodion 'am weithgareddau a phenderfyniadau ymddiriedolwyr Capel Rhos-lan hyd 1980 – pan roddais i'r gorau i'r gwaith fel ysgrifennydd'. Parhaodd yn Ymddiriedolwr serch hynny a phan ddaeth yn amlwg yn 1989 y byddai'n rhaid i'r ychydig aelodau ystyried o ddifrif ddwyn yr achos i ben oherwydd fod oedfaon a chynulleidfaoedd wedi prinhau'n enbyd, a storm lem ddiweddar wedi difrodi llawer ar adeilad a oedd eisoes mewn cyflwr dirywiedig, ar Guto y rhoed y cyfrifoldeb o weithredu unwaith yn rhagor fel Ysgrifennydd yr Ymddiriedolwyr. Dengys y cofnodion iddo wneud hynny yn eithriadol o effeithiol. Golygodd y cyfan bryder a thrafferth mawr iddo: llythyru a thrafod ag aelodau, gofalwr y tŷ capel, cyfreithwyr, y Comisiwn Elusennol, Undeb Yr Annibynwyr, adeiladwyr, cwmnïau yswiriant, gwerthwyr tai, Ymddiriedolaethau, ymdrin â chwynion gan rai gwŷr cyhoeddus, dioddef ymosodiadau llythyrwyr dienw, ac ati. Bu'n rhaid ymdrin ag un wedd ar y broblem gerbron Llys Cyfraith, a dogfen ganolog i'r driniaeth honno oedd cytundeb a luniwyd gan Guto rhwng yr eglwys a'r gofalwr, cytundeb y gallai cyfreithiwr proffesiynol ymffrostio ynddo yn ôl arbenigwyr yn y maes. Llusgodd yr helynt ymlaen am yn agos i dair blynedd ac ym Medi, 1992, daeth achos yr Annibynwyr yn

Rhos-lan i ben a gwerthwyd yr eiddo.

Rhoes Guto o'i ddoniau fel perfformiwr i gyfarfodydd cymdeithasol y pentref hefyd a bu'n ysgrifennydd yr eisteddfod a ailgychwynnwyd yn y lle, a'i chynnal yn y capel, o tua 1944 ymlaen am rai blynyddoedd.

Sefydliad arall a ddylanwadodd arno oedd Cymdeithas Addysg y Gweithwyr. Ymhen blwyddyn wedi iddo ddod i'r ardal gofynnwyd i J.T. Williams, fel y sylwyd yn gynharach, gynnal dosbarth nos yn Ysgol Garndolbenmaen a thros gyfnod o bedair blynedd, o 1942-46, bu'n gyfrifol am bedwar cwrs; yn eu plith, fel y cofir, un ar ragarweiniad i'r Cynganeddion Cymraeg. Yn ôl y tiwtor ei hun bu Guto yn aelod gwerthfawr a ffyddlon drwy'r pedwar tymor a hawdd cytuno â J.T. Williams mai yn y cwrs olaf o'r pedwar y deffrowyd ei ddiddordeb yn y cynganeddion; yn arbennig felly yn yr englyn. Yna, yn nhymor 1955-6, dyfnhawyd y diddordeb hwnnw mewn dosbarth nos arall yn Llangybi, gyda Meuryn yn diwtor arno, ac yn un o rifynnau *Y Cymro*, 1957, tystiodd y bardd a'r beirniad hwnnw i fedrusrwydd ei ddisgybl:

> Y mae yn y rhan fwyaf o ardaloedd gwledig Cymru feirdd sydd yn gallu englynu'n wych, ond braidd yn rhy encilgar i ddod i'r amlwg. Un ohonynt ydyw Guto E. Roberts, Rhoslan. Y mae ef yn englynwr campus a gall gynganeddu 'fel siarad', a chynganeddu'n gyflym hefyd.

Bu gan Cynan yntau gwrs o ddarlithiau yn Y Garn rhwng 1946 a 1950. Ei bwnc oedd 'Y Ddrama', gan ddilyn ei hanes o'r cychwyn yng Ngroeg hyd at ei datblygiad yng Nghymru ac yn ôl Stewart Jones bu Guto yn aelod ffyddlon o'r dosbarth hwnnw yn ogystal.

Ymddengys na chynhaliwyd dosbarth nos yn y pentref yn ystod 1950-1, o leiaf ni welais gofnod i'r perwyl hwnnw, ond yn nhymorau 1951-3 cynhaliodd Harri Gwynn ddau gwrs, hynny 'dan nawdd yr Aelwyd' yn ôl un newyddiadur, y naill ar 'Llenyddiaeth Gymraeg' a'r llall ar 'Rhai agweddau ar fywyd

Cymru'. Guto oedd Ysgrifennydd swyddogol y cyrsiau hyn a phan gychwynnodd Gwilym O. Roberts ei gwrs yntau ar 'Seicoleg Ymarferol' yn Hydref, 1953, ymaelododd ar unwaith yn hwnnw.

O ystyried yr holl weithgareddau hyn rhwng 1941 a 1954, y rhan helaethaf ohonynt, o bell ffordd, yn canoli ar Y Garn, gellir cyfrif y cyfnod hwn fel un cwbl ffurfiannol yng ngyrfa Guto. Bu'n ddigon ffodus i fyw mewn cymdeithas ag iddi ei sefydliadau a'i moddau addysgol ei hun a manteisiodd i'r eithaf ar hynny. Cafodd sylfeini diogel ynddi ar gyfer ei ddiwyllio ei hun a thros y blynyddoedd gwnaeth gamp arbennig o hynny.

* * *

Yn ei ddarlithiau mynych ar Eifionydd a'i phobl arferai Guto ddweud, wrth gyfeirio at ei blentyndod yn Rhos-lan, mai ei hoff chwaraeon pan fyddai wrtho'i hun oedd cadw siop a gyrru car. Trodd y chwaraeon yn yrfaoedd iddo. Wedi ychydig dros dair blynedd ar ddeg fel siopwr, yn Rhagfyr, 1954, cychwynnodd ar dair blynedd ar ddeg arall o yrru cerbyd a gwerthu Menyn Eifion dros Hufenfa De Arfon, Rhydygwystl. Prawf o'i ofal dros fanylion yw'r llythyr a dderbyniodd oddi wrth swyddfa'r Hufenfa ar Ragfyr 4ydd, 1954. Y cyflog a gynigiwyd iddo oedd £6.18.0 yr wythnos, gyda chomisiwn ychwanegol pe cyrhaeddai wastad arbennig o werthiant, ond mae'n amlwg ei fod wedi codi cwestiwn ynglŷn â hynny ymlaen llaw:

. . . ni fynnwn [medd y llythyrwr] ar un cyfrif i chwi ddechreu gan 'amau tegwch safon cyflog' fel y cyfeiriwch yn eich llythyr gan na fuasai hynny yn deg i chwi nag i ninnau . . .

Bendith ar y rheolwr; roedd yntau am gael pethau'n iawn a chafodd afael ar weithiwr oedd yn gweld lygad am lygad ag o.

Ar gorn yr ail yrfa hon daeth Guto i adnabod rhannau helaeth o ogledd-orllewin ei wlad, a rhan sylweddol o'i thrigolion, yn rhyfeddol o dda. Ymestynnai ei libart o Landudno yn nwyrain sir Gaernarfon hyd i Aberdaron yn y gorllewin ac o Gaergybi yng ngogledd Môn hyd at Y Bermo yn nehau Meirionnydd. Ar sail fy mhrofiad o deithio hefo fo yn y fan o gwmpas Môn, un tro, ninnau fel teulu yn byw ar y pryd ym Mhorthaethwy, gallaf dystio i'r croeso a gâi mewn siop ar ôl siop. Âi i bron bob pentre yn y sir honno, a hynny ar ddyddiau Llun, os cywir fy nghof. Roedd yn werthwr rhagorol a throai'r trafaeliwr menyn yn gymdeithaswr parablus cyn gynted ag y croesai'r trothwy. Y peth mwyaf naturiol yn y byd iddo fo oedd sefydlu perthynas gynnes, agosatoch â chwsmeriaid. Wedi iddo gefnu ar yrru'r fan a throi at theatr a stiwdio deledu am drydedd gyrfa ymhyfrydai Guto yn y ffaith nad oedd ond rhyw £8 o ddyled anadferadwy yn aros ar ei lyfrau ar ddiwedd ei gyfnod yn yr Hufenfa.

Ymestyn y cyfnod hwnnw o ddiwedd 1954 hyd ddiwedd 1967; cyfnod o ddatblygu rhai diddordebau a chychwyn ar rai eraill yn ei hanes.

Bu'r datblygiad amlycaf ym myd actio. Mewn sgwrs â Harri Pritchard Jones dywedodd iddo ddechrau actio yn 1959, yn un o ddramâu W.S. Jones, a thua'r un amser hefyd cafodd chwarae rhan yn 'Perthnasau', Gwynfor, gyda Chymdeithas Drama Gymraeg Cricieth a'r Cylch; rhan a barhaodd, meddai, am ddeng munud! Mae'n debyg mai'r hyn oedd ganddo mewn golwg wrth sôn fel hyn am 'ddechrau actio' oedd actio mewn theatrau tu allan i Ganolfan Aelwyd Y Garn ond beth bynnag am hynny, yn 1960 chwaraeai ran Crysmas Huws yn nrama dair act W.S. Jones, 'Y Dyn Swllt', ac yn Awst yr un flwyddyn roedd yn aelod o Gwmni dan gyfarwyddyd Wilbert Lloyd Roberts yn cyflwyno 'Agor Plygion' yn ystod Eisteddfod Genedlaethol Caerdydd. Cyflwyniad oedd hwn o ryddiaith, barddoniaeth a chymeriadau W.J. Gruffydd a T. Rowland Hughes. Fe'i llwyfannwyd hefyd y mis Medi canlynol fel rhan o Ŵyl Ddrama Genedlaethol Cymru, Môn, yn Llangefni.

Cofiaf yn dda y ddau berfformiad hyn oherwydd rhannai

Guto a minnau yr un ystafell mewn gwesty yng Nghaerdydd dros wythnos yr Eisteddfod a buom fel corff ac enaid ynghyd dros yr Ŵyl. Yn wir, o'r flwyddyn honno ymlaen am flynyddoedd lawer wedyn buom ein dau yn rhan o gwmni difyr ryfeddol a rannai'r un gwesty dros y Gwyliau Cenedlaethol. Erbyn perfformiad Llangefni yr oeddwn fy hun yn chwarae rhan yn y cyflwyniad, yn absenoldeb Charles Williams, ac y mae'r cofion yn felys am y gwmnïaeth ddifyr oedd ynglŷn â hynny.

Yn Ebrill, 1961 cyflwynodd Cwmni Drama Cricieth a'r Cylch dair drama fer yn Neuadd Goffa y dref, dwy gan W.S. Jones, 'Y Gŵr Diarth' ac 'Y Dyn Codi Pwysau', a'r drydedd, 'Y Ficer Newydd', gan M.B. Edwards. Guto a gynhyrchai'r gyntaf o'r tair a dyna'i unig gyfrifoldeb ar y noson ond yn gynharach yn y flwyddyn roedd wedi cael cyfle i chwarae rhan yn 'Y Dyn Codi Pwysau' mewn darllediad radio; ei ymddangosiad cyntaf rwy'n tybio ar y cyfrwng hwnnw.

Yn 1962 trefnwyd cystadleuaeth yn Eisteddfod Genedlaethol Llanelli ar lunio a chyflwyno Drama Wreiddiol Fer, gyda pherfformiad o'r tair orau yn ystod wythnos yr Eisteddfod, a bwrw bod teilyngdod. Yr orau o ddwy ar hugain oedd 'Dalar Deg' (W.S. Jones) ac fe'i cyflwynwyd gan Gwmni Drama Llanystumdwy yn un o neuaddau'r dref gyda Guto yn ymddangos fel 'Y Mistar'. Am y ddrama hon, gyda llaw, y dywedodd y beirniad, Emyr Humphreys, ei bod yn waith 'awdur o athrylith arbennig, gyda ffraethineb a gwreiddioldeb sydd yn deilwng i'w gosod wrth ochr ffansi ddihysbydd, farddonol Ionesco'. Fe'i teledwyd yn ddiweddarach yn Awst 1965 (telediad cyntaf Guto fel actor) a'i hailddarlledu yng Ngorffennaf 1966.

Eithr yn 1964 y daeth ei gyfle mawr i ddechrau gwneud argraff sylweddol ar lwyfannau gwlad a dyna'r union flwyddyn y sylfaenwyd Theatr Y Gegin, Cricieth, dan arweiniad Elis Gwyn Jones a'i frawd, W.S. Jones, Emyr Humphreys a Wyn Thomas. Hyd ei chau yn 1975 bu'r ddau gyntaf yn gwbl ganolog i'w gweithgaredd grymus a bu'n ysbrydoliaeth i sawl talent theatrig; Guto, Stewart Jones, a Michael Povey, yn amlwg yn eu plith. Erbyn Ebrill 15-18 roedd Cwmni Drama Theatr Fach Cricieth yn cyflwyno 'Y Gofalwr' (cyfieithiad Elis Gwyn Jones o *The Caretaker*, Harold Pinter) yn Neuadd y Dref, Pwllheli, fel rhan o Ŵyl Ddrama y dref. Tri chymeriad, Mic, Aston a Davies, yn cael eu dehongli gan Stewart Jones, W.D. Jones a Guto; Elis Gwyn Jones yn cynhyrchu. Bu'r derbyniad yn frwdfrydig a 'does ryfedd yn y byd i'r Cwmni gael ei wahodd i ymddangos yng Ngŵyl Ddrama Genedlaethol Cymru, Môn, Llangefni, y mis Medi canlynol.

Bu'r adolygiadau yn hynod o ffafriol gyda phawb oedd yn gysylltiedig â'r perfformiad a'r cynhyrchiad yn derbyn canmoliaeth hael. Am waith Guto ei hun dyma ran o sylwadau gan Bedwyr Lewis Jones, mewn adolygiad yn *Y Cymro*, am ei berfformiad yn Llangefni:

> Guto Roberts a chwaraeai ran y tramp ac yr oedd yn hollol ardderchog. Yn sicr, dyma un o'r perfformiadau cyflawnaf a welais i ar lwyfan yn Gymraeg.

Ac yr un oedd barn adolygwyr y dramâu yn Eisteddfod Genedlaethol Y Drenewydd yn Awst 1965. Mae sylw Emyr Edwards yn *Y Faner* yn nodweddiadol:

> . . . ni welais erioed ar lwyfan amatur berfformiad mor gryno a meistrolgar ag eiddo Guto Roberts fel Davies y cardotyn – dyma i mi oedd uchafbwynt dramatig yr wythnos hon.

Rhwng 1964 a 1966 perfformiwyd 'Y Gofalwr' tuag wythwaith gan y Cwmni.

Yn Chwefror 1966 cynhyrchodd Guto Gwmni'r Gegin mewn cyflwyniad o 'Y Fainc', W.S. Jones, ac yn Hydref o'r un flwyddyn chwaraeodd ran yr Offeiriad yng nghyfieithiad Gruffudd Parry, 'Priodas y Tincer', o 'The Tinker's Wedding', J.M. Synge, yng Ngŵyl Ddrama Genedlaethol Cymru, Môn,

Llangefni.

Ar Fehefin 30ain a Gorffennaf 1af, 1967, cynhyrchodd berfformiad o 'Esther', Saunders Lewis, gan Gymdeithas Ddrama Gymraeg Cricieth a'r Cylch yn Theatr Y Gegin, a'r tro hwn cariai'r baich sylweddol o gymeriadu, hefyd, un o'r prif rannau, sef Haman, y Prifweinidog.

Dewisais fanylu ychydig am ei weithgarwch ynglŷn â'r ddrama yn ystod cyfnod Yr Hufenfa er mwyn dangos iddo gael peth profiad ynddo o waith llwyfan, radio a theledu ac iddo hefyd ddod i sylw cenedlaethol ymysg caredigion y ddrama yng Nghymru. Nid cwbl annisgwyl felly oedd iddo gymryd cam ar ddiwedd y cyfnod o faes yr amatur i'r byd proffesiynol.

Yn rhyfedd iawn torrwyd ar rym un arferiad ganddo yn ystod y cyfnod dan sylw a hyd y gwn i ni roes unryw reswm dros hynny. O 1957 hyd 1967 cefnodd ar sgwennu cerddi. Cadwodd ychydig dros ddeg ar hugain ohonynt ymysg ei bapurau (ceir detholiad o'r rheiny yn nes ymlaen yn y gyfrol hon) a chystal manteisio ar hyn o sylw i fwrw cipolwg ar y cynnyrch yn gyffredinol.

Perthyn rhai cynhyrchion i flynyddoedd Yr Aelwyd, cerddi ar gyfer eu hadrodd gan mwyaf ond ambell un hefyd a fwriadwyd i'w canu mewn nosweithiau llawen. Clywais ef ei hun yn adrodd rhai ohonynt oddi ar lwyfan ac mewn cyfeddach hwyliog, hynny'n grefftus ryfeddol. Bûm yn fy nyblau droeon wrth ymateb i 'Mewn Cariad', 'Dau' ac 'Y Broblem'. Eithr y ddychangerdd oedd ei hoff ffurf ac y mae cryn hanner o'r holl gerddi yn y cywair hwnnw; nifer ohonynt wedi eu cyhoeddi yn *Y Cymro*, *Y Faner* a'r *Herald Cymraeg*. Bu'n fuddugol ar un ohonynt, 'Cymru', yn Eisteddfod Genedlaethol Y Barri yn 1968.

Daeth y cyfnod hesb o ddeng mlynedd i ben yn 1967 a'r tro hwn rhoes ei reswm dros hynny. Yr hyn a'i cynhyrfodd, meddai, oedd yr olwg druenus ar hen gartref Kate Roberts, Cae'r Gors, a'r penderfyniad i'w ddi-doi a'i adael yn furddun. Gwelodd erthygl yn *Y Cymro*, Mawrth 16eg, yn adrodd bod cwmni penseiri o Fae Colwyn, ar ran Pwyllgor Cronfa

Deyrnged Kate Roberts, o'r farn:

> . . . fod y tŷ wedi goroesi ei ddefnyddioldeb a'i bwrpas, a'i
> fod wedi peidio â bod yn gartref, ac na fydd yn gartref fyth
> eto yn ôl pob tebyg a'r unig ateb felly yw ei wneud yn adfail
> addurniadol i goffau'r teulu hapus fu'n byw yno.

Murddun yn gofgolofn! Dyna pam y lluniodd ei ddychangerdd
ond, yn gwbl nodweddiadol ohono, ni allai fodloni ar gwyno a
phastynnu. Rai blynyddoedd yn ddiweddarach aeth ati i
sefydlu cronfa ariannol er mwyn adfer y tŷ mor agos â phosibl
i'w gyflwr gwreiddiol.

Y digrif a'r crafog, felly, a'i cymhellai i brydyddu fel rheol
ond tystia rhai o'i englynion a'i soned goffa i T.H. Parry-
Williams y gallai ganu'n ddwys a gafaelgar. Clywais ddarllen y
soned honno yn syth o weithdy'r saer, fel 'tae. Mewn dyddiadur
a gadwaf sylwaf iddo fy ngalw ar y ffôn ar Chwefror 7fed, 1976,
yntau newydd lunio'r gerdd, ond nid oedd yn hapus gyda'r
cwpled clo iddi. Cytunais â'i farn. Ymhen wythnos union ces
lythyr yn cynnwys y ffurf ddiwygiedig ar y soned a gair yn
dweud ei fod wedi ei hanfon i *Barn*. Gallai hefyd ganu'n ysgafn
delynegol, ffwrdd â hi, fel gyda'r gerdd 'Fy Nghariad', ac efallai
iddo byncio rhagor yn y cywair hwn, ond dyma'r unig un a
ddewisodd ei chadw.

Ar wahân i un gerdd ddychanol arall a luniodd yng
Ngorffennaf 1976 ni chredaf iddo gyfansoddi rhagor o gerddi.

Prinhau hefyd a wnâi'r englynion o hynny ymlaen, i bob
golwg. Saernïodd y mwyafrif helaeth ohonynt rhwng 1952 a
1967 eithr eironig i'r eithaf yw iddo lunio'r grymusaf o'i holl
englynion ar ei ddiwrnod cyntaf yn Ysbyty Clatterbridge
('Pontargletwr' sydd ym mhennawd yr englyn) ar Hydref
27ain, 1997. Mae'n arswydus.

Yn y chwedegau deffrodd ei ddiddordeb mewn tynnu
lluniau ac arlunio. 'Rhyw chwiw chwarae hefo camera', chwedl
yntau, a'i gogleisiodd gyntaf ond erbyn y saithdegau cynnar
trodd at gamera ffilm ac yna at fideo gyda'r canlyniad i'r chwiw

gychwynnol ddod yn benderfyniad cadarn i gofnodi digwyddiadau hanesyddol; cyflwyno llenorion, beirdd, actorion, meddygon, athrawon, pregethwyr a darlithwyr, ynghyd â chymeriadau lleol a chenedlaethol; rhoi ar gof a chadw amrywiol ddathliadau cyhoeddus, perfformiadau mewn cyngerdd, noson lawen ac eisteddfod – hyn oll a llawer iawn mwy. Rhoes oriau lawer o lafur i drefnu ar gyfer yr achlysuron hyn, i olygu ffilmiau (ac ar y cychwyn yn arbennig, i drafferthus briodi darlun a sain ynghyd), i olygu fideoedd hefyd ac yna llunio cofnodion trefnus o'r holl gynnyrch. Hyn i gyd yn ei lyfrgell, gan amlaf, a thraul y cyfan o'i boced hael ei hun. Canlyniad y chwarter canrif hyn o lafur ymroddedig yw'r casgliad ffilm a fideo gwerthfawr o'i waith, o arwyddocâd arbennig i hanesydd cymdeithasol, sydd ar gael heddiw yn Archif Ffilm Genedlaethol Cymru ac a restrir mewn atodiad ar ddiwedd y gyfrol hon.

Er yn fachgen yn Ysgol Sir Porthmadog roedd wedi ymhoffi mewn dylunio ond aeth i'r afael o ddifri ag arlunio, yn bennaf 'dybiwn i, trwy ymaelodi mewn Dosbarth Celfyddyd ym Mhwllheli yn nhymor gaeaf a gwanwyn 1963-4. Dosbarth oedd hwnnw yng ngofal Elis Gwyn Jones a than nawdd Adran Efrydiau Allanol Coleg y Brifysgol, Bangor. A dyma Guto unwaith yn rhagor yn manteisio ar ddarpariaeth Mudiad Addysg Oedolion ac unwaith eto yn dod dan ddylanwad y tiwtor arbennig hwn; dylanwad grymus a ffrwythlon ryfeddol ar garedigion y celfyddydau gweledol yn Eifionydd a Llŷn. Clywais Guto yn ffromi droeon oherwydd nad oedd rhai o'r Sefydliadau Cymreig wedi anrhydeddu Elis Gwyn Jones am ei gymwynasau gwiw i gelfyddyd arlunio a drama yng Nghymru.

Rhwng Mai 9fed a'r 16eg, 1964, trefnodd y tiwtor arddangosfa arbennig ar gyfer aelodau ei ddosbarth yn Yr Hen Neuadd, Pwllheli. Cynrychiolid gwaith pedwar ar hugain o'r myfyrwyr yn yr arddangosfa honno ac anfonodd Guto ei hun chwe enghraifft o'i waith iddi: Cwm Trwsgwl, Cae Llwyd, Y Garreg Fawr, Llanllechid, Tolldy a Beudái. Boddhad neilltuol i mi yw bod Cwm Trwsgwl ar wal y grisiau sy'n arwain i lofftydd y tŷ acw.

Nid dyma'r unig arddangosfa y bu ynglŷn â hi. Bu'n arddangos darluniau dros gyfnod o wythnos yn Rhagfyr, 1975, hynny yn Idris Cafe, Cricieth, a'r tro hwn roedd ganddo arddangosfa iddo'i hun. Gosododd un ar hugain ohonynt ar werth a gwerthwyd tri ar ddeg.

Mewn llythyr a dderbyniais oddi wrtho, dyddiedig Rhagfyr 19eg, 1975, dywed hyn:

> Dwi ddim yn cofio oeddwn i wedi ailafael yn fy mhaentio pan welis i di – prun bynnag mi wnes – ac mi fûm wrthi fel y diawl i hun – fora, pnawn a nos am fis – a hyd oria mân y bora lawar noson.
>
> Coelia fi ne beidio mi wnes 18 o luniau n'wddion ac mi ddois o hyd i ryw dri yn y daflod (roeddwn i wedi i gneud ers tua 64 a 65). Mi fframiwyd y cwbwl ac mi gostiodd £40 i neud hynny!

Â ymlaen wedyn yn smala ryfeddol i ddweud ei fod yn maldodi pob babi bach a wêl 'a hwrjio gneud Portrait o'r Babi! 'Dwi ddim wedi cael ordor am fabi hyd yn hyn – hynny ydi am lun un! – ond mae un ne ddau isio lluniau'.

Yn 'Nodion Bro Dwyfor', y *Cambrian News*, ar Ragfyr 5ed, 1975, dyry'r gohebydd ddisgrifiad cyffredinol o'r arddangosfa:

> Ceir darluniau o hen leoedd yn nhref Criccieth fel y safent yn eu cyfnod yn ystod y ganrif ddiwethaf ynghyd â darluniau yn bywhau atgofion y trefwyr am ryw ogoniant a hyfrydwch a fu eithr a ddifodwyd i wneud lle i anghenion oes a chenhedlaeth newydd. Portreadir hefyd rai o olygfeydd enwocaf cwmwd Eifionydd yn cynnwys Pont pentref Llanystumdwy a hyfrydwch Cwm Pennant . . . a daw teyrnged oddi wrth yr arlunydd i'r ddau Gymro mawr yr Iarll David Lloyd George a'i frawd y Dr. William George gyda darlun o'u cartref mebyd rhamantus yn Highgate, Llanystumdwy. Gwledd ar gynfas yn ddiau.

A'r gŵr a agorodd yr arddangosfa? Ei ysbrydolwr a'i gynghorydd ym myd arlunio, Elis Gwyn Jones.

* * *

Wedi tair blynedd ar ddeg yn gyrru fan i werthu menyn a mân nwyddau eraill o siop i siop, yntau bellach yn ddwy a deugain mlwydd oed, cymerodd gam, onid llam, mentrus. Ar ddechrau 1968 derbyniodd gynnig i fynd yn actor amser-llawn ar gytundeb hefo'r BBC.

Dyma pryd y daeth yn gymeriad cenedlaethol a diamau mai i'r bocs yn y gornel y bu'r diolch pennaf am hynny. Yno felly y mae'n rhaid cychwyn ar fwrw golwg cyffredinol dros ei yrfa broffesiynol.

Gorweddai ei gryfder, bid siŵr, mewn portreadu cymeriadau. Fel y rhelyw o actorion bu'n rhaid iddo fodloni o bryd i'w gilydd ar gyflwyno cymeriadau cyfarwydd, yn sarjiant, gwas ffarm, blaenor methodus, cynghorydd lleol, ac ati. Eithr boed nhw mor gyfarwydd ag y bo roedd ganddo ddigon o barch i'w grefft i'w trin fel pobl o gig a gwaed. Eu bod nhw'n cyflawni y swyddogaeth ddramatig oedd ar eu cyfer – dyna'r hyn y ceisiai o anelu ato bob amser.

Yna, o drugaredd, fe ddôi cyfle i ddehongli cymeriad yn ddychmygus, yn ddeallus a chreadigol. Bryd hynny byddai wrth ei fodd a'i frwdfrydedd yn amlwg.

Ces brofiad o hyn droeon yn ei gwmni, er nad oeddwn yn aelod o'i broffesiwn. Nid oes angen am hynny, oherwydd fod actor gwerth ei halen yn byw a bod gyda chymeriad â dyfnder iddo, tu allan a thu mewn i theatr a stiwdio. Yn wir, ar boen swnio dipyn yn rhyfygus, 'synnwn i ddim nad ar y tu allan y digwydd y gwaith creiddiol greadigol, eithr, a newid trefn yr hen ddihareb, 'gweddw dawn heb ei chrefft'. Ni fynnwn awgrymu fod actor yn meddwl yn ddwfn am y cymeriad i ddechrau, yn llunio syniad clir amdano ymlaen llaw, yna yn defnyddio ei dechneg i roi bod iddo ar lwyfan neu stiwdio.

Cywirach dweud, 'dybiwn i, fod y ddau beth ynghlwm â'i gilydd o'r cychwyn, serch y gall y naill elfen neu'r llall fod yn amlycach ar wahanol adegau yn ystod y weithred o greu. Beth bynnag am hynny, rwy'n argyhoeddedig fod gan Guto y dychymyg creadigol a'r dechneg y mae'n rhaid i actor llwyddiannus wrtho. At hynny, meddai ar yr ehangder diwylliant a'r wybodaeth o'r natur ddynol sydd hefyd yn angenrheidiol.

Am amrywiol resymau ni welais i ond rhan gymharol fechan o'r cymeriadau 'sylweddol' a bortreadwyd ganddo ond cofiaf yn dda am Sem Llwyd yn 'Enoc Hughes', Gŵr y Ffair yn 'Tŷ ar y tywod', Robat Wynn yn 'Gwen Tomos', Gwydion yn 'Blodeuwedd' a Gwilym yn 'Y Gosb'.

Eithr y cymeriad a gofiaf orau, a diamau fy mod yn un yn hynny â mwyafrif gwylwyr teledu'r cyfnod, yw Ephraim yn 'Fo a Fe'. Creadigaeth gomig arbennig o raenus; nodedig am gynildeb, disgyblaeth a chysondeb y portread. Gwn iddo weithio'n galed iawn i adnabod Ephraim Hughes, yn ddigon caled nes llwyddo i fod, dros sawl hanner awr, yn Ephraim Hughes. Hoffaf yn fawr stori a adroddodd wrth Siân Davies, mewn cyfweliad i'r *Herald Cymraeg* yn 1995, am hogyn bach o Fôn:

> Rydw i'n cofio hogyn bach tua pum mlwydd oed o ymyl Caergybi yn ymestyn i law ata' i a rhoi pishin 2g i mi. Hwdwch, medda fo, a watshwch i'r llall i chael hi.

Roedd y bychan wedi ei chael hi yn sicr; wedi nabod ei Ephraim Hughes, a Thwm Twm hefyd!

Bu ganddo ran mewn cyflwyno dwy gyfres gomedi sefyllfa arall. Fel awdur ar y cyd â Wil Sam lluniwyd wyth sgript o 'Y Garej', hynny yn ystod fy mlwyddyn olaf gydag Adran Adloniant BBC Cymru, 1972-3, a siom imi oedd y penderfyniad a wnaed, wedi imi adael, i beidio â darparu ail gyfres o'r gomedi. Teimlwn ei bod wedi dechrau gafael mewn cynulleidfa tua hanner y ffordd drwodd a bod pethau'n argoeli'n dda at y dyfodol. Yna, ddeng mlynedd yn ddiweddarach, yn 1983, gwelwyd Guto mewn cyfres yn portreadu William Pritchard, perchennog 'Bysus Bach y Wlad'; yntau erbyn hynny wedi cefnu ar ei yrfa fel actor proffesiynol.

Anaml a fu ei deithiau ar draws gwlad gyda Chwmnïau Theatr. Yn 1971, gyda Chwmni Theatr Y Gegin, bu yng Nghricieth, Pwllheli a Botwnnog yn cyflwyno drama fer o'i eiddo'i hun, seiliedig ar stori fer gan awdur o Fwlgaria, 'Pawb â'i ffordd', ynghyd â 'Detholiad o Lythyrau'r Morysiaid'. Y ddau aelod arall o'r cast oedd Stewart Jones a Michael Povey. Yn 1973 bu'n cyd-deithio ag aelodau Cwmni Theatr yr Ifanc ym Mangor, Botwnnog, Harlech a Felin-fach gyda drama Huw Lloyd Edwards 'Y Llyffantod'. Eithr bu'n brysur iawn gyda chyflwyniadau theatrig un-dyn.

Y mwyaf poblogaidd o'r rhain yn ddiamau oedd 'Detholiad o Ryddiaith a Barddoniaeth Syr T.H. Parry-Williams'. Crwydrodd dde a gogledd yn clodfori ei hoff fardd trwy gyflwyno ei waith ac nid anghofiaf y perfformiad gafaelgar a roddwyd ganddo yn Neuadd Bentref Y Garn yn ystod wythnos Eisteddfod Genedlaethol Bro Dwyfor, 1975, perfformiad a recordiwyd gan gwmni recordio SAIN. Yr oeddym fel cynulleidfa yn daclus yng nghledr ei law. Roedd ei edmygedd o fardd a llenor mawr Rhyd-ddu yn ddi-ben-draw a hyfryd y boddhad a gefais, yn Eisteddfod Yr Urdd, Aberystwyth, 1969, o fynd ag o i'r Wern, Heol y Gogledd, a'i gyflwyno am y tro cyntaf i un oedd yn arwr i'r ddau ohonom. Aethom yno heb unrhyw drefniant ymlaen llaw a chawsom groeso hyfryd a sgwrsio difyr am gryn ddwyawr. Gwefr oedd gwrando ar ddau gwmnïwr diddan, o fewn dim amser, yn dweud straeon am gymeriadau bro. Dau 'ddeudwr' gwerth chweil.

Yn ystod yr un Ŵyl hefyd bu'n cynorthwyo i gyflwyno rhaglen deyrnged i John Ellis Williams, cyfaill i'r ddau ohonom, ym Mhabell Lên y Maes, gan ymddangos yn ogystal mewn ffilm gan Deledu Harlech o 'Pigau'r Sêr', J.G. Williams, a ddangoswyd yn un o bebyll yr eisteddfod.

Bu'n teithio gwlad, ymhellach, gyda chyflwyniad theatrig

hunangofiannol. Yr enw ffurfiol arno ymhen yrhawg oedd 'Pupur a Halen' a chawsai dderbyniad ysgubol p'le bynnag yr âi. Yn 1973 fe'i darlledwyd o stiwdio deledu BBC Cymru dan y pennawd 'Ar 'ben ei hun' mewn cyfres o'r un enw a gynhyrchwyd gan Rhydderch Jones; dau o'r un anian.

Cefais innau y cyfle ddwywaith i rannu llwyfan ag o mewn deuawd theatrig, fel 'tae. Unwaith ym Mlaenau Ffestiniog, ar gais achos da lleol, gyda'r ddau ohonom yn cyflwyno rhaglen gymysg o ddarlleniadau, caneuon a straeon am gymeriadau ffraeth eu tafod, ac unwaith yn Theatr Y Gegin, Cricieth. Pennawd y cyflwyniad hwnnw oedd 'Fy Annwyl Eifionydd', sef addasiad dramatig gan Guto o rannau o ddyddiadur Eben Fardd. Fy nghyfraniad i i'r cynhyrchiad oedd dethol a chanu rhai o gerddi Eben. Cafodd Guto wahoddiad yn ddiweddarach ar y flwyddyn, 1974, i gyflwyno'r un cynhyrchiad yn Aberystwyth ond gan nad oedd y dyddiad yn hwylus imi cymerwyd fy lle gan Dafydd Iwan.

Rhaid cyfeirio hefyd at gyflwyniad ar y cyd yn Theatr Gwynedd, Bangor, gan Elinor Bennett a Guto, yn Chwefror 1977, o ddatganiadau telyn a darlleniadau o farddoniaeth a rhyddiaith, dan y teitl 'Hwyrnos'.

Ychwanegodd beth at ei enillion yn ystod y cyfnod hwn trwy ddarllediadau radio ond prin oedd y cyfleoedd a gafodd i adael ei ôl ar y cyfrwng hwnnw. Ambell i raglen ysgolion; dethol a chyflwyno eitemau o bryd i'w gilydd ar gyfer 'Wythnos i'w chofio'; ymddangos fel gwestai ar rai rhaglenni sgwrsio. Bu'n aelod o gast 'Y Ffin', Gwenlyn Parry, o'r gyfres gomedi 'Ledi Belinda', a darllenodd beth o waith T.H. Parry-Williams mewn rhaglen o'r enw 'Y Bardd o Ryd-Ddu'. Chwaraeodd ran mewn rhaglen nodwedd ar streic fawr Bethesda, 'Yn wyneb pob caledi', a phortreadodd Gruffydd Hiraethog, bardd o'r unfed ganrif ar bymtheg, mewn rhaglen o'r enw 'Holl synnwyr pen Cymro', perfformiad a ddisgrifiwyd gan Islwyn Ffowc Elis fel 'un o'r pethau disgleiria glywais i ers amser'. Traddododd ddarlith hefyd, 'Hon yw fy ardal i', mewn cyfarfod o Gangen Merched Y Wawr, Aberystwyth, yn Hydref, 1974, ac fe'i darlledwyd yn ddiweddarach fel rhaglen radio.

Eithr ei gryfder ar radio oedd sgwennu a darllen sgyrsiau yn y gyfres boblogaidd honno 'Rhwng Gŵyl a Gwaith', a gynhyrchid gan John Roberts Williams a'i chyflwyno gan Ifor Bowen Griffith. Cadwodd rai o'r rheiny ymysg ei bapurau a chan eu bod yn adlewyrchu dau beth yn arbennig, ei ddiddordeb yn hanes pobl a'i hiwmor cynnes, eu bod hefyd yn dal yn eu blas wrth i ddyn eu darllen heddiw, ceir detholiad ohonynt yn nes ymlaen yn y gyfrol hon.

At hyn parhaodd i adrodd ac i arwain nosweithiau llawen a chyngherddau ar lwyfannau cyhoeddus. Roedd yn eithriadol o barod ei gymwynas i gymdeithasau diwylliannol oddi mewn a thu allan i'w ardal ei hun a rhoes ei wasanaeth yn rhad ac am ddim i nifer fawr ohonynt.

Rhan o'r gweithgarwch cyhoeddus hefyd oedd trefnu a thraddodi darlithiau ac ymddengys mai yn y cyfnod hwn yr ymaflodd yn y gwaith hwnnw o ddifrif. Dyma, er enghraifft, pryd y dechreuodd draethu ar Eifionydd gan ganolbwyntio, ar y cychwyn, ar gyflwyno straeon am rai o'i chymeriadau ffraeth. Yna, dros y blynyddoedd, aeth y cynnwys yn fwyfwy llenyddol a hanesyddol. Ymhen amser arweiniodd hyn at draddodi 'Taith Lenyddol Eifionydd' yn 1987, 'Ar Lafar yn Eifionydd',1989, ac yn y pendraw at y gyfrol gampus 'Eifionydd', a gyhoeddwyd ym Mai, 1998. Ymfalchïai yn neilltuol yn yr olaf. Hawdd y medrai wneud hynny oherwydd bu ei pharatoi yn dreth arw arno ac yntau'n mynd yn gynyddol mwy bregus ei iechyd, er na ddaeth hynny'n amlwg i neb ar wahân i Marian, ei gynheilydd diflino, a'i gyfeillion agosaf. 'Doedd dim hunandosturi ynddo.

Tynnodd ar ei brofiad fel actor teledu a ffilm yn ogystal a lluniodd ddarlith dan y pennawd 'Actio a Theledu'. Fe'i traddododd gyntaf yn Ysgol Haf y Dysgwyr, Coleg Harlech, 1977, gan ei defnyddio wedyn mewn mannau eraill. Ei amcan ynddi oedd disgrifio nid yn unig rai o'r technegau actio a wnâi ymddangos gerbron camerâu mewn stiwdio mor wahanol i'r rhai y gelwid amdanynt mewn theatr ond hefyd rai o nodweddion crefftau yr arbenigwyr technegol. Fel gŵr camera amatur ymddiddorai'n fawr yn y wedd hon ar bethau.

Gwelodd y nawdegau ychwanegiad sylweddol at gorff y darlithiau a dengys ei ddewis o bynciau fod y cysylltiad ag Eifionydd ac â'i ddiddordebau ei hun yn parhau'n bwysig. Yr arlunio, yn fwy na dim arall, a'i denodd i ymchwilio i hynt a helynt y Parchedig Robert Hughes, Uwchlaw'r Ffynnon, a chynhwysai ddelweddau fideo o rai o ddarluniau'r gŵr hwnnw wrth dynnu at ddiwedd ei ddarlith. Cawsai dynnu lluniau fideo o'r darluniau hynny gan ddisgynyddion Robert Hughes ond bu'n dyfal ymchwilio am ambell un arall y tu allan i aelwydydd y teulu. O bryd i'w gilydd cawn beth o hanes yr helfa o enau'r ditectif ei hun a gwn iddo fynd i lawer o drafferth i ganfod ambell un ohonynt. Ar y diwedd gallai hawlio iddo weld ychydig dros hanner cant o ddarluniau 'Yr Amryddawn Robert Hughes'. Darlithiai hefyd ar 'Isallt Fawr, Cwm Pennant', gan ganolbwyntio ar hanes y meddygon a allai olrhain eu hachau i'r fan, cyn symud ymlaen wedyn i sôn am William Meirion Evans, a anwyd yno yn 1826, a dreuliodd y rhan helaethaf o'i oes yn yr Unol Daleithiau ac Awstralia, lle gorffennodd ei hynt yn 1883, yn weinidog ac yn gyhoeddwr cylchgronau Cymraeg cynharaf y wlad honno. Eithr fe dybiwn i mai'r ddarlith y gweithiodd galetaf a hwyaf arni oedd 'John Lloyd Williams a'i deulu'. Gwir mai yn Llanrwst y gwreiddiai'r teulu hwnnw ond bu ei gysylltiad â'r Garn yn glos a hir. Nid oedd ball ar ddiddordeb Guto yn y pwnc ac yng nghwmni Marian casglodd wybodaeth helaeth am yr amrywiol aelodau. Traddododd y ddarlith sawl tro ond go brin, gredaf fi, iddo gael gwell hwyl arni nag a gafodd yn ystod Eisteddfod Genedlaethol Meirion a'r Cyffiniau yn Y Bala yn 1997. Roedd ar ei uchelfannau'r noson honno.

Mesur o'i fedr fel darlithydd cyhoeddus yw'r deyrnged hael a dalwyd iddo gan Dafydd Glyn Jones. Dyfynnaf o lythyr a anfonodd at Marian wedi marwolaeth Guto:

. . . Fe glywaist amryw deyrngedau mae'n siŵr, ac fe glywi

eto, ac nid oes dim un yn dweud gormod am ei
garedigrwydd, ei gywirdeb a'i ddawn helaethlawn. Yr olwg
gyntaf a ges i ar y ddawn honno oedd gweld actio *Y Gofalwr*
yn 1964. Deuthum yn edmygydd ohono o'r funud honno,
a'm braint mewn blynyddoedd i ddod oedd dod i'w
adnabod a derbyn ei gyfeillgarwch. Teimlwn fod gen i
gefnogwr ynddo ar bob achlysur. Bu'n driw eithriadol i'm
teulu hefyd, y rhai oedd ar ôl ohonynt, ei hen gymdogion yn
Rhos-lan. 'Rwy'n gosod *Ar Lafar yn Eifionydd* ymhlith y tair
neu bedair darlith orau y gwn amdanynt ar unrhyw bwnc . . .

O ystyried fod hon yn deyrnged gan ddarlithydd cyhoeddus
gyda'r praffaf a welodd ein cyfnod ni mae iddi arwyddocâd
arbennig.

Trown oddi wrth y cyhoedd cenedlaethol yrŵan at gyhoedd
mwy lleol. Sefydlwyd papur bro Eifionydd, *Y Ffynnon*, ym
Mehefin 1976 a chaed cyfraniadau gan Guto cyn gynhared â'r
ail rifyn; yn eu plith, pwt o bennill i gyfarch Thomas Jones, Siop
Yr Ynys, â'r enw 'H. Spectol Huws' ar ei waelod:

Thomas Jones paham na wnei di
Sgwennu uwchben dy ddrws yn deidi,
Mewn Cymraeg, fod yn Yr Ynys
'Swyddfa Bost' ac nid 'Post Office'.

Gynted ag y gwelodd hwn yn y papur aeth Thomas Jones at
Guto a gofyn iddo wneud pennill arall i'w ateb. Gwnaed hynny,
er mawr ddifyrrwch i'r prydydd ei hun, ac ymhen
blynyddoedd wedyn cyffesodd wrth Thomas Jones mai fo oedd
awdur y gwreiddiol. Roedd perchennog y siop wrth ei fodd a
hawdd y gallaf gredu hynny. Bûm fwy nag unwaith yn ei
gwmni gyda Guto a mwynhau'r gwmnïaeth gynnes yn ddifeth.

O'r rhifyn hwnnw ymlaen mae cyfraniadau Guto i'r papur
yn niferus ac amrywiol. Trwy gymorth Marian cefais olwg ar
rifynnau 1978-9 ac nid oes byth lai na dau gyfraniad ganddo ym
mhob rhifyn. Portreadau o bobl y cylch ydynt gan amlaf, gyda
darlun ohonynt wedi ei dynnu â chamera Guto ei hun;

erthyglau byr, diwastraff. Cynhwysant gyfres dan y pennawd 'Hen lanc y mis' a chyfres llai niferus o blant hefo'u hanifeiliaid anwes. Cyfeiria yma ac acw at lyfrau sydd ar fin ymddangos, fel pe i ddeffro diddordeb pobl ynddynt ymlaen llaw. Ceir straeon lleol tipyn yn smala ganddo; er enghraifft, am fochyn yn boddi ac am ebol cymydog o ffermwr yn dianc i'r ffordd fawr, yntau'r ffermwr yn ei gyfarfod wrth yrru tuag adre yn ei gar. Straeon difrifolach hefyd am ddigwyddiadau lleol, a dyrnaid o straeon ysbryd – cip ar lên gwerin y fro. At hynny ceir ambell lythyr ganddo yn cynnwys gwybodaeth am rywun neu rywbeth mewn ateb i gwestiynau oddi wrth ddarllenwyr.

Mewn dyddiadur a gadwodd rhwng Ionawr a Mehefin 1979 mae sawl cyfeiriad at hel straeon i'r papur ac am gyfarfodydd hwnt ac yma i'w olygu, ei osod a'i blygu. Dyma enghraifft nodweddiadol:

Ionawr 16. Mi ddaeth Wil Sam tua 9.30 i osod y bwrdd ar gyfer gosod Y Ffynnon heno – a gartra yn paratoi y bûm inna y rhan fwyaf. Mi biciais i Gricieth i nôl y Cymro a'r Herald a mân betha ar gyfer heno. Bûm yng ngweithdy Harri Bach yn mofyn ychydig o goed i gryfhau yr hardboard a brynais yn barod. Pan ddaeth yn saith o'r gloch daeth Geraint Yr Ynys, Wil Sam, Rhian (gwraig John Ellis, Gwelfor) Alun Muriau Bach a John Roberts, Pencaenewydd yma a buom wrthi reit ddygn yn gosod y Ffynnon tan 9.40.

Yna dysglaid o gawl i bawb a ffwrdd â ni bawb am beintyn.

Ion. 17-19. Fûm i ddim cam oddi yma heddiw. Bu Wil Sam yma drwy'r pnawn – buom ein dau'n cywiro'r stribedi printiedig . . . Daeth Robert Ieuan, Llwynyreryr a John Roberts, Pencaenewydd (sy'n brifathro Ysgol Llanaelhaearn) a Iolyn Ynys Heli ac Alun Muriau Bach yma wedyn a buom wrthi yn 'gosod' Y Ffynnon tan 10 – bu Robert Ieuan yn teipio am tua hanner awr wedyn a bûm innau wrthi tan 11.30.

Fel yr oeddem yn dechrau gosod heno daeth Dyfed Evans

ar y ffôn i ddweud iddo glywed ar y Newyddion fod Dilys Cadwaladr, Suntur, wedi marw.

Eir ymlaen wedyn i sôn am ragor o osod a chywiro camgymeriadau ac yna cawn hanes y chwilio am well llun o Dilys Cadwaladr na'r un a ddigwyddai fod ar gael:

> Wedi cinio yn Idris Cafe [hyn ar Ionawr 9fed] euthum i ofyn i Dafydd Cadwaladr ond doedd dim llun yno medda fo. Es wedyn i Lys Owen i ofyn i Margaret Rees a gofynnais (gan ei bod mor oer, gwynt dwyrain ac yn chwipio rhewi) iddi ffonio i Colin Gresham – yntau heb lun ond yn dweud fod llun o Dilys yn y llyfr 'Atgofion' . . . a gyhoeddwyd gan Tŷ ar y Graig. Cofiais innau amdano – a bod llun o Dilys ar y clawr a dois adref yma a dod o hyd iddo. Tynnu hwnnw a mynd ag ef i Dafydd Trefor.

Dafydd Trefor Roberts a argraffai'r papur ac aethai Guto â holl ddeunydd y rhifyn ato yn gynharach ar y dydd. Felly y daeth i ben dri diwrnod prysur yn ei hanes ef ei hun a dyrnaid o wirfoddolwyr newyddiadurol tebyg iddo a phan symudodd i fyw yn ddiweddarach o Ros-lan i Gapel Uchaf Clynnog daliodd i gyfrannu yn achlysurol i'r *Ffynnon* ac i *Lleu*, papur bro Dyffryn Nantlle a'r cyffiniau.

Blynyddoedd yr actio proffesiynol hefyd a'i gwelodd yn cystadlu yn yr Eisteddfod Genedlaethol. Cyfeiriwyd yn gynharach at ei waith yn ennill ar ddychangerdd yn Y Barri, 1968, a bu'n fuddugol wedyn yn 1970, yn Eisteddfod Rhydaman a'r Cylch, ar Ysgrif Bortread (o Wil Sam), gyda D. Tecwyn Lloyd yn beirniadu ac yn ei ganmol i'r cymylau. Yna, yn 1973, yn Eisteddfod Dyffryn Clwyd, mewn cystadleuaeth yn gofyn am Dair Ysgrif Ysgafn, dywedodd y beirniad, Islwyn Ffowc Elis, y carai weld cyhoeddi trioedd ystorïol bob un o'r chwech ymgeisydd ac yr oedd Guto yn un ohonynt. Dic Jones a wobrwywyd yn y diwedd oherwydd mai ei ysgrifau ef, yn ôl y beirniad, 'a roes y difyrrwch mwyaf i mi' ond canmolwyd Guto yn hael am wreiddioldeb 'ysgrifau, sy'n ddychmygus, yn ddigri iawn yn rhai o'u storïau a'u hergydion ac yn flasus yn eu cyfoeth o ymadroddion llafar gwlad'.

O sôn am yr Eisteddfod manteisiodd Guto a minnau droeon ar y cyfle i ymweld â mannau hanesyddol. Er enghraifft, â'r Eisteddfod yn Y Fflint yn 1969 treuliasom un pnawn yn talu teyrnged i Daniel Owen mewn gwahanol rannau o'r Wyddgrug ac yna'n chwilio'r fynwent am fedd Richard Wilson. Yn Y Drenewydd y lleolwyd Eisteddfod Maldwyn yn 1965 a dyna gyfle i ymweld â Dolwar Fach ac â Chastell a mynwent eglwys Trefaldwyn hefo'i bedd dilaswellt lle claddwyd y llofrudd a dyngai i'r diwedd ei fod yn ddieuog. Cawsom hefyd sawl taith ddifyr ym Mhenllyn yn ystod Eisteddfod Y Bala yn 1967. Llogi carafan a wnaethom yno, un ag iddi stôf beryglus o ffrwydrol wrth ei thanio! Mewn gwesty yn y dref honno y gwelais Guto yn cystadlu â dyrnaid o adroddwyr englynion ac yn eu curo'n lân; cystadleuaeth oedd yn groes i'r graen o'i ochr o ond fy mod i'n ei hysio 'mlaen. Eithr nid oedd raid inni wrth sbardun eisteddfota i fynd ar drywydd 'Cartrefi Cymru'. Ar wahanol adegau yn y saithdegau buom yn y Gwyndy Uchaf, hen gartref T. Gwynn Jones; Tretŵr y Fychaniaid; Cwm-du a'i gysylltiadau crefyddol ac addysgol â Charnhuanawc; Clenennau y Cyrnol John Owen; Trefeca Hywel Harris a sawl man arall. Aethom ar ddwy daith hefyd y tu allan i Gymru, y naill i Iwerddon yn 1970 a'r llall i'r Mod yn Inverness yn 1972.

Y cyfnod hwn o 1968 hyd 1980 oedd y cyfnod prysuraf yn ei hanes 'dybiwn i. Golygai'r actio a'r darlledu, y darlithio, y cofnodi digwyddiadau cymdeithasol ar ffilm, a'r sgwennu a thynnu lluniau ar gyfer Y Ffynnon lawer o ruthro yma ac acw. Ar un wedd roedd yn fywyd cynhyrfus a'r amlygrwydd cenedlaethol yn rhywbeth i'w groesawu o bryd i'w gilydd. Deuai ambell berfformiad â gwefr arbennig ac nid dibris i berfformwyr yw cael blasu cymeradwyaeth cynulleidfaoedd brwd. Eithr roedd i'r cyfnod ei gymylau duon hefyd. Collodd Wil, ei frawd hynaf yn 1973 ac yna, ar Dachwedd 6ed, 1977, bu farw ei fam yn 83 mlwydd oed yn Ysbyty Gallt y Sil.

Gwraig fwyn a hoffus tu hwnt oedd Jane Roberts, un dawel, ddiffwdan a chynnes ei chroeso i'w haelwyd. Ces y boddhad o aros ym Muriau Mawr droeon ac ymdeimlo'n fyw â chlosrwydd y berthynas rhwng y fam a'r mab. Y ddau yn deall ei gilydd i'r dim. Os bu bachgen yn driw i'w fam erioed Guto oedd hwnnw ac yr oedd ei hoffter hithau ohono fo mor amlwg â haul canol dydd. Yn y llythyr a dderbyniais oddi wrth y Parchedig J.T. Williams, ac y dyfynnais ohono tua'r cychwyn, dywedir hyn amdani:

Gwraig arbennig iawn oedd Jane Roberts, boneddiges urddasol, gyfeillgar a thra haelionus ei natur; esiampl o werin gwlad ar ei gorau a bu fel mam i Eunice a minnau tra buom yn Rhoslan. Enghraifft o'i haelioni i'w weld yn y modd yr estynnai rodd o wyau.

Byddai'r ffermwyr cefnog oedd yn ddiaconiaid yn estyn dau ŵy – un bob un i ni – tra na byddai Jane Roberts yn meddwl am estyn llai na hanner dwsin!

Etifeddodd Guto yn helaeth o rinweddau ei fam. Bu Guto'n hynod o ofalus o'i fam. Edmygai Eunice a minnau ddyfnder ei ofal ohoni.

Roedd Jane Roberts, fel y cofiaf innau fy nain, yn wledig gartrefol o'i chorun i'w sawdl ac un peth a'm gogleisiai i yn neilltuol oedd y ffordd y cyfarchai ei mab ac y cyfeiriai ato: 'Gruffydd' yn ddifeth. Bu'n berffaith fodlon i dreulio'i hoes o fewn ychydig filltiroedd sgwâr; yn wraig a wreiddiwyd yn wirioneddol ddwfn yn ei bro. Dyma eiriau un newyddiadurwr lleol amdani:

Cofiai'r cyfnod pan y byddai hi a'i mam yn gwneud caws a chanhwyllau, ac am 'odro allan' yn yr haf a chario'r llefrith mewn 'trwnc' ar y cefn yn ôl i'r tŷ. Cofiai hefyd am fynd gyda'r dynion i wneud bwyd a lapio'r gwlân yng Nghwm-yr-haf pan gneifid y defaid a fyddai'n pori ar y Graig Goch.

Bu ei cholli yn ddyrnod enbyd i Guto a chynyddodd y

galwadau ffôn yn arw wedi'r angladd; sgwrsio am unrhyw a phob peth dan haul, heb sôn gair am y golled.

Roedd gwedd arall ar ei fywyd yn ystod y cyfnod hwn yn peri anfodlonrwydd iddo yn ogystal, anfodlonrwydd a ddyfnhai gyda rhediad y blynyddoedd. Ar y cychwyn cawsai ddigonedd o waith ar y cyfryngau ond fel y dirwynai'r saithdegau i ben lleihau a wnâi'r galwadau am ei wasanaeth.

Ar wahân i'r nifer cymharol fychan sy'n cael gwaith cyson mewn cyfresi o amrywiol hydau, bywyd pur ansicr yw bywyd actorion ac actoresau; mae'n llawnder neu yn newyn yn aml. I ŵr fel Guto, un cyfarwydd â blynyddoedd o weithio cyson, ddydd ar ôl dydd, wythnos yn dilyn wythnos, aethai'r wythnosau o segurdod yn disgwyl am alwadau ffôn o swyddfa rhyw gynhyrchydd neu'i gilydd yn faich arno. Roedd cael y boced yn anghyfforddus o wag ar adegau yn ormes ar ei ysbryd hefyd. Gan nad oedd diogi yn ei groen ceisiai lenwi'r oriau gwag trwy weithio yn siop Dafydd Glyn Williams, gyrru fen Idris Cafe, gweini tu ôl i'r bar yng Nghwesty'r Marine, a goruchwylion cyffelyb, ond nid mater hawdd oedd trefnu y gweithio rhan-amser hwn chwaith oherwydd roedd angen peth hyblygrwydd rhag ofn y deuai'r alwad ffôn o Gaerdydd a mannau tebyg.

Erbyn 1978 a 1979 roedd pethau wedi mynd yn fain iawn arno ac adlewyrchir hynny yn y pwt dyddiadur a gadwodd ar gyfer hanner blwyddyn cyntaf 1979. Yn wir, bu hanner olaf '78, a '79 ar ei hyd, yn gyfnod digalon o lwm arno. Dyma ddyfyniad o Ionawr 21ain, 1979:

Chefais i ddim gwaith actio o'r blaen ers tua mis Hydref. Roedd hwnnw yn waith teledu Adran Ysgolion. Doeddwn i ddim wedi cael dim cyn hynny ers tua Mehefin a dim ond tair wsnos o ddrama gyda'i gilydd flwyddyn union yn ôl – Blwyddyn dlawd iawn – chefais i ddim dôl er Mis Mai diwetha – wedi bod yn byw ar fy arian ar wahân i ambell buntan brin am werthu cwrw yn y Marine o dro i dro ac ambell i ddarlith.

Mae ei gŵyn ar ddydd Sul, Chwefror 11eg, yn ddwysach o gryn dipyn; y diflastod yn amlycach:

> Mae bod heb waith o hyd fel hyn yn fy ngwneud yn ddigon digalon a'r pleser hyd yn oed i ddarllen yn cilio – nes fy ngyrru i ddim ond eistedd wrth y tân a phensynnu . . . Mae'r cyhoeddiad sydd gennyf i ddarlithio ym Mhorthmadog nos yfory yn fy ngwneud yn anniddig – ac fel llawer tro yn ddiweddar yn cael fy nhemtio i'w dorri. Pan af i fysg pobl fel hyn caf fod pawb yn holi beth ydwyf yn ei wneud ar hyn o bryd neu beth sydd i ddod ym myd darlledu – rhai yn dweud nad ydynt wedi fy ngweld ers tro, a 'chydig ŵyr yr holwyr gymaint y mae hyn yn fy mrifo.

Guto druan; mor deimladwy ac agored i'w glwyfo. Afraid dyfynnu rhagor o'r dyddiadur gan nad yw ond yn cadarnhau yr un drefn gymysg o weithio yn lleol, arwain ambell gyngerdd neu ddarlithio, actio plwc a disgwyl yn ddiflas am y galwadau ffôn.

* * *

Erbyn haf 1980 aethai'r sefyllfa yn annioddefol iddo a 'does ryfedd yn y byd i'r nodyn hwn ymddangos yn rhifyn Medi *Y Ffynnon*:

> Ein llongyfarchiadau i Guto Roberts, Muriau Mawr, ar ei benodi i swydd newydd gyda Chyhoeddiadau Mei yn Nyffryn Nantlle.

Ar y cychwyn ei brif swyddogaeth oedd hybu gwerthiant llyfrau'r wasg a golygai hyn ymweld ag ysgolion a siopau llyfrau yn ne a gogledd y wlad ynghyd â threfnu arddangosfeydd mewn siop ac eisteddfod. Unwaith eto, felly, cawsai ei hun yn llywio car ar hyd y ffyrdd, yn gwerthu nwyddau (llenyddol y tro hwn) ac yn casglu dyledion. Hen elfen, hen arfer, ac ymrodd i'r gwaith gyda'r brwdfrydedd arferol.

Cyn bo hir arweiniodd hyn ef i feirniadu'r diwydiant yr oedd bellach yn rhan ohono. Roedd cryn lawer o ysfa'r cenhadwr ynddo a chredai y dylai pob sefydliad oedd ynghlwm wrth y gwaith o werthu llyfrau fynd â nhw nid yn unig i siopau ond hefyd i'r priffyrdd a'r caeau. Ei gred oedd y dylid eu dwyn i law'r prynwyr yn llawer mwy uniongyrchol, er y cyffesai, mewn un llythyr ar y mater, nad oedd ganddo 'unrhyw gynnig gwreiddiol ar ba ddull neu ddulliau y gallesid eu cymryd i chwyddo gwerthiant llyfrau Cymraeg'. Eithr mynnai ei hawl i godi'r broblem. Cwbl nodweddiadol ohono. Un beirniadol oedd ac fel llawer gŵr effeithiol, medrus, yn ddigon prin ei amynedd os gwelai fod angen gwella ar bethau. Ei gryfder oedd y gallai fod yn llym ei feirniadaeth ar ei waith a'i berfformiadau ei hun.

Eithr bu'n llawer mwy na gwerthwr i Gyhoeddiadau Mei. Cynorthwyai gyda sgrifennu broliant i rai o lyfrau'r wasg, darllenai broflenni yn aml a threfnai lawer o'r cyhoeddusrwydd ar gyfer y cyfrolau. Mwy arwyddocaol na hyn i gyd, fodd bynnag, oedd ei waith yn annog awduron i ddanfon gwaith i'w gyhoeddi ac, yn bennaf, yn golygu ambell gyfrol a gweithredu fel cyfrwng i rai awduron draethu eu hunangofiannau mewn print.

Enghreifftiau o'r gwaith golygu oedd 'Dwy Genhedlaeth' (yn cynnwys cyfres o raglenni radio a gynhyrchwyd gan Gwilym Owen) a 'Tom Jones Llanuwchllyn' (y cysodi gan Gyhoeddiadau Mei). Ymysg yr hunangofiannau y ddwy gyfrol mwyaf llwyddiannus yn ddiamau oedd 'Wel dyma fo . . . Charles Williams' a 'Doctor Pen-y-Bryn' (golwg ar hynt bywyd y llawfeddyg Owen Elias Owen). At hyn gellir ychwanegu tua dwy ar bymtheg o gyfrolau'r wasg y bu Guto yn ymwneud yn uniongyrchol â nhw, rhai ohonynt a gynhyrchwyd wedi iddo gefnu yn swyddogol ar Gyhoeddiadau Mei. Digwyddodd hynny yn 1984.

Blwyddyn wironeddol fawr yn ei fywyd oedd honno. Mewn llythyr a dderbyniais oddi wrtho ym Mehefin 1979 mae'n enwi merch y bu'n ei chanlyn am tua phedwar mis. Roedd wedi dweud wrthyf eisoes ei fod yn canlyn rhywun ond cuddiai'r enw rhagof: gall hen lanc fod mor chwareus â llanc ifanc pan yw mewn cariad! Dyma fel y datgelwyd y gyfrinach:

Wyddost ti pwy oedd efo mi yn ciniawa? dwi wedi dweud wrthyt dy fod yn ei hadnabod – un swil iawn fel minnau, ond ryda ni wedi bod yn mynd a dŵad o fwthyn i fwthyn ers tua phedwar mis. Dros ochr y Cennin y bydda i'n mynd yno a thrwy Fwlchderwin ond mae'n reit hawdd ganddi hi droi ar y chwith yn y fan honno a dŵad drwy Bant-glas a Bryncir. Fel rwyt ti wedi casglu ma' hi'n byw ryw dafliad carreg o'r capel cyntaf oedd gan y M.C. yn 'r ochra yma – ac yn fan honno y cafodd tad John Roberts Llangwm a thaid Michael Roberts Pwllheli droedigaeth stalwm.

Ia, ia 'ti'n iawn! Capel Ucha'! Mi wyddost bellach at bwy 'dwi'n cyfeirio – Ia, dyna fo, 'ti'n iawn – Ia, Ia – dechra efo M, ia – Do, do mi fuo efo'r Bîb am gyfnod. Marian Elias ia!

Newyddion gwirioneddol dda. A minnau'n adnabod y ddau gwyddwn ym mêr fy esgyrn fod siawns ardderchog am fywyd priodasol hapus iddynt. Dau yn rhannu'r un gwerthoedd, yr un diddordebau, ac yn amlwg yn ymserchu yn ei gilydd.

Aeth pedair blynedd heibio cyn iddynt briodi. Ar glawr mewnol llyfr a roes imi ceir y cyfarchiad hwn:

Hyn sydd i dystio i'r uchod [Guto] gyflwyno'r gyfrol hon i Feredydd ar y pedwerydd dydd ar hugain o fis Mawrth B.A 1997 fel cydnabyddiaeth am iddo dystio i mi gael y ferch orau bosib yn wraig ar yr union ddyddiad hwn yn 1984.

Diwrnod i'w gofio. A chyfrinach ynglŷn â hwnnw hefyd! Rhyw ddyrnaid bach ohonom yn unig a wyddai am y digwyddiad. Yn ôl fy nyddiadur, arhoswn y nos Wener hefo Guto ym Muriau Mawr, a'r bore wedyn:

Roeddwn ar fy nhraed tua 6.30 a.m. Siafio, brecwasta'n ysgafn a thynnu coes yr hen gyfaill.

Tua pum munud i wyth cychwyn am Gapel Ucha' Clynnog i gasglu Marian. Cyrraedd Carreg Boeth erbyn 8.20 a.m. Aros i Marian gau'r tŷ, bwydo'r cathod, ac ati, ac yna i lawr i Glynnog iddi alw heibio'i mam a'i thad . . . O Glynnog i'r Groeslon a chodi Eifiona, chwaer Marian . . . Roeddan ni'n ôl yn Rhos-lan hanner awr yn rhy fuan, felly mi biciais i Gricieth am betrol.

Yn ôl i Gapel Rhos-lan erbyn 9.25 a chael bod Robin a Guto yno, ynghyd â'r gofrestryddes. Llywiodd yr hen Robin y gwasanaeth yn hyfryd, ac effeithiol iawn i mi oedd ei ddarlleniad o emyn T.H.P-W, a'i weddïau. O'r capel i Muriau Mawr am baned o goffi ac i ddisgwyl y ffotograffydd. Pan ddaeth o tuag un ar ddeg fe'i trawyd â syndod y gallech ei weld yn eglur. Tybiai ef ei fod yn dod yno i dynnu llun pwyllgor! Dyna esgus Guto! Y fath hwyl a gawsom, a'r ffotograffydd yntau yn mwynhau'r cyfan cystal â neb. Yno y buom, ar aelwyd y Muriau, yn sgwrsio'n gynnes hyd amser cychwyn am Dremadog, i ginio yng ngwesty'r Madoc. Robin a Guto am y gorau hefo straeon am gymeriadau eu hardal a ninnau'n glymau o chwerthin. Cinio blasus a mwy na digonol yn y gwesty. Ffarwelio wedyn â'r ddeuddyn a throi i gyfeiriad Cricieth. Roedd Eifiona'n cyfarfod â'i gŵr yno ac aeth Robin a minnau ymlaen i Fryntirion.

Priodas syml, ddiffwdan, yn gweddu i'r dim i ddau na allent oddef unrhyw hen utganu o'u blaenau. A phriodas ar seiliau cadarn o'r dechrau i'r diwedd.

Bu'n rhaid i Guto gefnu ar Muriau Mawr a mudo i Garreg Boeth ac ymysg trugareddau'r mudo hwnnw yr oedd y llyfrau a gasglodd dros gyfnod hir o flynyddoedd. Un o bleserau neilltuol ymweld â'r Muriau oedd mynd gydag o i ganol y rheiny a'i weld a'i glywed yn eu trin a'u trafod. Dros rai blynyddoedd bu wrthi'n ddiwyd yn addasu hen feudy oedd yn rhan o'r tyddyn yn llyfrgell ac fel y cynyddai'r silffoedd llwythid nhw â chyfrolau newydd sbon ac ail-law o siopau a thai ledled Cymru. Manteisiai ar bob cyfle i hel llyfrau a go brin bod siop llyfrau Cymraeg yn unman yng Nghymru nad oedd wedi tywyllu ei drws rywbryd neu'i gilydd. Ac nid heliwr ar siawns ydoedd. Yn ddieithriad byddai ganddo deitlau nifer o lyfrau yn ei feddwl yr oedd yn awyddus i gael ei bump arnyn nhw a chefais fwy nag un alwad ffôn i'r perwyl ei fod o 'wedi ca'l yr union un o'n i ar i ôl o yli'. Weithiau, wrth gwrs, câi ei siomi, fel y tro hwnnw pan aeth yng nghwmni cyfaill i dŷ dau frawd yn Llŷn a chlywed un ohonyn nhw'n dweud fod bocsiad o hen lyfrau ar gael yn y stabal. Ond teimlai'r brawd arall y dylid yn gyntaf ofyn barn y ferch oedd yn byw dros y ffordd cyn caniatáu i'r ymwelwyr fynd i'w gweld a dechrau bargeinio ar y pris. Awgrymodd Guto mai'r peth gorau a fyddai cael golwg arnynt gyntaf ac yna gofyn i'r ferch p'un a oedd am eu gwerthu ai peidio. Felly y bu; aed am y stabal. 'Do', meddai Guto wrthyf mewn llythyr, 'mi gwelodd ni'n mynd i'r stabal a fuo hi fawr o dro yn deud nad oeddan nhw ar werth! Finna'n egluro'r bwriad ond ches i groeso'n byd er bod hi'n fy nabod i'n iawn. Mi ath odd'no yr un mor sydyn!'

Fel y tyrrai'r llyfrau i'r llyfrgell aeth yn anodd i Guto osod ei law ar gyfrol yn y fan a'r lle. Aethai'r bras ddosbarthiad yn anfoddhaol a chan na fedrai oddef anhrefn ynglŷn ag unrhyw beth penderfynodd y dylid llunio catalog o'r llyfrau. O fewn dim amser roedd merch ifanc leol wedi'i chyflogi ganddo i wneud y gwaith, Margiad Roberts, Bryn Efail Isaf, a phan elwais heibio iddo un tro cefais y ddau wrthi'n brysur yn gosod trefn ar y cyfan.

Roedd yn adnabyddus i lu o bobl fel un sgut am lyfrau a phrawf o hynny yw i'w gyfaill John Roberts Williams, golygydd cyntaf *Y Casglwr*, ofyn iddo am ysgrif yn trafod beth a yrrai pobl fel fo i hel llyfrau; hyn ar gyfer rhifyn cyntaf y cylchgrawn. Gan ei bod yn ysgrif sy'n dangos mor gadarn oedd gafael Guto ar y Gymraeg ac yn tystio hefyd i'r ffordd y trwythwyd ef yng ngwaith ei arwr, T.H. Parry-Williams, heb ei ddynwared yn ddiflas, teimlaf y dylai fod ar gael i gylch ehangach o ddarllenwyr ac fe'i cynhwysir felly yn y detholiad o'i ysgrifau yn nes ymlaen.

Ar Fehefin 9fed, 1984, ac yntau bellach yn ŵr priod, dechreuodd weithio i Wasg Dwyfor. Yno eto parhâi i chwilio am lawysgrifau ar gyfer i'r wasg eu cyhoeddi, gan olygu nifer dda ohonynt. At hynny trefnai arddangosfeydd i'w hysbysebu a sicrhâi awduron i'w llofnodi mewn siopau ledled y wlad ond ei brif swyddogaeth oedd gwerthu'r calendrau blynyddol a argreffid gan y wasg. Golygai hyn ymweld â chwmnïau busnes, mawr a bach, ymhob rhan o'r wlad, nodi eu henwau, cyfeiriadau, rhifau ffôn/ffacs, arwyddion, ac ati, i'w hargraffu ar frig y calendrau a chasglu'r arian oedd ynghlwm wrth drefniant o'r fath. Felly, unwaith yn rhagor, fe'i cawn yn gyrru o gylch gwlad, yn gwerthu cymaint ag a allai o'i nwyddau a chadw cofnod trefnus o bob gwerthiant. Ac fel yn achos Cyhoeddiadau Mei, câi ei ryddhau o waith yrŵan ac yn y man, yn ddi-dâl, i ymddangos mewn ambell raglen deledu. Bu gyda Gwasg Dwyfor hyd Fehefin 14eg, 1989.

Dyna'r math ar waith a gyflawnai ar ei ben ei hun ond y gwir amdani yw mai cydweithio a fyddai'r drefn o hyn allan yn ei fywyd cymdeithasol a lle gwelid Guto fe welid Marian hefyd – mewn cyfarfodydd cyhoeddus o bob math, pwyllgorau, llyfrgelloedd, archifdai, ac ati. Bu eu cyfraniad i'w cymunedau a'u cenedl yn ystod pymtheng mlynedd eu bywyd priodasol yn un neilltuol o gyfoethog.

Fel yn achos *Y Ffynnon* yn Eifionydd bu Guto yn deyrngar i *Lleu* yn Nyffryn Nantlle. O bryd i'w gilydd mynychai gyfarfodydd crefyddol y cylch, gan gymryd rhan trwy ddarllen o'r ysgrythur yn rhai ohonynt, ac nid anfynych y cystadleuai yn rhai o'r eisteddfodau lleol. Gwn iddo unwaith gystadlu ar ganu cân werin yn eisteddfod Y Groeslon oherwydd cefais alwad ffôn ganddo ymlaen llaw a chanodd y gân imi er mwyn profi, meddai, ei fod o ddifrif! Ac fe'i canodd yn soniarus a difyr. Yr oedd, gyda llaw, yn hoff iawn o ganu gwerin a bu Marian ac yntau yng nghynhadledd flynyddol Cymdeithas Alawon Gwerin Cymru fwy nag unwaith. Ceisiodd hefyd sefydlu cylch canu gwerin, gyda chymorth Buddug Lloyd Roberts, yng Nghricieth, yn y saithdegau.

Cyfrannodd yn ogystal i waith ei Gyngor Cymuned yng Nghlynnog. Dilyn hen arfer yn ei hanes oedd hyn oherwydd rhwng 1966 a 1977 bu'n aelod, dros wahanol gyfnodau, o hen Gyngor Plwyf Llanystumdwy, Cyngor Cymuned Llanystumdwy, Cyngor Gwledig Llŷn a Chyngor Dosbarth Dwyfor. Ymhellach, o 1979 hyd ychydig cyn iddo briodi, ail-afaelodd yn ei aelodaeth o Gyngor Cymuned Llanystumdwy. Yn 1991 daeth Marian ac yntau yn aelodau o Gyngor Cymuned Clynnog a buont yn weithgar ynglŷn â'r gwaith nes iddynt symud i fyw i'r Groeslon yn 1994.

Cyn ymuno â'r Cyngor yng Nghlynnog arferai'r ddau ymweld â'r cyfarfodydd er mwyn anfon adroddiadau am ei weithgaredd i *Lleu* ac felly daethant yn gyfarwydd iawn â'r materion lleol a godai o bryd i'w gilydd. Er enghraifft, roedd peth dryswch ynglŷn â'r cyfrifoldeb dros gadw'r gwair yn daclus ym mynwent Eglwys Clynnog Fawr. Darganfu Guto fod arian cyhoeddus ar gael ar gyfer cynnal y fynwent a galluogwyd Cyngor Cymuned Clynnog i weithredu ar y wybodaeth honno o hynny ymlaen. Yn ei gyfnod ef y sefydlwyd Is-bwyllgor i ofalu am y fynwent.

Helynt a lusgodd ymlaen am gyfnod hir hefyd oedd yr un a achoswyd gan waith gwestywr lleol yn gosod giât ar draws ffordd yr arferai trigolion Clynnog fynd a dod ar hyd-ddi yn rhwydd. Mynnai perchennog y gwesty mai croesi ar draws ei dir o a wnâi'r trigolion ar eu ffordd i'r swyddfa bost gyfagos a bu cryn gynnwrf ynglŷn â'r holl fusnes. Ymrodd Guto a Marian i ddangos mai ffordd gyhoeddus ydoedd a thrwy dynnu ar dystiolaeth o waith Eben Fardd, ysgrif amdano, Map Degwm, map arall o 1889, ynghyd â datganiadau llafar gan frodorion, llwyddasant i ddangos hynny'n bendant. Ar bwys eu hymchwil llwyddodd y Cyngor Cymuned yn ei dro i argyhoeddi'r Cyngor Sir, a'r gwestywr, ei bod yn wir yn ffordd gyhoeddus ac wedi cryn oedi pellach cafwyd gwared o'r giât a chaed heddwch.

Pennawd *Yr Herald Cymraeg*, wedi'r fuddugoliaeth, oedd 'Gwaith Eben Fardd yn helpu i ddatrys anghydfod ffordd'.

Eithr ni chyfyngodd Guto ei sylw i faterion lleol a haedda ei gofio yn arbennig am y cyfraniad a wnaeth i achosion teyrnged a choffa eang eu hapêl. Yn 1975 darganfu nad oedd carreg ar fedd Gwilym Deudraeth ym mynwent Allerton, Lerpwl, ac yn niffyg hynny tybiodd y byddai'n gymwys i godi coflech iddo ym Mhenrhyndeudraeth. Dadleuodd dros hynny mewn mannau perthnasol ond gwaetha'r modd ni ddaeth dim o'i ymdrechion. Yn 1986 ef oedd un o aelodau amlycaf y pwyllgor a gyfrannodd ac a gasglodd arian ar gyfer gwaddoli Gwobr Goffa John Elwyn Hughes, y llengarwr brwd hwnnw o Borthmadog, gwobr a gyflwynir yn flynyddol yn Adran Ddrama yr Eisteddfod Genedlaethol. Erbyn 1990 roedd yn gyfrifol am alw pwyllgor ynghyd yn yr hen Sir Gaernarfon gyda'r amcan o gasglu arian ar gyfer Cronfa Goffa Saunders Lewis. Gan fy mod i ar y pryd yn digwydd bod yn Ysgrifennydd Pwyllgor y Gronfa honno gwn yn dda am y gwaith ardderchog a gyflawnwyd gan Bwyllgor Arfon: Elfed Gruffydd, Eirug Wyn, Anna Wyn, Linda Pennar, Bert Parry, Marian, a Guto yn Ysgrifennydd. Roedd eu casgliad nhw o dros £12,000 ymhell, bell ar y blaen i'r casgliadau a gafwyd gan y siroedd eraill ac fe gytunai pawb a fu'n rhan o'r ymgyrch honno i aelwyd Carreg Boeth fod yn ganolbwynt i'r cyfan. Pwy fyth a anghofiai y ddwy Noson Lawen a'r gwledda a gynhaliwyd yno – agor y Ciosg Coch gyda galwadau o'r cyfandir a thramor, anerchiad gwych Emyr Humphreys, a'r perfformio yn y Pebyll? Bu dyfeisgarwch anghyffredin tu ôl i'r casglu a chynhaliwyd sawl noson o ddifyrrwch mewn amrywiol fannau yn y sir. Âi'r llinell ffôn rhwng Guto a minnau yn goch gan brysurdeb (ac ambell sylw difrïol o'r ddau du) dros rai misoedd.

Yn ei flynyddoedd olaf, er gwaethaf baich ei afiechyd blin, bu'n ymgyrchu'n gyndyn dros adfer Cae'r Gors yn gofadail genedlaethol deilwng o athrylith Kate Roberts. Erbyn hynny roedd o a Marian, yn 1994, wedi symud i fyw i'r Groeslon ac yno ar Hydref 22ain, 1995, yn Gorwelion, y cynhaliwyd cyfarfod cyntaf y Pwyllgor Lleol. Ymgyrch sy'n parhau yw hon a rhag cywilyddio Guto rhaid ei dwyn i derfyn llwyddiannus.

Erys un gydymdrech arall i sôn amdani sef gwaith y ddau ohonynt yn sefydlu 'Yr Hen Wlad', yn 1994; newyddiadur chwarterol o Gymru ar gyfer trigolion Y Wladfa. Cynnwys eitemau detholedig o hanes digwyddiadau yng Nghymru, gyda Guto yn bennaf, yn ôl Marian, yn dethol a sgwennu a hithau'n teipio a gosod y papur. Hi a awgrymodd sefydlu cyfrwng o'r fath, hynny mewn cyfarfod o Bwyllgor Cymdeithas Cymry Ariannin yn Aberystwyth, a chafodd yr awgrym gefnogaeth gan y pwyllgor hwnnw. Ac nid dyma'r unig amlygiad o'u hymwneud â'r Wladfa. Yn 1984, a Guto gyda Chyhoeddiadau Mei, cofnododd Marian gynnwys 'Pethau Patagonia', gan Fred Green, brodor gyda'r mwyaf brwd dros bopeth Cymraeg yn Y Wladfa. Yna, yn 1993, ymddangosodd 'Byw ym Mhatagonia', a olygwyd ar y cyd ganddynt, yn cynnwys detholiad o gynnyrch cystadleuthau wedi eu trefnu'n arbennig ar gyfer Gwladfawyr mewn sawl Eisteddfod Genedlaethol.

* * *

Gŵr prysur iawn oedd Guto. Cerddai'n frysiog, parablai'n gyflym. Weithiau'n ddiamynedd, ar brydiau'n danllyd. Eto, gwnâi bopeth yn effeithiol a threfnus. Ymddangosai cyn iached â chneuen, yn wydn a chaled. Un anodd i'w lorio.

Eithr cuddiai lawer o'r gwir am gyflwr ei iechyd. Yn achlysurol yn ystod yr wythdegau daeth yn agos at roi'r gorau i weithio oherwydd poenau yn ei frest a'i gefn ac o 1990 ymlaen bu dan ofal meddygol cyson. Ei afiechyd oedd achos y symud i'r Groeslon yn 1994. Pryderai am Marian.

Yn ystod y degawd olaf hwn daliwn gysylltiad cyson ag o drwy alwadau ffôn ac ymweliadau achlysurol. O bryd i'w gilydd hefyd cofnodwn rai manylion am hyn yn fy nyddiadur. Dyma'r olaf o'r cofnodion hynny:

Mawrth 4. 1999. A dyna'r diwedd wedi dod. Bu farw am saith o'r gloch. Yr hen gyfaill hoffus, dawnus, penstiff ar brydiau, ar dân dros ei iaith a'i genedl, hael ei ysbryd a'i law, teyrngar i'w gyfeillion, hawdd ei frifo a pharod i gymodi. Buom trwy lawer o helyntion gyda'n gilydd a mi grïaf lawer ar ei ôl. Gwnaf, a hynny yn chwerw a melys.

Dyfyniadau o Ddyddiadur 1983

Muriau Mawr

Ionawr 1
Bûm efo Marian yn Ninbych yn gweld y Dr. Kate Roberts. Mae o fewn 6 wythnos i fod yn 92 oed. Darllen *Barn* yr oedd pan gyraeddasom a'i brawddeg gyntaf wedi ein cyfarch oedd: 'Ma' pobol heddiw'n sgwennu'n sych ac anniddorol.' 'Does ganddi ddim set deledu ac ymddengys mai darllen a gwrando ar y radio a wna i'w diddori ei hun. Mae'r crydcymalau yn ei dwylo a'i bysedd a chaiff anhawster i ysgrifennu. Mae ei chof yn dal yn glir ac ymddengys ei bod mor effro ag erioed i bethau a digwyddiadau bob dydd.
Pennod gyntaf 'Minafon' (Eigra Lewis Roberts) yn dda iawn ar y teledu heno.

Ionawr 2
Diwrnod heulog braf. Galwodd Wil Muriau Bach efo torth frith a chefais ambell i hanesyn am Gruffydd Roberts Caecanol, Owen Jones Brynbeddau ac Ellis Parry Yr Hendre. Euthum i edrych am Marian i Gapel Uchaf. Tywallt y glaw a gwyntog ar y ffordd yn ôl.

Ionawr 3
Gweithio heddiw yn y swyddfa ym Mhen-y-groes ar Hunangofiant Charles Williams.
Trefnu gyda Charles iddo ddod yma ddydd Mercher ac aros noson. Dangoswyd y rhaglen am T. Charles o'r Bala ar y teledu heno. Euthum am Dŷ Cerrig 9 o'r gloch. Neb adra yno a phiciais i weld Marian am 'chydig.

Ionawr 4
'Doedd neb gartref yn Nhŷ Cerrig heno pan elwais tua 9. Es i'r Cross Foxes i'r Garn a chael $1\frac{1}{2}$ peint o gwrw da. Sgwrs ddifyr

a thynnu coes. Addawodd Edwyn Bryneifion ddod yma i liwio'r gegin fore Sadwrn – addawodd ganol haf!

Ionawr 5
Daeth Charles Williams yma heddiw i recordio peth o'i gofiant gan y bwriada Cyhoeddiadau Mei gyhoeddi cyfrol o'i waith. Cysgodd Charles yma heno.

Ionawr 6
Sgwrsio a recordio efo Charles hyd 3.30. Heno y dangoswyd ffilm 'Y Gosb' o waith Emyr Humphreys ar y teledu. Roeddwn wedi ei ffilmio yng Ngwaelod-y-Garth a Chaerdydd fis Mai.

Ionawr 7
Ysgrifennu'r deunydd o dâp cyntaf Charles o 9.30 hyd 12.15. Yna i'r Port. Ailddechrau ysgrifennu 3 o'r gloch hyd 9 o'r gloch. Es i Dŷ Cerrig - neb yno ac yna i'r Cross Foxes am $1^1/_2$ o gwrw.

Ionawr 8
Daeth Edwyn Pritchard yma i liwio'r gegin gefn a bu yma o 9.15 hyd 12.15. Telais £12 a £19.23 am baent. Bûm yn twtio'r gegin a gosod darn o garped (£12) gan Robin Povey, Tŷ Capel ar y llawr. Daeth Marian yma tua 9 a mynd adref 10.30. Dangoswyd ail bennod 'Minafon' ar y teledu heno. Mae'n dda iawn.

Ionawr 9
Dechrau ysgrifennu Cofiant Charles am 9 o'r gloch hyd 12 o'r gloch. Bûm yn nôl *Sulyn* i Fryncir a galw wedyn yn y Foty. Gadael fy nghar wrth lidiart y ffordd a cherdded gyn belled â Llyn Coch. Ysgrifennu wedyn o 4.15 hyd 6.15. Bwyd sydyn ac yna i'r Garreg Boeth. Cyn eistedd yno gofynnais i Marian a wnâi fy mhriodi, ac mi addawodd! Yn ôl yma ac ysgrifennu wedyn o 10-11. Yna gwylio ffilm hyd 12.40!

Ionawr 10

Gartref yn gweithio o dapiau Charles o 9 - 12 ac o 12.30 hyd 3.00 a dwyawr neu ragor gyda'r nos. Wedi cychwyn Tâp 4. Es i edrych am John Elwyn i'r Port o 3.30 tan 6. Ffoniodd Marian tua 9 ar ei ffordd o'r dosbarth nos ym Mangor. Gwely hanner nos.

Ionawr 11

Dal i weithio gartref. Cyrraedd tua'r ganfed dudalen - llawysgrifen fras! I Gricieth i geisio'r *Cymro* tua 4 o'r gloch. Y cyfan wedi mynd. Ffoniais Charles yng Nghaerdydd. Roedd yn ddiolchgar iawn. Euthum i Dŷ Cerrig i ganfod eu hymateb wrth ddarllen stori Charles – iawn. Mynd adref tua 12.45 a.m.

Ionawr 12

Gweithio gartref drwy'r dydd hyd 4.40. Swper. Yna i Bwllheli i gyfarfod C.N.D. Un o'r merched - Saesnes o'r Borth, Aberystwyth, erbyn hyn - yn dangos tâp fideo o'r brotest yn Breudeth, Sir Benfro. Ymateb da i'r 'Gosb'. Gelwais yn y Feathers am beint.

Ionawr 13

Gartref yn gweithio ar dapiau C.W. er 7.30 y bore ond euthum i Ben-y-groes i wneud copïau o'r gwaith a wneuthum eisoes sydd, mi obeithiaf, ar draws rhyw 70 o dudalennau mewn print. Bûm yn disgwyl Marian yma hyd 8 o'r gloch ond sylweddolais mai fi oedd i fynd yno – ac mi es. Adref 11.20 (yma) a gwyliais ddrama T. James Jones ar y teledu – 'Y Gyfeillach'. Roedd yn awr a hanner o raglen. Cefais fy nilyn gan gar yr heddlu o Felin Llecheiddior hyd lidiart y ffordd.

Ionawr 14

Gan ei bod bron yn chwech arnaf yn dod o Ben-y-groes ddoe ni ddechreuais weithio hyd 9.30. Daeth Robin Fronolau yma ar ôl cinio a bu yma hyd wedi tri. Bûm wedyn yng Nghricieth a bûm yn cyflwyno gwaith T.H.P.-Williams yng Nghlwb Efail y

Gwylwyr yn Nefyn wedyn, a galw yn y Lion yng Nghricieth ar y ffordd adref.

Ionawr 15
Bûm yng Nghricieth a'r Port yn gwneud negeseuon. Cinio yng Nghaffi Newell. 'Ddaeth John Elwyn ddim yno heddiw. Bûm yn ei weld ar ôl cinio, yna adref i lanhau a thwtio. Daeth Marian yma tua 5.30 ac roedd yn hanner nos arni yn troi am adref. Gwelais Mei yn y Port - gallaf weithio gartref eto ddydd Llun.

* * *

Dyma grynodeb o weddill yr un dyddiadur am 1983:

Sul, Ion. 16 - Gwen. 21 Ionawr
Dal i weithio ar lyfr Charles. Mynd i'r swyddfa ddydd Mercher a phrynhawn Iau i'r Archifdy yn Llangefni i chwilio am y llythyrau a gaed yn y papurau newydd yn Awst 1943 pan aeth Chales W. ar ei daith gyntaf efo Cwmni Drama. Ailafael yn yr ysgrifennu ddydd Gwener.

Llun, Ion 24 - Sadwrn 29 Ionawr
Gweithio yn y swyddfa. Cyrraedd erbyn 8 y bore. Danfon Pais i Lên Llŷn; danfon proflenni *Straeon Rhes Ffrynt* i Gruffudd Parry; mynd â *Pais* a *Sboncyn* i Gricieth ar fy ffordd i'r gwaith ddydd Mawrth ac i siopau yn y Port, Penmorfa, Garn, Bryncir. Cefais lawysgrif Capten John Jones Williams (Lodge, Llanfrothen) – i'w chyhoeddi, gobeithio, gan Mei. Addo i Robin Evans y buaswn yn cymryd rhan Dewi Wyn o Eifion mewn rhaglen ar Siôn Wyn ar Chwef. 15. (Trefnais i gymryd wythnos o wyliau bryd hynny hefyd – mae 23 diwrnod ar ôl eto). Darllen *Celtic Folklore* a'r *Brython* nos Lun. Nos Wener: Darlithio i Gymdeithas Diogelu Hen Beiriannau ym Metws-y-Coed. – a mwynhau bob munud. Cefais £20.

Llun, Ionawr 31
Darllen llawysgrif y Capten. Mynd â hi i Elis Gwyn i'w golygu.

Chwef 7 - 11
Gweithio ar lyfr Charles Williams a gorffen dros dro efo fo fore Mawrth.
Mercher. Mynd i Birmingham i Ffair Nwyddau efo Eirug Wyn. I'r Groeslon erbyn 5.45. Dychwelyd am 6.10 o'r gloch y nos. I'r gwely 7.30.
Iau. Darllen a chywiro 'Atgofion dyn y ffordd' (William Jones Roberts).
Y cynllunwyr wedi gwneud clawr *Straeon Rhes Ffrynt* yn barod.
Cynnig cael wythnos o waith a thri mis gan y BBC. Gwrthod.
Gwener. Charles Wms yma trwy'r dydd yn recordio rhagor o'i hanes.
Gohiriwyd cyfarfod W.I. Tanygrisiau oherwydd yr eira.

Chwef. 13 Sul.
Poen yn fy mrest. . . Ysbyty Gwynedd fin nos.
Yno tan ddydd Mercher. Gartref am weddill yr wythnos. Linor Brynefail yn galw heibio; Robert Ieuan Llwynyreryr, John Roberts Y Ffôr, Dafydd Glyn Williams o Gricieth, Wil Muriau Bach, Hywel a Siân Y Foty a'r plant a Stewart Jones. . .

Chwef. 21 - 26
Anfon at Bedwyr Lewis Jones ynglŷn â'r gyfrol gan ei dad.
Gair at R. Tudur Jones i ofyn am gyflwyniad i gyfrol y Capten.
Gweithio ar deipysgrif *Atgofion Dyn y Ffordd*. Mynd i Archifdy Caernarfon i chwilio am luniau addas ar gyfer y llyfr hwn.
Rhoi sgwrs mewn cyfarfod gan Wragedd Ifainc y Gest ym Mhorthmadog nos Iau.

Chwef. 28 - Mawrth 5
... Cael cynnig ffilmio Porthwisgi gan Alun Ffred - derbyn.
Merêd yma ddydd Gwener - cymryd gwyliau. Merêd yn darllen

teipysgrif llyfr C.W. ac yn canmol fel roedd y stori yn rhwydd a difyr ond yn awgrymu peidio â cheisio ysgrifennu'n llafar gan fod anghysonderau lu yn deillio o hynny. Ysgrifennu oedd y gamp meddai ac nid y cysoni.

Mawrth 6 - 12

… Gareth Ll. Williams yn cynnig pump wythnos o waith ffilmio ar Storïau'r Henllys Fawr. Gwrthod.

Mawrth. Gosod ffenestr Llên Llŷn i arddangos *Straeon Rhes Ffrynt*.

Mercher. Gweithio ar lyfr C.W. yna i Lên Llŷn. Gruffudd Parry yn llofnodi ei lyfr yno.

Gwerthwyd tua 90 er ddoe. Elis Gwyn wedi gorffen golygu llyfr y Capten. Awgrym o deitl *Llongwr o Ros-lan* ganddo …

Sadwrn. Traddodi sgwrs i Gwrs Llên Gwerin Plas Tan-y-bwlch: 'Rhyfeddod Bro' …

Sadwrn 18

Gwneud pwdin ŵy a swltanas a bara ar ei wyneb yn y popty. Hefyd ham a clôf a nytmeg a siwgr coch mewn sudd afal pîn yn y popty a'i gael efo sglodion a phys pan ddaeth Marian.

Mawrth 20 - 26

Sul. Gweld Dr. C. Gresham a dod i ddealltwriaeth am gyhoeddi llyfr Saesneg am hanes ei daid.

Llun. Gweithio ar lyfr Charles a gwneud copi yn barod a mynd ag o i Charles i Wal y Faenol.

Cael cynnig gwaith ar ffilm gan Sion Humphreys, Awst - Medi. Gweithio yn y swyddfa. Mynd i weld Lisi Jones, Y Fron a chael teipysgrif ei hunangofiant.

Mercher. Ffilmio i Wil Aaron yn Nhrefor - Ffynnon Elian - minnau fel Dic Aberdaron.

Ffoniodd y BBC yn cynnig gwaith ar Ebrill 5.

Charles W. yma ynglŷn â'r llyfr. Mae wedi ei blesio. Mae yntau am roi £100 efo Mei at gyfarfod cyhoeddi ei hunangofiant …

Mynd i gadw noson efo Cymdeithas Capeli Siloam a Chroesor yn Nhalsarnau.

Mawrth 27 - Ebrill 1
Sul. Mynd i weld Gwen (Caellobrith) yn Ysbyty Gwynedd. Yna i Langefni i'r Bull i drefnu noson cyflwyno llyfr Charles.
Llun. Gwyliau. Galw heibio i Margaret Rees Williams i gael teipysgrif.
Mawrth. Ffilmio yng Nghapel Tŷ Mawr ger Bryncroes i Alun Ffred, Ffilmiau'r Nant …
Iau. Llungopïo'r sgyrsiau radio efo Gwilym Owen i'w hanfon i'r Cyngor Llyfrau.
Teimlo'n sâl ar ôl gorffen.
Gwener y Groglith, Ebrill 1 Darllen sgript Meddan' Nhw i'w recordio ym Mangor ddydd Mawrth nesaf.
Sadwrn. Daeth Merêd yma (tan ddydd Llun). Cael addewid gan Merêd a Cledwyn Jones y deuent i ganu i'r Bull adeg cyhoeddi llyfr Charles.

Ebrill 5 - 9
Mawrth. Recordio ym Mangor…
Galw efo Mei a dweud wrtho am fy mwriad i roi'r gorau i'm gwaith am ei fod o bosib yn amharu ar fy iechyd.
Mercher. Gweithio ar lyfr Lisi Jones o 8 - 3.30.
Iau. Mynd i weld Lisi Jones yn y Fron a gwneud y llawysgrif yn barod i'w hanfon at Nesta Wyn Jones i'w chywiro ayb. Ffonio'r Ganolfan Lyfrau a chael archeb am 200 o *Rhes Ffrynt*. Wedi cael archeb am 200 gan Llên Llŷn ddoe, penderfynwyd ailargraffu!
Gwener. Dweud wrth Mei fy mod am roi'r gorau i'r gwaith ond heb roi dyddiad …

Ebrill 10 (Sul)
Postio cytundeb i Siôn Humphreys am ffilm Awst 1 - Medi 15.
Bûm yn Llwyn Onn, Dinas yn deud wrth Meri na fyddem yn

mynd i Steddfod yr Urdd am fy mod yn bwriadu gadael Cyhoeddiadau Mei.

Ebrill 11 - 16

Llun. Eirug Wyn eisiau 30 o *Rhes Ffrynt*.

John Roberts Williams yn addo deunydd cyfrol o *Dros fy Sbectol*. Anfon englyn a llythyr at Gruffudd Parry ynglŷn ag ailargraffu'r gyfrol:

Aeth un mil! ac weithian mwy - ohoni
    Wnawn ninnau yn arlwy,
  Mae 'u gweld mewn stad brintiadwy
  I lot fel siwgwr ar lwy.

Poen yn fy mraich chwith a'm hysgwydd eto'r pnawn 'ma. Bûm efo'r Doctor ac fe gefnogodd fy syniad i gymryd gwyliau.

Mawrth. Gweithio yn y bore a hyd tua 1.30 a dod adref ddim yn teimlo'n dda. Poen yn fy ysgwydd chwith a'm braich o dro i dro.

Mercher. Gartref ac yn fy ngwely tan 10. Cysgu am tua dwyawr yn y pnawn wrth y tân. Cerdded i Wiga ac wedyn i Dŷ Cerrig. Roedd yn braf gyda'r nos ar ôl glaw y pnawn. Ar fy ngwyliau yr ydwyf ef hynny.

Iau. At y Meddyg. Trefnu i mi fynd am belydr-X ...

Llun, Ebrill 18

Gwyliau – car i'w drwsio o ben bore tan 5.

Mawrth i Fangor i recordio rhaglen am Kelt Edwards.

Merch. Gweithio . . . rhoddais fis o rybudd y byddaf yn ymadael ar Fai 17.

Iau. I Borthmadog i fynd â llyfrau i Siop Eifionydd a chasglu arian mewn siopau eraill yn y Port, Pren-teg, Beddgelert a Nantlle a Thalysarn.

Gwener. Paratoi llyfr Colin Gresham (Clawr a broliant) yn y bore. Yna i Bwllheli efo *Pais*, *Sboncyn*, a gwerth £20 o *Cyfres y Fodrwy*.

Teulu Isallt Fawr, Cwm Pennant, tua 1926. John R. Owen, Tainewyddion, Bethel, (ar y chwith), Dewyrth William, Catherine Williams (Nain. Collodd ei llygad o ganlyniad i gael ei thwlcio gan un o'r gwartheg a gwisgai orchudd drosti) a Guto ar ei glin. Jane a Morris Roberts (Mam a Thad) a Wil, y brawd hynaf.

Jane Williams, Isallt Fawr, cyn priodi. (Mam Guto)

Y tri brawd. Wil (yn sefyll); o'r chwith: Guto a Morris yn Ysgol Llanystumdwy, 1933

Guto yn ddeunaw oed yn 1943, y diwrnod
y bu am archwiliad meddygol i fynd
i'r fyddin

Yn siop Cash Stores, Porthmadog efo
Miss Morris tua 1946

O'r chwith: William, Leusa a Meri Roberts, Penyclogwyn, Brynkir Hall,
Garndolbenmaen.

Isallt Fawr, Cwm Pennant, lle y ganed Guto a chartref ei fam a'i nain.

Hen dŷ Plas Llangwnndl o b'le yr hannai ei deulu o ochr ei dad

Aelodau Aelwyd Garndolbenmaen yn cystadlu yn Eisteddfod Ieuenctid Sir Gaernarfon ym Mhen-y-groes yn 1951. Enw morwynol y merched a geir a nodir mewn cromfachau ym mh'le maent yn byw yn awr: Y rhes ôl (o'r chwith): Y rhes gefn: Dic Parry (Pwllheli), Rhiannon Williams (Garn), Iorwerth Pritchard (Llundain). Y drydedd res: y diweddar Huw Jones (Garn), Olwen Parry (Porthmadog), y diweddar Cledwyn Owen, John Ellis (Pren-teg). Yr ail res: Y Capten Gwilym Owen (Morfa Nefyn), y diweddar Ronald Thomas a Guto, Nantw Parry (Porthmadog), Jane Jones (Garn), y ddiweddar Mrs. J.J. Davies; y diweddar John Pritchard, William Evans (Cwm Ystradllyn). Y rhes flaen: Gwerfyl Owen (Penmaenmawr), Erina Evans (Ynys Môn), Morfydd Davies (Pwllheli), Nan Owen Lerpwl).

Gwibdaith Aelwyd Y Garn i Southport yn y pumdegau cynnar. O'r chwith: W.S. Jones (Wil Sam); William D. Roberts, Muriau Bach; Richard Jones, Tyddyn Bach; Dora Jones, Cefnuchaf; Elizabeth Jones, Betws Fawr; Lora Williams, Blaen-y-Wawr, Gwynfryn, Llanystumdwy; Gwen Parry, Yr Hendre; Ceridwen Pritchard, Ystumcegid; Morris Roberts, Muriau Mawr; Helen Roberts, Bryn Efail Isaf; Lina Evans, Y Gell.

O'r chwith: John Hefin Jones (Carmel); Guto Roberts; Cyril Williams (Mynytho); Gwen Parry (Rhos-lan); Lora Williams, Blaen-y-Wawr, Gwynfryn, Llanystumdwy; Ella Davies Ty'n Mynydd, Boduan ac Audrey Griffiths, Dinas, wedi mynd i dynnu eu lluniau ym Mangor ar eu ffordd adref o Gwrs Ieuenctid Caergybi, Medi 17, 1949. Oddi yno aethant ar y bws i Gaernarfon ac yna i Lanberis a dringo'r Wyddfa cyn mynd adref fore Sul. Roedd rhai ohonynt hefyd wedi treulio diwrnod yn Iwerddon ar Fedi 15.

Yn Eisteddfod Llangefni, 1957: Elfed, Efail Glandwyfach; Guto; Dic Parry, Hafod; Gwyn Jones, Maeshyfryd a Robin Tŷ Mawr.

69

*Gwas priodas i Helen Parry a Ronnie Pugh yng Ngarndolbenmaen, Nadolig 1952.
Nantw Parry yw'r forwyn*

*Aelodau o Gwmni Drama Aelwyd y Garn yn Eisteddfod Ieuenctid y Sir, Pen-y-groes, Mai
1950. Y rhes gefn: Guto, Mair Parry, Rhiannon Williams, Nantw Parry a Mrs R.E.
Roberts. Y rhes flaen: R.E. Roberts (Ysgolfeistr), Maureen Owen, Olwen Parry, Nan
Owen a Rita Roberts.*

Yn y cefn pellaf: David Ensor.
O'r chwith i'r dde: Wil Tŷ Llwyd, Evie, Emlyn, Morris Wyn, Emyr, Oscar, Twm Jack, Arthur Land, Arthur Parry, Iorwerth, Ernie, Huw Defi, Wil, Cledwyn, John Llewelyn. Garrison Williams, Lora Owen, Emyr Roberts, Dic Parry, Gwyn Jones ac Elfed 'Refail. Gwerfyl, Gwennie Parry, Nanw Tŷ Capel, Peggy-Gwyneth, Jini Williams, Kate Olwen, Sally Owen, Rose, Nan, Lena Evans, Kate Ensor, Dorothy Roberts, Glyn No. 5, Robat, Now Williams, Tomos, Ken Owen.
Mrs. J.J. Davies, Erina, Helen, Glyn a Mair Povey, Jean Nora, Guto a Mary, Salsie a Wil, Wil Brynweirglodd, Nantw, Wil Sam a Howyn
Rhiannon Williams, Katie Wyn, Betty Wyn, Helen a Ronnie, Jinnie Wyn, Bobbie Humphreys, Griffith Argoed, Guto.
Pat Owen, Ella Williams, Nan Owen, Morfydd Davies, Gwen ac Edwyn, Olwen a Geraint Owen, Mrs. Griffith, Nell Pritchard, J.J. Davies, Ieuan R. Jones a Julie Jones, Gracie Jones, Elizabeth Owen, Ann Morris.

Rhai o hogiau Aelwyd y Garn, Gwener y Groglith, 1949, yn gyfrifol am wneud y cinio poeth ond yng ngeiriau Guto ar gefn y llun gwreiddiol "mae'n wir fod Mrs. Williams, Glyn Mair, cogydd yr ysgol yn cadw llygad ar y coginio". Y rhes ôl (o'r chwith) Cledwyn Owen, Richard Parry (Dic), Fred Jones, George Povey, Wil Land. Y rhes flaen: Wil Jôs Parry, Geraint Owen a W. Gwyn Jones

Ryan Davies a Guto yn y gyfres Fo a Fe

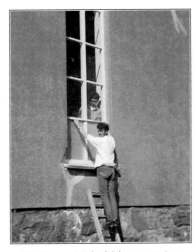

Paratoi ar gyfer y Gofalwr *efo W.D. Jones, Eisteddfod Maldwyn, 1965*

Dic Parry a Michael (o'r tu mewn) yn trwsio Capel Rhos-lan yn 1971.

Ymarfer Hwyr a Bore *(Gwenlyn Parry) yn Ysgol Glan-y-Môr, Pwllheli, at Eisteddfod Abertawe, haf 1964. O'r chwith: Menna Owen, Mair Jenkin Jones, Elis Gwyn Jones, Olwen Pugh a Dylan ac Ifan Gwyn yn y cefn.*

Fel y Maer gyda Ronnie Williams (Chliestacoff) yn Yr Inspector (Gogol) Cyfieithiad T. Hudson Williams, BBC Cymru, Tachwedd 1970.

Gyda Charles Williams eto yn Tresarn. Yr hyn a ysgrifennodd Guto ar gefn y llun hwn oedd "Y Golygydd yn archwilio'r awdur i edrych a ddeil at gyfrol arall".

*Fel Dr. Roberts yn y gyfres Tersarn Medi-
Hydref 1971. Llun: BBC Cymru*

Fel Huw Ifans Y Ffariar yn Tra bo
rygarug yn nythu, *Ffilmiau Eryri, Medi
1983.*

Yn Deryn Diarth *(Geraint Wyn Parry)* BBC Cymru, Mehefin 1971 gyda Charles
Williams, Glyn Williams a Dic Hughes.

Gydag Elen Roger Jones yn Y Terfyn *(Huw Roberts), BBC Cymru, Rhagfyr 1973.*

Fel John Roberts Llangwm gyda merch Gwern Hywel (Lisabeth Miles) mewn drama o'r un enw gan Saunders Lewis. BBC Cymru, Mawrth 1976.

Fel Gwydion yng nghynhyrchiad Siôn Humphreys o Blodeuwedd *(Saunders Lewis), S4C, Mawrth 1990*

Dyma sut y cadwai Gwydion ei hun yn gynnes rhwng y golygfeydd.

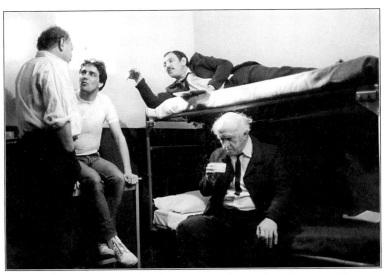

Yn Y Gosb (Emyr Humphreys) a gynhyrchwyd ac a gyfarwyddwyd gan Siôn Humphreys, Ffilmiau Bryngwyn. O'r chwith: Robert Blythe, Bryn Fôn, John Ogwen a Guto. Yn 1983.

Eto fel Ephraim Hughes, Tachwedd 1970.

Fel Robert Wyn Pantybuarth ym mhriodas Elin ei ferch yn y gyfres deledu Gwen
Tomos *(Daniel Owen), BBC Cymru, Mawrth 1980.*

Guto tua 1980

Yn Dyn Perig *(Emyr Humphreys), S4C,
Ionawr, 1991. Cynhyrchwyd a chyfarwyddwyd
gan Siôn Humphreys Ffilmiau Bryngwyn.*

Gyda John Pierce Jones yn Y Frawddeg
*(Eigra Lewis Roberts) a gyfarwyddwyd ac
a gynhyrchwyd gan Norman Williams,
Ffilmiau Eryri, S4C Ebrill 1989.*

Fel William Pritchard yn y gyfres Bysus
Bach y Wlad, *Cynhyrchydd Dafydd
Meirion, Cyfarwyddwr Wynford Ellis
Owen, S4C, Hydref 1983*

Priodi ar Fawrth 24, 1984. O'r chwith: Eifiona Williams, Guto, Merêd, Marian a'r Parchedig R.O.G. Williams. Llun Nigel Hughes.

Yng nghwmni Alan Wynne Owen, (ar y dde) perchennog presennol Isallt Fawr, a'i frawd Owen Owen yn y cefn. 1994.

Ebrill 25 - 29

Sgwrs yn y Ganolfan Gymdeithasol yn Stiniog am £15.

Yna dechrau rhoi trefn ar y teipysgrifau o'r BBC – *Dwy Genhedlaeth*.

Sgwrs i Undeb Cymraeg Myfyrwyr Bangor nos Iau. Daeth Eirug Wyn – fo oedd yn llywyddu.

Mynd i Fryncir a'r Garn efo *Pais* a *Sboncyn* a mynd â'r proflenni hirion i'r Dr. Colin Gresham i Gricieth.

Mai 1 - 7

… Mawrth. Yn y swyddfa yn y bore. Mynd i orsaf y lein bach i'r Port ac i Blas Tan-y-bwlch i weld llyfrynnau am drenau. Daeth John Elwyn (Porthmadog) efo mi.

Mercher. Gweld Colin Gresham ar y ffordd i'r gwaith. Gwneud copïau o'i luniau a'u dychwelyd iddo yn y pnawn ar y ffordd adref. Darllen teipysgrif.

Iau.   Gorffen darllen y deipysgrif. hyd 11.30.

Gwener. Mynd i Gaernarfon efo'r 800 o *Gyfres y Fodrwy* i Eirug Wyn.

Sadwrn. Angladd Gwen yn Llanystumdwy.

Mai 9 - 13

… Cael cynnig i fynd i Gymdeithas Benllech unwaith eto, yn Rhagfyr; i Lanbedrog at Ferched y Wawr; hefyd i Gregynog ar Orff. 2 eleni.

Iau. Mei yn gofyn i mi'r pnawn 'ma oeddwn i isio parti nos yfory. Mi hitiodd hynny fi - 'doedd gorffen gweithio yn ddim yn achlysur i ddathlu i mi. Teimlo'n ddigalon iawn ar ôl bod yn cysgu o flaen y tân. Mynd i weld Marian 9 tan 10. Penderfynu dal ymlaen efo Mei.

Gwener. Deud wrth Mei y peth cyntaf y bore 'ma fy mod am ddal ymlaen i weithio. Darllen proflenni drama Gareth Miles a gwneud copïau o broflenni terfynol llyfr Dr. C. Gresham a mynd â nhw iddo i Gricieth.

Mai 16 - 20

Gweithio yn y swyddfa a pharatoi deunydd i'w arddangos yn Steddfod yr Urdd.

Cefais anrheg – tancard – gan Mei a'r gweithwyr. Roedd hwn i gael ei gyflwyno i mi wythnos yn ôl!

Mai 23 - 27

Gweithio yn y swyddfa. Gwneud ffenest yn hen swyddfa Crosville yng Nghricieth (yn eiddo i Harri Bach) i raghysbysu'r gyfrol *James Gresham and the Vacuum Railway Brake*. Ateb llythyr Yr Athro John Bryn Owen yn holi rhagor am gyhoeddi cyfrol ar Ddefaid. Gweithio ar y gyfrol *Dwy Genhedlaeth* …

Meh. 6 - 11

Ceisio gwneud trefn ar y llyfrau ddaeth yn ôl o'r Steddfod gan Bryn a Rhys.

Paratoi rhagor ar deipysgrif *Dwy Genhedlaeth.*

Mercher. Mynd i'm gwaith erbyn 7 o'r gloch a gwneud copïau a gorffen gweithio ar *Dwy Genhedlaeth* ac yna i ginio efo Owen Roberts yng Nghaernarfon.

Iau. Pacio llyfrau at Steddfod Llangefni - mewn pryd!

Gwener. Llyfr Dr. Colin Gresham yn barod. Mynd â rhai i Bwllheli, Cricieth (a galw efo'r awdur).

Sadwrn. Mynd â rhai i'r Port.

Mehefin 13-17

Ffilmio am $2^1/_2$ diwrnod.

Gair gan John Bryn yn derbyn fy awgrym am y llyfr o tua 35,000 o eiriau.

Mynd i nôl *Sboncyn* a cheisio gwerthu llyfr Dr Colin Gresham, yn cynnwys yn Llanberis ac ar y ffordd oddi yno mynd at John Roberts Williams i'r BBC ym Mangor. Mynd i'r Lodge, Llanfrothen ynglŷn â llyfr y Capten …

Meh. 27 - Gorffennaf 2

Llun. I Ysgol Llangybi i ddangos y ffilm (a'i chyflwyno i'r ysgol) o'r diwrnod y bu dathlu canmlwyddiant yr ysgol ar Fai 23 1976. Cefais docyn llyfrau gwerth £5 yno.

Mawrth. Dechrau yn y swyddfa am 7 o'r gloch (ac am weddill yr wythnos) a gweithio ar lyfr Jennie Jones, Ymwlch Bach, am y rhan helaethaf ...

Golygu terfynol ar ddwy lawysgrif yn barod i'r Cyngor Llyfrau. Sadwrn: Darlleniadau o ryddiaith mewn Ysgol Fwrw Sul yng Ngregynog.

Gorff. 4 - 8

Dechrau 7 a.m. Gweithio ar lyfr J. Jones. Tynnu lluniau ar ei gyfer – Garn, Golan, a.y.b. Yna efo Robin Fronolau i dynnu lluniau'r ddau Ystumcegid ...

Mynd i Ynysheli ac i Ysgol Llanaelhaearn. John Roberts yn edrych dros *Sboncyn*. Yna yn ôl i Ben-y-groes. Bu Rhys Owen (o'r swyddfa) a minnau yn gweld R.S. Thomas.

Gorff 12

... Mawrth Ffilmio yn Llanrug – 'Hufen a Moch Bach'.

Gorff. 18

Llun. Yn syth i'r Trallwng i nôl *Sboncyn*. Cychwyn 6 o'r gloch y bore. Yn ôl ym Mhen-y-groes 9.15 a.m.

Gorff. 25 - 27

Tridiau o ffilmio 'Ŵyn i'r Lladdfa' efo Siôn Humphreys yng Nghaernarfon

Gorff. 29

Yn Llangefni 9.30 - 6 yn paratoi pabell at y Steddfod.
Sad. Gorff. 30 Lansio cyfrol Charles Wms. yn y Bull yn Llangefni. Y Dr. Geraint Gruffudd yn ei gyflwyno. Triawd y Coleg yno hefyd.

Sul, Gorffennaf 31 - Sadwrn, Awst 6

Sul. Aros yng Ngwesty Rhostrefor yn y Benllech, fy lletty am wythnos.

Llun. Gwerthu 1,000 o gyfrol hunangofiant Charles Wms.

Mawrth. 1,000 arall o lyfr Charles. Bûm yng Ngwasg Gee yn Ninbych yn eu cyrchu.

Merch. Cael 1,000 eto o lyfr C.W. y bora 'ma - a'u gwerthu i gyd!

Iau. Steddfod

Gwener. Steddfod

Sadwrn. Steddfod, yna gartref.

Awst 7

Mynd i ymarfer efo Siôn Humphreys at y ffilm erbyn 2.30.

Englynion

I Nan Owen, Garn (yn 17 oed)

Mor rhwydd diflannodd blwyddyn – yn dawel
    Gadewi oed plentyn,
  Nesâ dy ha' gyda hyn
  A haul ddelo i'w ddilyn.

Ionawr 1953

Noswyl

Yn yr hwyr i'r Crown yr af – ar y sgiw
    Am ryw sgwrs eisteddaf,
  Profi rhin y gwin a gaf
  A maddau os y meddwaf!

Hydref 2 1953

Celwrn

Nid yw fy mam yn amau – o gofio
    Rhyw gyfyng dridegau
  A yw yr Iôr yn parhau
  Yn nerthol yn ei wyrthiau.

Gwanwyn 1954

Deigryn
(Buddugol yn Eisteddfod Capel Uchaf, Clynnog)

Wylwn hwn wrth lawenhau, – dro arall
    Drwy eirwon ofidiau;
  Ac arwydd prinder geiriau
  A rydd ef, boed un o'r ddau.

1954

Cawell

Un mynych ei gymwynas – yn y môr,
    Yn y maes a'r gadlas;
    Ac oni wnaeth i gaethwas
    Grud bach clyd yn yr hesg glas?
                 1954

Y *Deep Litter*

Erbyn hyn ceir ieir y Rhos – o dan do
    Yn y dydd yn ddiddos,
    Rhy' hynny i'r werinos
    Wyau 'nawr y dydd a'r nos.
                Ebrill 1955

Bwriadu anfon ysgrifau i gyfaill, i gael ei farn

'Oes obaith? Ynteu sobor? – A oes lwc
    Maes o law cael llenor?
    Ai hen ffŵl dd'wed pobol Ffôr
    A rhegi os gwnaf ragor?
                Ebrill 1955

Y Teithiwr Uniaith

Unwaith pan oedd yn teithio – rhyw unig
    Ŵr uniaith o Gymro
    Lonnodd, pan ddeallodd o
    Y dôi'r barmaid o'r Bermo.
                Hydref 1956

Cwsg

Hen seliwr y noswylio – daw â hedd
      Wedi hir ymrwyfo:
    Pob gofid a ymlid o,
    A gyrr ing i gwr ango.

Ebrill 1957

Yr 'Helicopter'
(Buddugol yn Eisteddfod Waunfawr)

Dyfais a gadd ei dofi, – ei gwibio
      Ddaeth â gobaith inni,
    Rhai o boen a thrybini
    Rhyw gopa oer gipia hi.

Mawrth 3 1957

Tarth

Dewin haf! Mae'r coed yn nofio – a'r tai
      Islaw'r twyn yn suddo,
    Ond di-les ei anwes o,
    Dacw haul, a rhaid yw cilio.

1957

Hysbyseb Menyn Eifion

Un blasus, ca' pawb ei blesio – a llu
      Gyda llaw'n ei geisio,
    A choeliwch, 'does er chwilio
    Un i'w gael sy'n well nag o.

1957

Yr Ysgyfarnog

Er ei mynd dros erwau maith – y dolydd
Ar ryw dalog ymdaith,
I hedd y llwyd rosydd llaith
At hen wâl y tyn eilwaith.

1957

Llaw

O gau hon, mae gwae o hyd – yn dilyn,
Sŵn dolef a gyfyd,
Y gŵr sy'n ei hagoryd
Wna esmwytháu boenau'r byd.

Tachwedd 1957

Dau Frawd

Ai rhedeg i briodi – mewn mawr frys
Wna Morus a Meri?
Awr â Nel ym Mhwllheli
Off an' on a hoffwn i.

1957

Hen Lancrwydd

Ystâd wael, os teidi yw, – yn unig
Heb anwes 'r un fenyw,
Un oer, bach, yn hanner byw
O raid heb gymar ydyw.

Ebrill 1958

Yr ateb i'r englyn a dderbyniais gan John Elwyn Hughes yn gofyn am nwyddau.

Â'r ordor gwnaf fy ngora' – yn y fan
      Rhof fenyn a thunia',
    A dethol a gei ditha'
    Yn ddoeth gan roi archeb dda.

Tachwedd 1966

I John Elwyn Hughes, Porthmadog, ar ôl iddo dorri coes ei getyn pum gini a brynodd i fynd i actio i Gaerdydd yn Rhagfyr.

Gynnau aeth gwerth pum gini – o getyn
      Yn gwta fel mini:
    Anhrugarog gwtogi
    Ar hen hwyl ein hactor ni.

Chwefror 1967

I John Elwyn Hughes, Porthmadog, ar ei ethol yn Gynghorydd Tref

Un â her gwir Gynghorydd – ei ynni
      A'i ddoniau'n ddihysbydd,
    Gŵr â'i boen a'i gri beunydd
    Am yr iaith a Chymru rydd.

Mai 9 1967

I Taid a Nain:
Meredydd a Phyllis Evans, Caerdydd

Yn Daid a Nain! D'wed, yn wir, – ai'n gymwys
       Fân gamau a welir?
    Ai diogel yna dygir
    Â gwên fach gasgen o fîr?

Mehefin 1969

Heulwen Haf
(i ferch o'r enw yna)

Os cyn fy nghant y plantaf – yna'n wir
       Er yn hen fe enwaf
    Fy nigymar hawddgaraf
    Eneth wen yn Heulwen Haf.

Mai 1970

I gofio am Wil fy mrawd (1923-1973)
(y marw'n siarad)

Gwm Pennant, cest gwmpeini – yn y plwyf
      Un o'r plant fu iti;
    Wedi'r clwy' rho mwy i mi
    Dy hedd – na omedd imi.

Mehefin 1973

Mam
(Jane Roberts, 1894-1977)

Er ei byw heb aur y byd – na'i chwennych,
      Ni chwynodd am ennyd;
    Hwyliodd trwy stormydd celyd
    Yn braf, canys uwch ei bryd.

1977

Pan oeddwn yn eistedd mewn gwesty yn Killibeggs yn Iwerddon ac yn sylwi ar nifer fawr o longau oedd yn y porthladd dros y Sul.

Yn y Bae nid oes bywyd – rhyw unig
        Hwylbrenni moel gyfyd,
  Mae i'r bois sy'n morio byd
  Eu rhan mewn Hafan hefyd.

Medi 1970

Er Cof am John Rowlands
(Englynwr a gyrrwr y lori laeth)

Yn angladd gŵr yr englyn – yr hogiau
        Sy'n darogan newyn;
  Ni welir hufen melyn
  Ar y llaeth o bentir Llŷn.

Ni ddaw'r Awen eleni – i wibio
        Yng nghaban y lori;
  Heddwch 'does yno iddi,
  Na dawns heb dy fiwsig di.

Hen rymus gefndir amaeth – a ildiodd
        I fowld y farddoniaeth;
  A cheinion dy hwsmonaeth
  Fu'r ddyri o'r lori laeth.

1970

Cildwrn

Bu'n geiniog a bu'n gini, – bu'n bunnoedd,
    Bu'n benyd hyd dlodi;
    Ond helaethrwydd y swyddi
    Ddaethant â mwyniant i mi.

1996

Fy niwrnod cyntaf yn Ysbyty Pontargletwr

Hen ingol ias yr Angau – o'i oer dŷ
    Yn gordoi'r munudau:
    Diarbed gwtio edau
    Fy mod yn araf y mae.

Hydref 27 1997

Caneuon a cherddi

Clywais rywun ar raglen *Y Noson Lawen* a ddarlledwyd ar y Radio yn adrodd neu ganu am ryw bethau a amharodd ar rywun fel na fu byth yr un fath wedyn, a chyfansoddais y penillion hyn. Yna rhoddais y geiriau i Delynores Eryri ac o ganlyniad byddai Côr Telyn Eryri yn canu fersiwn ohonynt yn eu cyngherddau.

'Fuon' nhw byth yr un fath

Dywedai pawb am Robin y Crydd
Iddo wadnu cannoedd o 'sgidia'n 'i ddydd,
Ac na chollodd o 'rioed dd'wrnod o waith
O achos annwyd na damwain 'chwaith
Hyd nes o fewn rhyw flwyddyn yn ôl
Mi lyncodd hoelan – a ddoth hi ddim yn ôl –
    A fuo fo byth yr un fath.

Roedd Twm y Gath yn un rholyn tew,
Un bai oedd arno – roedd o'n colli 'i flew:
Gadewai'r rheiny o gwmpas y tŷ,
A'r cwbl a gâi, wrth gwrs, oedd 'ffwr' ti',
A beth ddaru Mam ryw fora dydd Llun:
Mi siafiodd 'i flew o i ffwr' bob un,
    A fuo fo byth yr un fath.

Roedd Wil No. 7 yn hen lanc bob tamad
Er bod o'n cysgu bob nos am y parad
Â Nel No. 6, yr hon oedd 'hen ferch',
Un y methodd bob llanc â denu 'i serch,
Ond mi winciodd Wil arni ryw fora dydd Llun,
Ac mi winciodd hitha'n 'i hôl, mwyn dyn,
    A fuon' nhw byth yr un fath.

Roedd Huwcyn y Postman yn goblyn busneslyd
A'r unig amsar y bydda fo'n teimlo'n chwyslyd
Oedd wrth agor llythyra ym mhen isa'r pentra
Ddôi i genod Y Garn, oddi wrth eu cariada',
Ond y diwrnod o'r blaen, mi agorodd 'Love letar'
Oddi wrth 'i wraig 'i hun at frawd y Postmastar,
    A fuo fo byth yr un fath.

'Doedd Wil, gwas Yr Hafod, ddim yn licio genod –
Hwyrach 'deudwch chi fod hynny'n beth hynod,
A beth wnaeth rhyw ferched, yn wir, reit ddiweddar,
Ond *troi* i bob stori o'r fath yn glustfyddar,
A myned a gafael am wddw'r hen Wil
A rhoi cusan neu ddwy ar 'i wefus swil,
    A fuo fo byth yr un fath.

Roedd Jac 'y mrawd wedi bod yn 'Còl'!
Ac fel rheiny i gyd am hel yn 'i fol;
Cym'rai ddiod o botal ne' jwg yn y tŷ
Heb ofyn i neb oedd o'n wan ynta'n gry;
Ac mi a'th ryw dd'wrnod am joch o ddŵr soda
Ond mistêc wnaeth y brawd, mi yfodd Amonia,
    A fuo fo byth yr un fath.

Yn adeg y Lecsiwn roedd 'r ymgeiswyr i gyd
Yn addo gwell tai a gwell bwyd a gwell byd,
Roedd Sianel Deledu i Gymru i fod
A gwelliant ym mhopeth – hyd 'n oed droad y rhod.
Roeddan' nhw'n glên felltigedig tan dd'wrnod y polio
A ninna' yn ddigon gwirion i'w coelio,
    Ond fyddan' nhw byth yr un fath.

1946

Ychydig ar ôl y Rhyfel yr oeddwn yn gweithio mewn siop groser ym Mhorthmadog; gwisgwn goler a thei, ac roedd angen cwpon i gael tei yr adeg honno.

Un bore digwyddodd rhywbeth i'm tei a dyna afael mewn un i Wil fy mrawd – un drilliw oedd hi – patrwm mân ar siâp diamwntiau. Y lliwiau oedd coch, glas a gwyn. Nid oeddwn yn rhyw awyddus i arddangos lliwiau'r Ymerodraeth Brydeinig; yn wir, yr oeddwn wedi teimlo'n reit euog trwy'r dydd – mor euog nes llunio'r gerdd hon y noson honno.

Y Dei Red White and Blw

Mi wyddwn fod 'cw'n rhywle
  Hen dei i Wil fy mrawd,
Ond nid oedd gennyf syniad
  Ymhle'n y byd y'i cawd:
Nid oeddwn yn ei hoffi,
  Ac mi gym'raf ar fy llw
Mai'r rheswm mawr am hynny
Oedd ei lliw: red, white and blw.

Bu raid i mi ei gwisgo
  Ryw fore Llun dro'n ôl,
Ond ni fedrais eto 'i hoffi
  Na chymryd ati'n 'tôl.
Medda Mam: 'Rhag c'wilydd Guto,
  O hogyn twenti tw:
Mi fasa pawb yn dotio atat
Efo tei red, white and blw.'

Ac felly bu raid cychwyn
　I'r Pórt ddim hanner iach,
Gan ddisgwyl yn fy nghalon
　'Canfyddwn gwpon bach.
Pan es i'r bws yn Wiga[1]
　Y condyctyr ddeudodd 'W!
'Gei di fynd heb dalu heddiw
Efo tei red, white and blw.'

'R ôl cyrradd i Borthmadog
　Wrth gerdded lawr y stryd,
Y polîs saliwtiodd imi
　Ac ysgwyd llaw 'r un pryd.
Edrychais innau'n wirion
　Heb feddwl fawr bryd hyn
Mai y rheswm am y croeso
Oedd y dei goch glas a gwyn.

Ac wedyn amser cinio
　Fe ddaeth rhyw Berson clên
Gan wenu arna' i'n siriol
　Ac edrych dan fy ngên.
Ac meddai hwnnw wrthyf
　'Yr y'chi'n fachgen trw
I Ingland ac i'r Brenin,
Efo'ch tei red, white and blw.'

Mi fûm yn Aberpennar[2]
　A'r dei o hyd mewn bri,
A phwy a welais yno
　Ond merch ein Brenin ni[3].
Mi winciodd honno arna'i
　Ac mi ddeudodd 'How di dw',
Ond y peth a aeth â'i sylw
Oedd y dei red, white and blw.

Chwi welwch, felly, ffrindia,
  Er 'bod chi'n Gymry iach
Os ydych am gael sylw,
  Aberthwch dipyn bach.
A chenwch glodydd Lloegr,
  Chwi fedrwch wneuthur hyn,
Ni raid i chwi ond gwisgo
Hen dei goch, glas a gwyn.

1947

[1]Yn Rhos-lan mae Wiga a dyna lle byddwn i'n mynd i gyfarfod y bws bob dydd.
[2]Eisteddfod Genedlaethol Cymru, Aberpennar 1946.
[3]Daeth Y Dywysoges Elizabeth i'r fan honno.

Yn y Siop yn Y Ffôr yr oeddwn i pan ysgrifennais y gerdd hon, ac os digwyddwn estyn rhywbeth anghywir i gwsmer, neu anghofio beth oeddwn i wedi mynd i'w nôl i'r cefn, mi fyddai'r merched yn dweud: 'Mewn cariad mae o!'

Mewn Cariad

Roeddwn i wedi clywed gan hwn a'r llall
Fod rhywun 'mewn cariad' yn mynd yn ddall:
Nid dall yn llythrennol 'dwi'n feddwl, y ffŵl,
Ond bod rhywun yn methu cadw'i ben yn cŵl
Ac yn mynnu gneud stremits o bob rhyw beth
Boed dy waith di'n siopwr neu 'ddyn hel dreth'.

'Doeddwn i 'rioed 'chwaith wedi coelio'r stori
Nes dois i wyneb yn wyneb â Lisi Meri.
'Dwi'n cofio'r noson y munud yma:
'Ro'n i hyd y dre 'ma yn cicio fy sodla
Pan ddoth Lisi i nghwarfod i yn ymyl Pen-lan
Ac mi stopis i siarad efo'i yn y fan!

Ac wedi rhyw sgwrs bach am hyn a'r llall
A ffendio, drwy hynny, ei bod hi'n hogan bach gall,
Dyma fi'n deud yn reit wylaidd – 'Wel tydi'r bobol 'ma'n ffôl
Ar noson mor braf – yn mynd i'r Pictiwrs i'r *Hall*?'
Ac mi ddalltodd yr awgrym! Fuo 'na ddim mwy o strach:
Mi aethon ein dau tua Lôn Co' Bach.

Ond nid deud am hynny ydi 'mhwynt i rŵan:
Roedd Lisi a finna mewn rhyw fyd bach ein hunan.
Ond dyna'r noson 'r aeth petha' allan o drefn
Ac y dechreuis inna fynd yn od yn 'y mhen.
Dechreuis gael breuddwydion annifyr yn 'nos
Am Lisi Meri yn cael codwm i ffos

A finna'n deifio heb dynnu fy nillad
Ond yn ffendio fy hun yn glewt yn y parad.

Ac wrth fynd i'r dre un dydd yn y bỳs
Mi wnes gamgymeriad ac achosi ffỳs,
Mi a'th y Condyctyr i edrach reit styrn
Pan ofynnis i am *Married* yn lle am *Return*!
Mi 'ddylis i, wir, 'fod o am ddeud y drefn
Nes y steddis i ar lawr rhwng y seti cefn!

Ac wrth gyhoeddi'n y Capal-nos-Sul, fel arfar,
Mi ddeudis p'run bictiwr oedd yn 'dre nos Ferchar,
Nes oedd 'r hen blant 'ny yn glana o chwerthin
A'r Blaenoriaid i gyd fel tasan' nhw'n ista ar eithin.
Ac wrth ddiolch am bregath i'r Brawd o Lerpwl
Mi ddeudis wedyn yn hollol ddifeddwl:
'Gawn ni ddangos ein diolch yn y ffordd arferol?',
A 'glapis i 'nwylo o flaen y bobol.

Roedd gneud petha' fel'na, yn wir, yn reit ffôl,
Ond yn y Siop yn y Dydd 'byddwn i'n teimlo'n *small*
Pan estynnwn i bwys o Siwgwr *Icing*
I Mrs Evans Y Mans, yn lle *Self Raising*,
A rhoi'r *Daily Herald* i ŵr Cae Cawr
A hwnnw'n goblyn o Dori mawr.
Mi rois far o siocled i Twm Meri Preis
Pan ollyngodd o 'finag' i'r sachad reis –
Yn lle hitio'r cythgiam ar 'i gorun
Efo tun o bys ne' botal asbrin!

A phan oedd fy meddwl i'n crwydro rhyw fora
Mi faglis ar draws rhyw hen bacad Cakeoma,
Nes oeddwn i'n landio fel bwlat yn deidi
Rhwng y *Syrup o' Figs* a'r Powdwr Babi!

A dyna chi'r d'wrnod doth Lusa Ifas Y Ddôl
I'r Siop 'cw i ofyn am Licis Pôl.
Mi atebis inna (heb gymryd digon o sylw)
A deud mai yn Cynta Corinthiaid ca'i hwnnw!

Mi ddeudis ryw dd'wrnod wrth Jôs *Golden Eagle*
Mai'r peth gora' at Stumog oedd Nionyn Picl!
Ond dyna fo – 'waeth 'chi heb â siarad –
'Dwi wedi deud ar y cychwyn 'mod i mewn cariad.

1950

Noson Llofft Stabal, Rhagfyr 1 1950

Gweision Ffarmwrs
(Alaw: *Solomon Levi*)

Nyni sy'n Weision Ffarmwrs,
    O ardal Cwm a'r Garn,
Ac wedi cwarfod ar fin nos
    Uwch stabal Pen-y-Sarn.
Un o'r Traean, llall o'r Braich,
    Cefn Coch ac Ynys Wen
Yn rhoi eu bryd ar ddod ynghyd
    Pan ddaw y dydd i ben.

Cytgan: O! Bywyd y gweision. Tra la la la la la la.
           O! Bywyd y gweision. Tra la la la la la la.
           Un â'i stori, llall â'i gân,
           Mouth-organ neu Fan'jo,
           Mae hogiau'r tir, a dweud y gwir,
           Yn cyfoethogi'r fro.

Fe weithiwn yn bur galed
    Yn teilo, neu mewn ffos,
Heb ofni'r straen, gan edrych 'mlaen
    Am gwarfod gyda'r nos:
Wil a John a Guto Bach
    A Robin Pyrs a Dan,
Bydd Llew a Sam yn meddwl am
    Lofft Stabal Ty'n-y-Llan.

Cytgan: O! Bywyd y gweision. Tra la la . . .

Ac wedi d'wrnod dyrnu,
    A minnau'n teimlo'n wan,
'R ôl golchi'r llwch fydd arnai'n drwch
    Fe wellaf yn y man:
Bydd Twm a Ned a Robin,
    A Dic a Dafydd Jôs
Yn dod am heic, neu efo beic
    I'r Felin am fin nos.

Cytgan: O! Bywyd y gweision. Tra la la . . .

Ac yna ar Nos Sadwrn
    Fe awn i lawr i'r Port,
A threulio'r hwyr, 'does neb a ŵyr
    Ymhle y bydd ein sbort:
Wil a Leusa, Twm a Gwen,
    A Dafydd efo Mei,
Pob un â'i ferch, ar lwybrau serch,
    'Dyw'r hogiau ddim yn shei.

Cytgan: O! Bywyd y gweision. Tra la la . . .

Dywedodd rhywun wrthyf ryw dro ei fod wedi gweld fy enw yn *Yr Herald* – fy mod wedi bod yn cadw noson ym Mhren-teg ger Porthmadog. Dyma'r penillion a gyfansoddais:

Dau

Pan agorais i'r *Herald* ryw fora dydd Llun,
Y peth cynta a welais oedd fy enw fy hun,
A pheidiwch â'm beio os rhoddais i reg –
Ar fy ngwir, gyfeillion, 'fûm i ddim ym Mhren-teg.

Roedd o'n deud yn y Papur mai un gym'rodd ran
Oedd rhyw Gruffydd Roberts o ardal Rhos-lan,
Ond gwrandwch chi eto, a choeliwch fi,
Mae 'na Gruffyddiaid eraill yn fy ardal i.
A gwrandwch chi rŵan 'dio ddim yn ormodol
I awgrymu yn gynnil mai Gruffydd Plascanol
Oedd yn un o'r deg
Fuo'n 'cadw noson' yng Nghlwb Pren-teg.
Can's 'ro'n i'r noson honno (a dyma i chi'r gwir),
'Ro'n i'r noson honno – efo Leusa Tŷ Hir,
Yr hogan bach ddela a welais i 'rioed!
Roedd hi at fy seis ac at fy oed!

Ond mi glywais wedyn 'bod hi wedi engejio
A byth er hynny 'dwi ddim wedi poetsio
Na mynd ar 'i chyfyl hi na'r lle,
Dim ond mynd o gwmpas, dim ots i b'le,
A siansio fy lwc efo Ceti neu Siw
Neu un o'r genod fydd yn y criw.

Ond erbyn meddwl, oni fasa hi'n braf
Medru bod yn ddau drwy aea' a haf:
Medru bod yn ddau, o fora hyd hwyr.
Faswn i wrth 'y modd – 'waeth gen i pwy a ŵyr.

Cawn weld y Swistir ganol ha'
A'i mynyddoedd tal a'u copäon o iâ,
Ac eto'r un wythnos ar 'i hyd
Yn y Babell Lên yn wyn fy myd.

Meddyliwch chi rŵan mor braf yn wir
F'ai bod 'n ôl am ddiwrnod yn yr Ysgol Sir,
Ac eto'r un diwrnod, yr un hen gnaf
Ar y Prom yng Nghricieth yn smocio'n braf.

Ac onid nefoedd f'ai Cricieth ar ddiwrnod Ffair
Yn ymlwybro hyd lan-y-môr efo Mair?
Ac eto'r un diwrnod, yn fawr fy nhrwst
Efo Lisi Meri yn Ffair Llanrwst?

A phob tri mis, awn i Gwarfod Chwartar
I wrando rhyw frawd yn 'agor y matar',
Ac eto'r un diwrnod, ar funud wan,
Yn yfad wisgi ym Mharlwr y *Swan*.

A phan ddeuai bora o eira neu law
Medrwn gyrraedd y Siop i'r dim erbyn naw,
A bod, er hynny, yn berffaith rydd,
Ac yn fy ngwely tan ganol dydd.

Ond fasa hi'n braf yn basa, mewn difri?
Ond dyna fo – 'do'n i ddim ond cyboli –
A siawns gen i bellach na choeliwch chi
Nad oes 'na ddim dau ohono' i.
A gwrandwch chi eto – cym'rwch chi'n ara deg:
'Fûm i 'rioed yn fy mywyd yng Nghlwb Pren-teg!

Y Gwersyll Gwyliau[4]
Parodi ar *Melin Tre-fin* (Crwys)

Nid oes faner heddiw'n chwifio
  Yn y gwersyll ger y môr,
Trodd y Bysus olaf adref
  Dan eu sang, drwy bentra' Ffôr.
Ac mae'r beics fu gynt yn gyrru
  Ac yn sbydu drwy y fro
Er pan gaewyd pyrth y gwersyll
  Wedi aros am y tro.

Rhed hen fysus Crosville eto
  Heibio i'r gerddi fu mor wych
Ond ddaw yno neb am wyliau
  A'r hen ffownten aeth yn sych,
Lle dôi genod llwyd Llynlleifiad
  Ganol haf i liwio'u crwyn
Ni cheir mwy ond ambell swyddog
  Ag ôl lliwio ar ei drwyn.

Ambell un sy'n gwylio'r fangre ·
  Rhag rhyw leidr ar ei hynt,
Rhyw ffug-swyddog i'n hatgoffa
  O'i bwysigrwydd ddyddiau gynt.
Ond 'does yno neb yn gweithio
  Namyn ambell ffalsiwr croch
Wrthi'n twtio ac yn peintio:
  Peintio'r lle yn las a choch.

Gaeaf 1951-52?

[4]Byddai Gwersyll Gwyliau Butlin yn cau dros y Gaeaf.

Y Broblem
Mewn cydymdeimlad â Dyfed Evans

Mae 'na lawer o bethau 'dwi ddim yn ddallt,
Ac un ydi hwn – Pam 'mod i'n colli 'ngwallt?
Ond mae o yn diflannu cyn wirad â'r padar,
Ond 'wn i ddim eto pwy ydi'r lleidar.
(Mae hwn yn wahanol i'r rhelyw o'r teulu
Mae o'n mynd â 'chydig, a hynny heb falu.)
A mae'r matar yn sobor, 'dim iws bod yn wamal:
Mae'r diafol yn galw heibio mor amal.
Ac er yr holl sylw a roddaf i'r peth,
Mae'n dod yn rheolaidd fel Dyn Hel 'Dreth
Gan fynd â rhyw flewyn neu ddau efo fo,
A 'nghoryn bach innau yn wynnach bob tro.
Mae ambell i ffŵl yn dod ata' i a deud
A gofyn yn sobor be' 'dwi am 'neud
A chynnig cynghorion (nes 'dwi wedi 'laru)
I rwystro i 'chwaneg o 'ngwallt i ddiflannu.
Roedd 'na un rhyw ddiwrnod bron iawn mynd i banic
Ac isio i mi drio rhyw 'Vaseline Tonic'.
A mi es am botel, 'dwn i'm byd i be',
Fasa waeth i mi olchi fy mhen efo te,
A siawns na wnâi hwnnw, os basa fo'n gry,
I'r coryn bach gwyn fynd yn goryn bach du.

Yn y bỳs ryw ddiwrnod mi gefais yr hym
Mai peth gwerth 'i drio fasa Jar o 'Bay Rum'.
Ac at y Chemist 'r es innau'n strêt
A phrynu potelaid i'r gwallt, yn drêt, –
Mi wagiais hannar y botal 'dwi'n siŵr
Heb feddwl 'chwanegu nac oel na dŵr,
Ac erbyn y bora roedd llai o'r gwallt.
I b'le yr aeth o? Tydw i ddim yn dallt.
Mi awgrymodd rhywun mai meddwi a wnaeth

Ar y 'Rum' bondigrybwyll ac mai 'ffwrdd yr aeth,
Un yma, un acw, pob un ar 'i adan
Gan adael fy mhen i'n debycach i feipan.
A fel yna 'dwi wedi bod erstalwm
Yn trïo pob dim er pan aeth y larwm.
Ac yn fuan, os na ddaw y gêm i ben,
Mi fydda' i wedi colli fy rhesan wen.
'Cha' i ddim gwneud fy ngwallt i fynd i weld fy Nghariad
Na gwylio cysgod fy wêfs ar y parad.
A phrin bydd 'na ddigon ohono fo wedyn
I'w droi am fy mys wrth lunio englyn.
Ond dyna fo, be' 'dwi haws â phoeni?
Mae 'ma stwff o'r tu mewn, a hwnnw sy'n cyfri'.

O'r *Cymro*[5], Hydref 1953

[5]Lle bu angen cysoni orgraff y cerddi a gyhoeddwyd, ceisiwyd gwneud hynny.

Pan symudais i weithio i siop yn y Ffôr y cefais i'r sbardun cyntaf i geisio llunio rhigwm dychan. Darllen wnes i ryw fore Iau wrth gael cip ar dudalen flaen y *Daily Express* fod y Dr. Billy Graham, yr Efengylydd byd-enwog, o blaid ailarfogi'r Almaen – er mwyn cadw'r Heddwch, meddai ef! A 'bod Crist ei hun yn sicr o fod yng nghaban y peilot efo pob awyrennwr fyddai'n ymladd ar yr ochr gyfiawn mewn rhyfel.' Pwy oeddwn i, felly, – hen heddychwr bach o Eifionydd – i amau dysgeidiaeth efengylydd byd-enwog fel Billy Graham? A dyma fi'n llunio rhigwm yn gwahodd pob capelwr a Christion, tlawd a chyfoethog, i fwrw iddi o ddifrif i gefnogi'r Dr. Billy Graham.

Y Ffordd

Chwi, hogia'r arian a'r llyfra siec,
Gwrandewch am funud, wel dyma i chi sbec!
Mi glywis nos Iau fod swyddogion Siloam,
Sy'n edmygwyr mawr o Billy Graham,
Wedi pasio'n unfrydol i werthu'r Capal,
Y Festri a'r Cwt (a fu gynt yn stabal)!

Roedd Jôs y Pen Blaenor (hen drafaeliwr pys)
Yn dweud wrth y brodyr 'i fod o'n fater o frys:
Y byddai'r enwadau yn fuan yn uno –
Roedd sôn am y peth ar ddalennau'r *Cymro*.

'Ein dyletswydd ni fel swyddogion yr Eglwys
Yw symud ymlaen yn fuan ond cyfrwys,
Neu'n siŵr i chi, frodyr, mi fyddwn mewn *mess*,'
A thynnodd o'i boced y *Daily Express*,
Gan ddarllen iddynt ran o araith
Y Dr. Graham ar fatar arfogaeth.

Roedd Huws y Trysorydd ar 'i draed fel bwlad,
(Mae Siloam yn dal mewn rhyw ganpunt o ddylad).
''Dwi'n hoffi awgrym Mr. Jones Gorffwysfa,
Ac yn diolch i'r brawd am agor ein ll'gada',
Ein dyletswydd, er mwyn y Doctor dysgedig,
Ydi hybu'r arfogi ymlaen ychydig,
Dyma'r lle delfrydol i'w droi yn Ffatri
A lle i'r *Canteen* yn y Gegin a'r Festri.
Felly, 'dwi'n cynnig,' meddai, 'cyn ista,
'Bod ni'n gwerthu'r Capal i gwmni gwneud arfa'.'

'Ia wir, da iawn,' meddai Puw Cefn Cyndyn,
'Waeth 'ni heb â gwrando J.T. a Ffestin[6],
Mae'r rheiny'n brygowtha am Heddwch drwy Gymod
A'r *Hydrogen* Bom yn ein meddiant ni'n barod,
Rhaid inni, er hynny, gael digon o arfa' –
Dyna'r unig beth a wnaiff setlo Rwsia.'

Fu 'rioed yn unman 'fath gymeradwyaeth
A phawb â'i gyllell mewn Comiwnyddiaeth.

A dyna 'di'r sgwrs gan bawb 'dyddia' yma:
'Ma' nhw'n troi y Capal yn Ffatri Arfa'.'
A'r Saeson yn uno gan ddweud, *if you please,*
'*What an excellent man, Mr. Jones, the Peas.*'

O'r *Cymro*, 1954

---

[6]Dau Ysgrifennydd Cymdeithas y Cymod: Y Parchedigion J.T. Williams
ac E. Ffestin Williams.

Ein Diolch

O glwb a neuadd i gapel deuwch,
Mae unwaith eto yn Ddiolchgarwch!
Dyma'r ŵyl sy'n werth ei diogelu,
A'r cadw-mi-gei bach gora' sy'n talu.
Am dro, byddwn onest (rhaid wynebu ffeithia'),
Dyma'r rhan o'r busnes sy'n talu ora'.
(Be' 'da ni haws â phoeni am yr Ysgol Sul?
'D ydi'r plant yn gwybod am y llwybr cul.
A'r modd i'w amddiffyn, yn neno'r nefi.)
Trueni f'ai colli y Diolchgarwch
A rhygnu'n undonedd ein difaterwch.
Mae'n noddi'r hen elfen iach o gystadlu
Sydd ar bobl ei heisiau. Rhaid i'r Eglwys ofalu
Rhoi cyfle fel hyn i gapeli'r pentra'
Gael gweld pa le bo'r casgliad gora'.
(Mae'n help, wrth gwrs, i'r gohebydd lleol
Gael colofn lawn yr wythnos ganlynol).
Ac os nad yw Jenkins a Jones yn cyd-dynnu
Dyma siawns gyrru un â'i wadna' i fyny –
Mae'n gyfle prin (ond cymryd gofol)
I roi slap bach reit ddel, drwy'r adroddiad blynyddol.
Chwi bobol ifainc â'ch penna'n y gwynt,
Cefnogwch yr ŵyl sy'n rhoi gwerth ar y bunt.
Gwae'r Nos Diolchgarwch y collir *suspense*
Hir-ddisgwyl o'r festri – *pounds, shillings and pence.*

O'r Faner Hydref 1955

Gŵyl y Nadolig yw'r adeg pryd y darllenir, y clywir ac y dyfynnir yr adnod honno . . . 'ac ar y ddaear tangnefedd, i ddynion ewyllys da.' Ond ar gyfer yr union ŵyl mae dyfeiswyr a chynllunwyr teganau plant yn cynhyrchu a gwthio i'r Farchnad filoedd o ynnau a bidogau a thanciau a phob erfyn erchyll arall y medran' nhw feddwl amdano i'r plant bach. A phrif Asiant y twyllwyr hyn ydi'r hen gymeriad hoffus ac annwyl hwnnw, Santa Clôs. Rhyw bythefnos cyn y Nadolig mi elwais i heibio i Dŷ Penfro ym Mryncir, a dyna Mrs Jones yn dweud fel roedd hi wedi bod yn glanhau'r simdda, yn ôl ei harfer, at y Nadolig.

'Mi wnes i orchuddio'r hen ddodran 'ma i gyd,' meddai hi, 'a'i llnau hi fy hun. 'Fûm i wrthi hi fel nigar.'

'Doedden' nhw ddim yn disgwyl Santa Clôs i Dŷ Penfro erbyn hynny – glanhau ar gyfer y coginio oedd Mrs Jones. Ond dyma a ysgrifennais i y noson honno:

Santa Clôs

Gorchuddier y dresel, y gadair a'r soffa,
Mae'r Nadolig yn agos, os rhaid eich atgoffa;
Tynner brws drwy y simne, diffodder y tanau
Mae Santa'n rhoi ei fwtsias yn lle ei sandalau.
Fe ddaw gyda hyn yn ei gerbyd henffasiwn
I'w gyhoeddiad blynyddol fel pregethwr Sasiwn,
Dan chŵydd y sach â'r amryfal deganau
O bastwn rwber i ddisglair ynnau,
Yn roced a thanc a gwregys Judo,
Ac ambell lwydaidd gêm o Ludo
I blant bach diniwed sy'n byw yn y wlad
Ac yn dipyn o boendod i'r hen Dad.
Chwarae-teg i Santa a'i ugain canrif,
Mae'i alwadau mewn noson yn aneirif
Heb 'lusgo ymhell i fythynnod gwledig
Gyda thegan o degan i'r ychydig.

Cymhwyser y plant â'u trowsusau Tedi
I wynebu bywyd yn oes y rocedi,
A pharcher yr henwr a ddwg i'r hogiau –
Y Pastwn rwber a'r disglair ynnau.

O'r *Herald Cymraeg*, Rhagfyr 23, 1957

Fy Nghariad

Ni feddaf nac arian na thiroedd na thai,
    Fy mywyd fu'n ofer, 'tae hynny yn fai,
Os llwydaidd fy niwyg heb frethyn main, main,
    Mae'r ferch rwy'n ei charu'n rhagorach na'r rhain.

Ni feddaf ddull cywrain y crefftwr, na dawn
    I osod fel Pensaer gynlluniau yn iawn:
Heb lygaid cerflunydd na geirfa y bardd,
    Ond gwn fod i 'nghariad gorff lluniaidd a hardd.

Ni'm doniwyd â gallu Artistiaid o fri
    I daenu a gosod y seithliw yn ffri,
Ni ddotiais at liwus rosynnau o dras,
    Ond gwn fod i 'nghariad ddau lygad glas, glas.

Ni welais y tonnau ar Garreg y Llam
    Na'r gwynder yn lliain bwrdd cegin fy Mam,
Ond gwn un gyfrinach, os undyn a'i myn,
    Mae dwyfron fy nghariad i'n wynnach na gwyn.

Ni'm denwyd i lwybrau'r Cyfandir a'u hud
    Na dilyn yr haul i bellafoedd y byd,
Ni threuliais fy ngwyliau ar draethau Capri:
    Yng ngwenau fy nghariad mae'r heulwen i mi.

Ni chrwydrais drwy nentydd a chymoedd y wlad
    I geisio'r tawelwch sydd yno'n fwynhad,
Ni ddringais i heddwch y mynydd a'i fref:
    Mudandod fy nghariad sydd imi yn nef.

Ni phrofais win gloyw gwinllannoedd y Rhein
    Na deisyf na blasu yr un ddiod fain,
Rwy'n llawen er hynny, a dyna fy nghân:
    Ar wefus fy nghariad y meddwais i'n lân.

Hydref 1966

Pan aethpwyd ati i ddi-doi a chreu murddyn o hen gartref y Dr. Kate Roberts lluniais rigwm dychan i'r achlysur. Credwn mai ffolineb a gwrthuni oedd y fath syniad ac nad oedd y cyfan ond stynt gyhoeddusrwydd iddo'i hun gan ba 'Bwyllgor' bynnag oedd yn gyfrifol. Ymddengys bod fy ensyniadau yn agos i'r gwir gan (hyd y gwn i) na wnaed un dim ar ôl hynny i'w gadw'n daclus. Byddai'n llawer gwell gredwn i i'r tŷ fod wedi cael ei adnewyddu i'w hen ffurf ac yna ei ddodrefnu mor debyg â phosib i'r cyfnod yr oedd y Dr. Kate a'r teulu yn byw ynddo.

Cae'r Gors

Mae Cymru yn gwahodd *tenders*
Gan Gontractors bach gorau'r wlad
(Mae wedi deffro'n ddiweddar
Ac am roi trefn ar ei stad).
'Does angen ond berfa a throsol,
Rhaw fach neu ddwy, a lli',
Mae 'dydd y pethau bychain'
Ar wawrio, coeliwch chi fi.

Maen' nhw wedi dechrau'n Rhosgadfan
Ers dyddia' ('dwi ddim yn cofio'r *Date*)
Cym'rwch ofal rhag brifo, hogia,
Peidiwch â brifo neb ond Kate.
(Na hidiwch am y Doctor
Mi gaiff honno fendio'i hun),
Mae cyflawni gofynion y Pwyllgor
Yn llawer rheitiach 'nen' dyn.
Meddyliwch am dd'wrnod yr agor
A'r enw fydd ar y plât
Dd'wrnod yr agor hwnnw!
Agor dim byd ond . . . Giât!
Giât fydd yn ffrils a chwafars,

Giât wedi'i pheintio'n hardd,
Giât heb sôn am 'dderbyniad
A tholyn' ar glawdd yr ardd!
'Welwch chi'r llwybyr wedyn?
'Llwybyr gwirion' â thro bach gwan,
Llwybyr yn cychwyn yn dalog
I unman, ac yn ôl i'r un man!
A dyna'i chi gyrn y simdde,
Cyrn na wnânt demtio plant drwg,
Cyrn mawr, uchel a solat,
Cyrn mawr, gwynion . . . di-fwg!
A dyna'r ffenestri wedyn,
Rhai llydain, agored, di-staen
Heb gyrtan-lês ar eu cyfyl
Na'r glaw'n cael ei hyrddio ar baen.
A charreg yr Aelwyd, hogia!
Heb golsyn na lludw llwyd,
Carreg yr Aelwyd, myn uffarn,
A Hufen Iâ yn fwyd!
Pydrwch arni hi, hogia,
Heb gicio sodla da chi,
Mae Cae'r Gors yn dadfeilio'n gyflym
Gwnewch gofgolofn i'n Pwyllgor ni!
Trïwch 'i gweld hi, hogia,
Peidiwch â loetran am sgwrs,
Mae Cymru'n dlawd ryfeddol,
Hi gollodd ei phen a'i phwrs.

O'r *Cymro*, Mawrth 23, 1967

Dyfarnwyd y ddychangerdd hon yn orau yn Eisteddfod Genedlaethol Cymru, Y Barri, 1968. 'Yn y gân hon yr wyf wedi dychanu nifer fawr o bethau ac agweddau ar fywyd Cymru, pethau, a dweud y gwir, yr wyf fi fy hun yn eu cefnogi yn selog. Ond mae'n angenrheidiol o dro i dro edrych ar bethau felly efo sbectol arall megis, i weld faint o dyllau pryfed sydd ynddyn' nhw.'

Cymru

Mae hen ferch ar gyrion Ewrop
O'r enw Cymru, 'dwi'n dallt,
Sydd wedi rhyw ddeffro'n ddiweddar
A mynnu rhoi cyrls yn ei gwallt.

Hi flinodd ar fywyd iselradd
Hen ferch yn puteinio â'r Sais,
A chododd allan yn ei chanol oed
Yn gwta ei ffrog a'i phais.

Mae'n anfon ei phlant i'r ysgol.
Plant â llediaith – rhaid cofio'r tad,
I Ysgol Gymraeg Bryn Graddau,
Peidiwch â sôn am yr Ysgol Rad.

A gorau oll os yn bosib
Mai Cymraeg fydd cyfrwng eu dysg;
'Sdim ots os rhwydir nhw wedyn
I Loegr fel haig o bysg.

Â allan i ginio'n rheolaidd
(Er bod gweithio trannoeth yn flin);
Mae'n hoff iawn o'r Ceirios sy' ar Felon
A *Whitbread* sy'n rhyw fath o win.

Ei nefoedd yw myned i ddawnsio,
Dawnsio Gwerin, – 'sdim ots am y llall;
Fe ŵyr bob symudiad yn berffaith
A ph'run droed i'w rhoi'n gyntaf, mae'n gall.

A beth pe clywsech hi'n canu!
Â'r Delyn? – Peidiwch swnio mor sgwâr;
Disgynnodd llinynnau cerdd Cymru
Ar hyfryd hir goes y Gitâr.

A'r geiriau cynhyrfus rheiny
Sydd i'w chanu protest di-daw;
Mae'r cyrn ar ei thafod hi bellach
Ac nid ar gledr ei llaw.

Ond peidiwch â gwawdio'i hieuenctid
A'i heistedd ar balmant llaith,
Mae'n rhaid iddi aros yn rhywle
I ganfod cyfeiriad i'w thaith.

Hei lwc fod 'i chlust hi'n dena',
I wrando o Lwchwr i Lŷn
Ar dywalltiad Seneddol nodau
A drymio ei Band Un Dyn.

Mae'n siarad yr heniaith bellach
Mor 'Fyw', fy nghalon rydd lam,
Gan ffoli ar 'sgolion 'pen wythnos'
I ganfod 'pa beth mae hi am'.

Mae'n ysu am gael ei Theatr,
Un dair congol, fodern a smart;
Mae'r Ddrama wedi dechra' erstalwm
A'r Pwyllgor yn chwarae'r prif bart.

Ac oni fedar 'sgwennu drama,
A difetha'r sioe i gyd,
Mae'n ddigon o ddynwaredwr
Ac yn arch-gyfieithydd y byd.

Mae'n gwarchod y petha' gora',
Y petha' a berthyn i Ddoe;
Ma' nhw 'nghwpwrdd gwydyr Sain Ffagan,
Yn air ac idiom a noe.

Ac yno mae'r bwthyn gwledig
A'i uncorn yn mygu, – nid mawn;
'Does 'no neb yn ista 'r y Setl
Ond mae'n neis i fynd am dro 'no'n pnawn.

Mae 'i diddordeba' yn eang
A'r 'Steddfod yw pinacl y rhain;
Caiff ymffrostio am wythnos weld toriad dydd
A thywyllwch Celfyddyd Gain.

Ffei, bellach i Loegr ac Ewrop
A'u Marchnad Gyffredin fel duw,
Mae Cymru fach wedi'gweld hi
Mai'n anghyffredin mae byw.

O *Gyfansoddiadau a Beirniadaethau* Eisteddfod
Genedlaethol Cymru, Y Barri, 1968

Rhyw flwyddyn cyn Eisteddfod Genedlaethol Cymru, Y Fflint, 1969, fe ddywedodd rhywun, dros y Pwyllgor Lleol, eu bod am wahodd y Tywysog Siarl i'r Ŵyl er mwyn denu pobl yno – ac felly sicrhau llwyddiant ariannol i'r Eisteddfod. Rydym ni fel Cymry wedi dymuno a chanu llawer am ryw awel o Galfaria Fryn. Er mwyn yr Eisteddfod, dyma Awel o Gyfeiriad Prins.

Awel o Gyfeiriad Prins

Hen Gymru fy ngwlad, sy'n hoff o fetio,
Beth am werthu dy grys, mae'r ras wedi 'i setlo.
Ar 'Steddfod y Fflint, rho'r cwbwl lot:
Yr iaith yn y llys, a'r iaith uwch y cot.
Rho'r cwbwl oll, 'waeth faint wna gostio
Er mwyn i dref y Fflint gael 'ffrostio
Mai hi, o drefi'r wlad benbaladr,
Sy'n cydio'n dynn yng nghyrn yr aradr.

Be' 'di'r iws cadeirio a choroni
A dagrau'n Hannwyl Brins yn cronni
Dros iaith, a diwylliant, a phennill telyn
(Gwyliwch nhw syrthio i'r 'Hufen Melyn').

'D ydi'r rhain i gyd yn werth 'r un ffeuan
O'u cymharu â'r cosi a wna'r tair pluan.
Ymlacia, Hen Gymru, o'r Barri i'r Fflint,
Ti genaist am AWEL, wel dyma i ti wynt.

1969

Yng Nghapel Isaf

Wedi prynu tocyn i gyngerdd yng Nghapel Isaf, Garndolbenmaen, sylwais y dewisid Brenhines Carnifal yn ystod y cyfarfod:

> Mynychais innau 'Babell'
>   Yr 'Achos Mawr' ar dro,
> Ac yno ceid, os cofiaf,
>   Uchel safonau bro,
> Cofiaf y pwyslais fore oes
> Am obaith 'Lleidr ar y Groes'.
>
> Gwrandawed brodyr brithion,
>   Hwythau'r chwiorydd plaen,
> Pylodd y gobaith hwnnw
>   O fynd yn groes i'r graen:
> Blynyddoedd bellach fydd 'Dydd Barn'
>   A hynny yng Nghapel Isaf, Garn.
>
> Deil 'Rhyfedd Ras'[7] i weithio,
>   Bydd 'balm' i'r 'enaid blin',
> A gobaith yr awr dduaf
>   Os medri sgriwio tin.
> Cei ganu mwy am 'Graig sy'n dal'
> I hyn o fyd mewn carnifál.

Mehefin 4ydd, 1970

---

[7]Cyfeiria "balm" a "Rhyfedd Ras" at yr emyn "O! ryfedd ras" gan Pedr Fardd (a aned yn Y Garn).

Rhag ofn . . .

Mi fu adeg pan oedd rhai o aelodau Cymdeithas yr Iaith mewn carchar a phan âi eu rhieni i edrych amdanynt fe waherddid iddynt siarad Cymraeg. Mr Maudling[8] oedd y Gweinidog Cartref, a dyna pryd y dechreuais innau ystyried sut y buasai hi petawn innau yn dilyn fy nghydwybod – a chael fy ngharcharu – a mam (nad oedd ganddi fawr o Saesneg), yn dod i edrych amdanaf i'r carchar.

Pan godis i bora heddiw – fel bydda' i'n gneud bob dydd –
Mi cyfarchodd Mam fi'n sydyn efo *Good morning my dear Gru–ffydd*.

Mi 'drychis i'n wirion i ddechra: 'do'n i'm 'di gweld hi fel hyn o'r blaen
A chymryd yn ganiataol fod 'r hen wraig dan ryw dipyn o straen.

What are you having for breakfast? meddai hi wedyn yn gawras i gyd.
E bec'n an' egg, medda finna, *and e* sleisan go fawr yn 'i hyd.

Ac mi 'steddis i lawr yn reit sydyn, i ddisgwyl rhyw damad i'w gnoi,
Ond nid cynt na 'chwanegodd hi wedyn: *It's e beautiful morning, my boy!*

It is, medda finna'n reit garbwl, *'it is, it is, yes indeed.'*
Ac i ffwr' â hi am y cefn 'cw at y *Bacon an' eggs* ar *full speed*.

P'run bynnag, mi fytis i 'mrecwast reit ddistaw, heb godi dim cnecs,
Ond mi welwn Mam efo'i hancas yn prysur lanhau ei sbecs.

A dyma hi'n 'mystyn wedyn i'r silffoedd llyfra sy'n y llawr,
A thynnu allan glamp o lyfr, bron gymaint â'r Beibil Mawr.

Mi sylwis i cyn pen chwinciad mai Geiriadur oedd hwn 'ta p'un,
Ac nid un *Spurrell* cyffredin, ond yr *Oxford* mawr 'i hun.

What âr iw going tw dw wudd ddat wan? medda finna, ond yn
barod am slap,
You carry on with your breakfast, my boy, I know what I'm doing
young chap.

With all this awakening in Wales to-day, Mr. Maudling I will not fail,
I may have to visit you one of these days when you are with the rest in
Jail.

---

[8]Bu Reginald Maudling yn y swydd hon o 1970-72.

Mi a ddeuaf drachefn . . .

Ddiwrnod angladd Syr Thomas Parry-Williams yr oedd yn glawio ac yn niwlog. Felly hefyd ddydd dadorchuddio'r gofeb ar Dŷ'r Ysgol, Rhyd-ddu. Ond, at hynny, diwrnod gwyntog iawn oedd hwnnw, mor wyntog fel y gwelid coeden ieuanc gerllaw Tŷ'r Ysgol yn plygu gan y gwynt a'r brigau yn ymlapio a churo ar ei gilydd.

> Ni wyddom ni pa ymgynghreirio a fu
> Cyd-rhwng elfennau grymus yr hen fro,
> Na pha flaenoriaeth hawlient ar bob tu
> Ym mharatoad ei ddychweliad o.
> Ni wyddom 'chwaith a gaed o'r Pendist-mawr
> Y grawc, na hithau'r gri o Ddrws-y-coed
> Neu a ddaeth crych i ddŵr y llyn, ar awr
> Ei ragdybiedig drefn o gadw'r oed.
> Gwyddom, er hyn, i'r niwl ymlapio'n drwch
> Gan lwyr orchuddio'r llethrau ar bob llaw;
> Seiniodd y gwynt ei helgorn uwch ei lwch
> A chaed yr ennaint yn nefnynnau'r glaw.
> Pan ruthrai Gwyrfai'n fwrlwm gwyllt i'w thaith
> Daeth 'curo dwylo coed y maes' yn ffaith.

Chwefror 1976

Wil Sam[9]

*Gŵr Mam di Dad. Mae o'n byw efo Mam a Mair a fi yn Tyddyn
Gwyn, Rhoslan, Cricieth. Efo Nain oedd o'n byw stalwm. Dad fydda'n
hel fala i Nain pan oedd Taid ar môr. Taid ddaru gario pobol dduon o
Brynia Casia i weithio yn pylla glo yn Sowth medda Dad.*

*William ma Nain yn galw Dad, a Wil ma Mam yn ddeud. Dim ond
pobol Capal fydd yn deud William Samiwel. Gafodd o Samiwel am hel
at genhadaeth cyn i cenhadon ddysgu sgwennu efo inc i neud llyfra.
Mi fasa pawb wedi anghofio, medda Dad, onibai i Person Berch
sgwennu William Samiwel Jones ar stifficet scriptiar pan ddaru Dad
godi law i ofyn 'plis go owt' bora Gŵyl Dewi yn rysgol.*

*Ath Dad o ysgol Llanystumdwy i Ysgol Port wedyn, a ddaruo
ddysgu Ffrere Jacy a hanas Te Parti Boston Loj yn fano. Ysgol dda oedd
ysgol Port medda Dad. Odd isio medru reidio beic i gwfwr trên i fynd
i ysgol Port, a medru osa-ras efo Yncl Gwyn a Joni Minafon. Ma hôul
troed Dad yn troi am stesion i weld yn tsipins yn ymyl Siop Mathaw
o hyd, medda fo. Fasa Dad wedi aros yn ysgol Port yn gypeini i Mair
onibai bod na lot o fotos hyd lôn, a ma lot o fotos yn berig i hogyn bach
a'i Dad o ar môr.*

*Ath Dad i Bwllheli wedyn i dynnu motos o wth gilidd, a rhoi nw'n
ôl wedyn pan oedd i fistar o'n spio. Ddaruo ddysgu mwy na'i gyflog
yn fano a ddaruo ddechra gneud motos i hun yn 'reil yn tŷ Nain a'u
gwerthu nw am lot o bres. Ddaruo neud digon o bres i gal mynd i
Cwarfod Pregethu Rhoshirwaun a rhoi reid adra i hogan bach o Sarn
odd wedi colli 'bus' am bod Willia Willias Pantycelyn isio hi aros yn
Sïat. Di Dad ddim yn cofio testun. Mae'n berig cofio adnoda wrth
ddreifio Ostun Tw-Sitar a gynno chitha lond car, medda fo. Odd o'n
cofio General Trafals yn deud hynny, dwrnod Cinio Dolig Rysgol.*

* * *

[9]Am yr ysgrif hon y dywedodd y beirniad, D. Tecwyn Lloyd: *Reiat o bortread afieithus yw
hwn o'r dechrau i'r diwedd ac un cwbl annhebyg i ddim a ddarllenais erioed o'r blaen yn Gymraeg.*

Yn y pedwardegau cynnar, pan ddechreuodd gadw Garets ar ei liwt ei hun y cyfarfyddais gyntaf â W.S. Jones. 'Does gan y naill na'r llall ohonom gof yn y byd pryd na sut. Fu dim cyflwyno. Fu dim ysgwyd llaw. Gwyddem am fodolaeth ein gilydd, y naill fel dyn y Garets, a'r llall fel prentis siopwr o fewn ffiniau'r plwyf, a dyna'r cyfan. Gofynion moto beic y siopwr mae'n ddiamau a'n dygodd at ein gilydd i gychwyn, a dichon mai trwy gyfarfodydd cangen y Blaid Genedlaethol y daethom i flasu'r un borfa.

Datblygodd yr adnabyddiaeth yn gyfeillgarwch, ac erbyn Eisteddfod Genedlaethol Aberpennar 1946, cydwersyllem ar un o lechweddau Abercwmboi.

Cofiaf gydgerdded ag ef yn nhref Aberpennar ddiwrnod ymweliad y Dywysoges Elisabeth â'r Ŵyl.

Safai'r cannoedd disgwylgar ar y pafin o boptu'r strydoedd nes ei gwneud yn anodd ei throedio am Faes yr Eisteddfod. Awgrymais mai peth doeth fyddai aros i'r dyrfa wahanu.

'Na, tyd 'laen,' meddai. 'Mi awn ni ffor hyn.' Camodd i ganol y stryd, a chyda'i gydaid o fferis mewn un llaw, ac yn cnoi o'i hochor hi, brasgamodd i gyfeiriad y Maes, gan daflu'r olwg 'syndod gwneud' hwnnw ar y bobl o'n deutu. Credech na chlywsai am ymweliad neb pwysicach na ni'n dau â'r dref y diwrnod hwnnw!

Daeth yn genlli o law nos Wener yr Eisteddfod ac erbyn trannoeth llifai'r dŵr yn un afon drwy'r dent, a phopeth o fewn ei gyrraedd cyn wlyped ag y gallai dim fod. W.S. oedd perchen y dent, a chan fod y glaw yn dal i dywallt, ei gyngor oedd ei rhoi, heb na phlyg na threfn, yn nhrailer y car ac am adref. Cyfaddefodd wedyn mai pydru yn y cyflwr hwnnw heb fyth ei datod fu ei hanes.

Gallasai 'digon i'r diwrnod ei dda ei hun' fod yn arwyddair priodol i W.S.

Pan awn i'r Garets i fenthyca car i fynd adref o'r pentref ni fyddai fawr o dro cyn cael un o'r cerbydau i gychwyn. Rhybuddiai fi wedyn o fân driciau'r cerbyd arbennig hwnnw:

'Tendia 'i frecs o boio, mae o am dynnu i ganol lôn os breci di'n rhy sydyn.' Neu: 'Ma'r hen glyts yn o ffiars cofia, felly tendia sêt dreifar, mae'n tueddu i fynd wysg i chefn ar brydia.'

Cawn gyfarwyddyd manwl wedyn ar sut i gychwyn fore trannoeth. 'Tyn y "choke" i'r pen (neu i'r hanner fel byddai'r galw) a phaid â chyffwr' yn throtl' (neu fel arall).

Er cymaint y cyfarwyddiadau, yn amlach na pheidio ar fy neudroed y cyrhaeddwn y Garets fore trannoeth. Wedi adrodd yr helynt a chydnabod fy methiant, 'Taw boi,' fydda hi, 'Mae o'n hen beth go fisi efo'i gychwyn yn b'reua. Mi biciai fyny nôl o efo Wil John.'

Yn yr un cyfnod deuai ar ei dro i'r Clwb Ieuenctid yng Ngarndolbenmaen.

Yn ystod haf 1949, penderfynodd pedwar ohonom ac yntau fynd ar daith drwy Gymru, gyda char, gan wersyllu yma ac acw ar y daith. Gwnaed trefniadau. Roeddwn i gyfarfod wrth y Capel Uchaf am 4 o'r gloch y pnawn ar y Sadwrn penodedig. Yn ogystal â gofalu am ei fân bethau personol, roedd W.S. hefyd i fynd i'r Felinheli y bore hwnnw i gyrchu'r dent, gan alw amdanaf finnau ar ei ffordd at y Capel. Y bwriad wedyn oedd cychwyn am y Sowth, gan nelu am Aberystwyth y noson gyntaf. Pan alwodd amdanaf roedd yn chwarter i chwech. Nid oedd olwg o'r dent. Yn wir, 'doedd ganddo na chyllell na chwpan, fforc na phlât – dim ond peijamas a rasal. Cefais lith o ymddiheuriad, ond gwn bellach na hidiai ddim ac na phryderai o gwbwl a fyddai tent yn y Felinheli chwaith. Iddo ef, roedd cael cychwyn yn ddigon y diwrnod hwnnw. Yn Nant Ffrancon y taenwyd y babell y noson gyntaf.

Prin y coeliai'r un ohonom pe dywedasid wrthym ar y pryd mai mewn ysbyty yng Nghasnewydd y byddai W.S. cyn pen yr wythnos. Gafaelodd rhyw aflwydd neu'i gilydd ynddo y dydd Mercher canlynol a bu raid mynd ag ef i'r ysbyty. Bu raid erfyn a chrefu ar Feddyg a Metron cyn llwyddo i'w gael oddi yno ymhen pum niwrnod, ac nid heb amodau cyfyng ar y naill ochr ac addewidion pendant ar yr ochr arall, y cytunwyd i'w ryddhau.

Roedd W.S. ar ei uchelfannau bellach er gwaethaf ei wendid. Lapiwyd ef yn ofalus â dwy flanced drwchus a'i roi i eistedd yn sedd ôl y car, ac yn ôl cyfarwyddyd y Metron nid oedd i ddeintio oddi yno nes cyrraedd adref.

Pan gyrhaeddwyd Llanfair-ym-Muallt, eistedd yn un o bump wrth fwrdd cinio a wnaeth W.S., a phrin y cysgasai'r meddyg caredig 'chwaith y noson honno pe gwyddai pwy oedd yn gyrru'r car drwy Gomins Coch.

* * *

Pan fydd Dad yn osio cynnig diod i Yncl Garn mae o'n deud 'Ddus côls ffor e selibresion, old Tsiap.' Dim ond efo fusutors fydd o'n siarad Susnag arall a hynny adag torri gwellt glas yn 'rar'. Ma Dad yn siarad lot o Susnag radag honno, ac os na fydd Fusutors isio brysio, mi fydd Dad yn ista dan goedan 'fala am hir, hir, a deud yn Susnag am 'Rafon Bach a Ddôl Betws, lle bydd o'n mynd i sgota ar lli'. Pan fydd Fusutors yn dechra holi am bloda sgin Mam yn fordor, mi fydd Dad yn deud bod o'n clwad cloch teliffon a deud 'sgiws' yn Susnag a rhedag am tŷ.

Ma Dad yn deud bod tail ieir yn beth da i 'rar' ac wrth fod o'n ddyn ffeind wrth anifal, mae o'n gadal 'rieir fynd fan fynno nw hyd lle, nes daw hi'n fis Prygethwrs. Radag honno fydd Mam yn deud wrth Dad am cau nw'n ffolt mochyn, rhag ofn iddy nw faeddu ar stepan drws, ac wrth bod Dad yn gorfod mynd i Gapal, Sul Prygethwrs, fedar o ddim cadw llygad ar rieir.

Yn parlwr ma Dad yn byw Sul Prygethwr. Mae o'n licio Prygethwrs a Mr. Robaits gwnidog medda fo. Ddim yn licio prygetha ma Dad. Mae o run fath efo motos, ma well gynno fo rheini wedi stopio a chal stwffio'i ben dan bonat na ista tu ôl i rolwyn a mynd am dro'n bell bell.

Ma Dad wrth i fodd yn siarad-motos a chal sôn am Big-end a phuston a chrown wîl, a pan fydd isio windio falfia car Yncl Osborn, ma Dad yn rhoi ofarôl glân o cwpwr eirio a chap toslyn a cherad yn fân ac yn fuan i Gegin Foch i nôl bocs twls. Wedi agor bonat car Yncl

Osborn mi fydd Dad yn nôl goriad 3/8 o ymyl garafan yn cefn, wedyn fydd o'n mynd i ofyn i Mam welodd hi Tyrnsgriw, a unwath fydd o wedi rhoi ben dan bonat fydd Dad byth yn clwad teliffôn dyn Caerdydd. Mi fydd Mam wedyn yn gorfod gweiddi 'Iw-iw' drw ffenast gegin a fydd Dad yn gneud cama cawr am tŷ a tanio Embasi run ffor'. Wedi i Mam ddeud 'dyma fo' wrth dyn Caerdydd mi fydd Dad yn pesychu a gweiddi 'Helo', a fydd o'n deud 'Ia, ia, iawn boi, iawn boi,' dan amsar te. Wedyn fydd o'n mynd i parlwr i sgwennu am hir, hir.

* * *

Yng nghyfnod ei ymweliadau cynnar â'r Clwb yng Ngarndolbenmaen, prin y gwyddwn am unrhyw ddawn ysgrifennu a feddai. Cofiaf, er hynny, ryw ribwd gofyn ac ateb a baratoisai ar gyfer Noson Lawen unwaith, yn debyg i hyn:

Gofyn: Beth oedd enw cefnder Owen Glyndŵr?
Ateb: Ywen Llanddeiniolen.
Gofyn: Sawl 'n' sydd mewn nionyn?
Ateb: Tair.
Gofyn: Be di'r gwahaniaeth rhwng injian dorri gwair a dyn yn gweithio i'r Cyngor Sir?
Ateb: Wnaiff injian dorri gwair ddim 'Lawn Mower' a wnaiff dyn Cyngor Sir ddim mo'r lôn.
Gofyn: Rhowch luosog y canlynol:

G.		A.	
G.	Pont	A.	Peint.
G.	Cath	A.	Ceit.
G.	Plisman llon	A.	Does na run.
G.	O oes mae.	A.	Plismyn llonydd.

Cofiaf unwaith, mewn Noson Lawen, ofyn iddo am gyfraniad, ac o ddeall nad oedd ganddo ddim wedi' baratoi, ddweud, 'Tyrd yma i sgwrsio efo mi yn null y cymeriad hwnnw y byddi yn ei ddynwared pan fyddwn yn sgwrsio yn y car.'

Fu fawr o lwyddiant ar y perfformiad o safbwynt y gynulleidfa. Nid o angenrheidrwydd o ddiffyg graen ar gyfraniad W.S. Yn wir, credaf bellach fod ei gyfraniad mor sicr o agos at ein sgwrsio bob dydd fel na sylweddolai neb fod dim yn digwydd. Prin y medrwn innau, bryd hynny, nac eto, honni medru rhoi fy mys ar y peth, dim ond synhwyro megis, y swyn yn yr iaith a'r sigl melys yn y dweud. Ceir y naill yn britho ei ddramâu erbyn heddiw, a'r llall yr un mor anhepgor i unrhyw actor a fyn eu llefaru.

* * *

Ma Dad yn licio sgwennu medda fo. Dyna pam ddaru o werthu pympia petrol yn pentra a prynu tŷ yn lle nw, er mwyn iddo fo gal sgwennu. Sgwennu dramas bydd o, medda Mam, a fydd o'n gwerthu nw i ddyn Caerdydd ar teliffôn a'u cal nw'n ôl wedyn ar telifision. Amball dro fydd dyn gneud 'Lol' yn dŵad yma i edrach am Dad a fydd o'n mynd â lot o sgwennu Dad efo fo dan gesal, ond fydd Mam wedi gorfod ista ar stôl piano, efo teipreitar, am hir cyn hynny, ne fasa dyn ddim yn medru dallt sgwennu Dad, medda Mam.

Di Dad im yn medru sgwennu Cymraeg teipreitar. Nath o drio un waith pan oedd Mam a Mair a fi wedi mynd i Sasiwn Plant i dre, a oedd o wedi rhoi x yn locsyn, a D.D. ar ôl enw Doctor Jôs.

Fuo dyn gneud 'Lol' yma wedyn ddoe a ddaruo ddŵad â Llyfr mawr i Dad a W.S. Jones wedi sgwennu ar câs a deud – 'dyna chdi Wil Sam'.

Wil Sam ddeudodd dyn Telifision hefyd, pan odd Dad yn dangos ar telifision sut odd edrach ar ôl motos yn gua. Ma Dad yn ddigri ar telifision. Ddaruo ddeud bod o'n rhoi bag-bwyd-ieir gwag yn sownd efo llinin ar ffenast tu blaen car ni bob nos rhag ofn i gwydyr rewi, ond fydd Dad byth yn gneud. Ŵ. Ŵ. – ag ar ôl gweld fo'i hun yn rhoi antiffrîs ar telifision ddaruo roi peth yn car ni tro cynta rioed!

* * *

Dro'n ôl gofynnais iddo gael golwg dan fonat fy nghar i geisio olrhain rhyw fethiant neu'i gilydd yn y diriogaeth honno, ac ni fu fawr o dro cyn mynd i'r afael â rhyw nytan neu'i gilydd. Rhywfodd, llithrodd yr erfyn yn ei law nes iddo daro ei figwrn yn erbyn y batri, a chaed rhyw un ochenaid ddi-reg o'i gyfeiriad.

O ganfod fod cryn hanner dwsin o rai cyffelyb eisiau eu datod troais innau fy llaw at y gwaith. Ond cynt y metha llaw prentis na meistr, a hanner blingwyd un o'm bodiau. Er cymaint fy loes, roedd W.S. yn llythrennol ddawnsio hyd yr iard, wedi codi un pen-glin, ac yn ei drawo'n fân ac yn fuan â chledr ei law, gan fwynhau'r cyfan.

Roedd yn llawn cydymdeimlad â mi ar y teliffôn gynnau, o ddeall fy mod dan y ffliw, ond prin y pryderai o gwbl mewn gwirionedd. Gallaf ddychmygu ei fod yn gwir fwynhau fy nghaethiwed, a'm hanniddigrwydd yn ei oglais i chwerthin o waelod ei fol.

Chwerthin y byddaf innau hefyd am ben y dywediadau a'r sefyllfaoedd difrif a geir yn ei ddramâu yntau. Maent yn britho pob tudalen. Brawddeg gwta ar brydiau, dro arall dim ond gair, ond sydd, cyn sicred â chlic camera, wedi cofnodi a thrysori y cymeriad a'i gymdeithas am byth. Cymerer y ddwy chwaer, Siân a Marged yn 'Y Gŵr Diarth'.

Siân: Wyt ti'n credu fod 'na fyd ar ôl hwn?
Marged: Oes 'na dorth at fory?

Brithir ei waith â chymeriadau tebyg. Pawb yn dygnu arni gyda'i ofalon a'i bryderon yn ei rych bach ei hun, a phob un yn ei dro yn gorfod dioddef ymyrraeth (boed berthynas, cymydog neu swyddog) o'r rhych nesaf.

Mae'r gyfrinach i fwynhau gwaith Wil Sam i'w gael mewn atebiad a rydd Elin (Y fam) i Jane Jôs (Y gymdoges) yn ei ddrama 'Y Dyn Codi Pwysau'.

Mae Elin bron colli arni ei hun am nad yw llun Robat y mab i'w weld yn codi pwysau ar y telifision—

Jane Jôs: Meddianna dy hun, hogan, mi gei di weld Robat yn codi pwysa eto. Mae o wrthi yn fama bob nos cyn mynd i wely medda chdi dy hun.

Elin: 'Dwyt ti ddim yn dallt, Jane bach. Tasa rhen set ma'n gweithio mi gawn i weld Robat fel ma pobol erill yn i weld o.

Wedi i ninnau gael y set i weithio, rhaid wedyn wrando'n ofalus ar rai fel William Owen yn 'Y Gŵr Diarth' pan gyhuddir ef o fod wedi yfad Licar.

William Owen: 'Un wisgi ges i – Da chi ddim yn stowt wrtha i?

* * *

Ma Dad yn deud petha digri o hyd. Jamoth Gilead fydd o'n galw jam, a Cacwn fydd o'n galw Cacan Dy Sul Mam.

Ma Mam wrthi'n gneud cacan at de rŵan a Dad yn ista ar fainc yn ffrynt yn darllan Robsyrfar. Dwi am fynd rownd cefn yn ddistaw bach a stwffio pengalad i glust o, i weld o'n neidio, a wrach daw am dro ar ôl cinio efo Mair a fi, heibio Ddôr Ddu a rownd gongl winllan at Llwyn, a geith o gario bloda fydd Mair a fi wedi hel, a fyddwn ni nôl erbyn bydd gacan di oeri.

Dyfarnwyd yn gyntaf yng nghystadleuaeth yr Ysgrif Bortread, Eisteddfod Genedlaethol Cymru, Rhydaman a'r Cylch, 1970.

Brodyr y bodiau duon

Bwriadaswn ysgrifennu llythyr at ddarllenwyr *Y Casglwr* ond gan fy mod innau hefyd yn aelod o Gymdeithas Bob Owen sylweddolais y buaswn felly yn fy nghyfarch fy hun!

Cystal i mi gyfaddef felly mai wrth enw arall yr hoffwn gyfarch y gymdeithas sef, yn syml ddigon 'Cymdeithas y Bodiau Duon', nid am y gallesid ei restru fel 'chwip o enw', ond yn unig am ei addasrwydd i ddisgrifio'r frawdoliaeth ryfedd hon o gasglwyr hen lyfrau; prin fod neb o'r tu fewn na thu fas i'r Gymdeithas a feiddia wadu nad du a ddylasai bodiau pob casglwr fod, ac anaddasrwydd o'r mwyaf yn ei chyfarfodydd blynyddol fyddai amlygiad o fodiau glân.

Gan mai trowsus melfaréd a wisgai fy nhad erstalwm o fewn terfynau'r fferm cymerodd flynyddoedd i mi i ddygymod â gweld ffermwr mewn llodrau brethyn; a'r un mor chwithig i mi a fyddai gweld casglwr hen lyfrau heb fodiau duon; ac ar y Sul hyd yn oed disgwyliwn iddynt fod o leiaf yn bygddu!

Dichon mai 'tuedd' ac nid 'hobi' y dylesid galw'r 'chwiw' ryfedd hon a geir mewn bodau meidrol, ac y mae i'r duedd lyfryddol ryfeddol hon ei nodau digamsyniol. Fel yr awgrymwyd mae'n gwneud ei ôl yn allanol ar ddyn ond y mae hefyd yn dueddol o fynd i'r gwaed a phryd hynny 'does dim dal. Prin fod llygad sy'n ddigon craff i'w weld na dealltwriaeth sy'n ddigon byw i'w amgyffred, ond siawns nad oes beiriant o fesurydd yn rhywle a allasai ymateb i'r wefr a'r cynhyrfiad pan yw yn ei anterth.

* * *

Tebygaf mai moddion seiadu i aelodau'r Gymdeithas ydyw tudalennau'r Cylchgrawn, ac felly, fel aelod digon dinod ni ddylaswn lai na chynnig cyngor i'r newydd-ddyfodiaid.

Oferedd a dweud y lleiaf a fyddai cynghori beth na pha rai i'w casglu a phrofiad yn y maes hwn fel pob maes arall yw'r athro diogelaf. Teg er hynny (o'm profiad bach fy hun) a fyddai awgrymu sut i gadw pen pan ddaw cyfnod cynhyrfus yr hirddisgwyliedig lyfr.

Amser, hwylustod a'r ysfa brin honno ym mêr esgyrn y casglwr sydd yn ei arwain i Siop Lyfrau – rhyw 'weled yr ydym yn awr mewn drych' chwedl Paul ond pan ddeuir 'wyneb yn wyneb' â'r llyfr prin ar y silff, rhaid bod yn ofalus a deheuig. Yn ofalus er eich mwyn eich hun ac yn ddeheuig yn eich perthynas â'r siopwr. Geill y don neu'r cynhyrfiad ddyfod mor sydyn, yn wir geill ddod mor ddirybudd nes taflu dyn oddi ar ei echel a'i yrru i ymddwyn yn anghyfrifol.

Edrycher, felly, o leiaf deirgwaith ar feingefn y llyfr prin er gwneud yn siŵr eich bod yn medru darllen. Yna, rhodder un cam yn ôl a chau'r ddau lygad. Wedyn (â'r ddau lygad ynghau) rhodder dau gam ymlaen i gyfeiriad y llyfr; sylwer fod yr ail gam yn bwysig gan mai hwn yw'r unig foddion i ddod â dyn at ei goed yn y fath sefyllfa. Cyn gafael yn y llyfr edrycher yn gyfrwys-ofalus dros yr ysgwydd er gwneud yn sicr a ydyw'r siopwr yn eich gwylio – os ydyw, cydier yn ogystal yn y ddeulyfr sydd un o boptu'r llyfr prin a llithro'r tri gyda'i gilydd oddi ar y silff. Agorer, bodier a chraffer â golwg ddeallus ar y naill a'r llall o'r llyfrau nad oes arnoch eu hangen, yna'n sydyn a thrystfawr ailosod y tri yn ôl ar y silff. Wedi hyn, yn ddidaro yr olwg llithrer hirfys y llaw arall dros ymyl uchaf meingefn y llyfr prin a'i wahodd megis yn gariadus â'r byrfys a'r fawd i'r llaw.

* * *

Hon yn ddiamheuol yw'r adeg i fod yn ofalus; o'r funud y cyffwrdd y llyfr â chledr y llaw teimlir rhyw ias anniffiniol yn parlysu'r corff, yna, yn araf ond yn sicr try yn gryndod ysgafn a theimlir y gwaed yn cyflymu, yn araf gyson i ddechrau ac yna pan agorer clawr y llyfr a chael cip ar yr wynebddalen try yn gryndod dychlamus direolaeth drwy'r corff.

Ni ellid bod yn *rhy* ofalus am y munudau nesaf, a theyrnased *Pwyll*. Onid oes bris wedi ei nodi ar y llyfr, symuder yn araf ddidaro i gyfeiriad y cownter; arhoser yma ac acw i gael golwg ar ambell i hen wythnosolyn neu fisolyn; bodier y clawr melynddu, ond na ddangoser unrhyw ddiddordeb ynddo a thafler (yn ofalus ddigon) ond diseremoni i'w briod fan ar ben ei gymrodyr, a pho hynaf a phrinnaf y bo'r cylchgrawn hwnnw, mwyaf tebygol yw'r siopwr o gael ei gamarwain.

Safer lathen oddi wrth y cownter, ac o fynych arfer gellir lluchio'r llyfr yn daclus ddigon â'i wyneb i waered o dan drwyn y siopwr, yna (ond gan ddyrchafu y llygaid yn gamarweiniol i gyfeiriad y silffoedd uchaf) gofynner:

'Faint 'da chi'n ofyn am hwnna?' Pan ddatguddir y pris, boed ddrud, rhesymol neu rad, cyfynger yr ateb i ddeuair addas a phwrpasol sef:

'Ia wir.'

* * *

Os penderfynir prynu (ond cyn gwneud) rhodder un tro pwyllog o gwmpas y siop ac os na fydd casglwr adnabyddus arall o fewn ei muriau gellir mentro allan i'r stryd a chael cip ar gynnwys y ffenestr; ac yna cyn ildio a dychwelyd at y cownter, tanier sigaret neu getyn gan ddynnu'n chwyrn a phan gyrhaeddir y siopwr geill y cymylau mwg fod o gymorth i guddio'r euogrwydd ffŵl geir ar yr wyneb o dalu'r pris uchel: geill hefyd fod yn gymorth cyfamserol os digwydd i'r pris fod yn nhueddau'r prisiau isel ac i'r siopwr sylweddoli ei gamgymeriad yn ddiweddarach.

Ni wn a restrir y cam nesaf yn y llyfr adnabyddus hwnnw 'Rheolau'r Ffordd Fawr' ond gallwn dybio mai'r cyngor amserol ar adeg fel hyn a fyddai: 'Peidiwch â gyrru ar ôl prynu llyfr prin.'

(O'r *Casglwr*, Rhif 1, Mawrth 1977)

Tair ysgrif a anfonwyd i gystadleuaeth yn gofyn am Dair Ysgrif Ysgafn, yn Eisteddfod Genedlaethol Cymru, Dyffryn Clwyd, 1973.

Hel

Pregethwr oedd Jeremiah, ond llenor oedd y Pregethwr.

'Yr hwn a *helio* gyfoeth,' ddywed Jeremiah, ond sôn am *'gasglu* y cerrig ynghyd' a wna'r Pregethwr.

Tybed ai annerch torf roedd Jeremiah, ac os oedd am wneud ei farc, a chael y neges adref, rhaid oedd siarad yn iaith-bob-dydd ei wrandawyr. Gwyddai fod pob copa walltog ohonynt yn ceisio hel arian. Roedd hynny yn nhoriad bogail pob un, bryd hynny fel yn ein dyddiau ni.

Roedd y Pregethwr hefyd ar ben yr hoel. Bu yntau yr un mor ofalus. Gwyddai nad oedd wiw iddo sôn am 'hel' cerrig. Byddai hynny yn sicr ddigon yn peri i bob darllenydd gau'r llyfr yn glep. Profir hyn yn y cymal nesaf, pan ddefnyddia'r term llafar *'taflu'r* cerrig ymaith'. Gallasai fod wedi defnyddio term llawer mwy urddasol fel 'gwasgaru' ond 'wnaeth o ddim. Gwyddai'n dda fod pawb yn mwynhau 'taflu cerrig'. Mater arall ydoedd 'hel' ac yn ei graffter a'i ddoethineb dewisodd ei air yn ofalus, sef casglu.

'Synnwn i fawr nad oedd o wedi plesio'i hun yn fawr gyda'r dewisiad hwn, a rhoddodd air bach arall fel rhuban addurn yn ei gwtyn, a chawn wedyn y 'casglu y cerrig ynghyd'. Bron nad yw'r darllenydd wedyn yn codi ei olygon yn syth i edrych a wêl gae er cael cychwyn ar y gwaith!

Onid hen air hyll ydyw 'hel'? Nid oes iddo sŵn da, ac ym mha gysylltiad bynnag y defnyddiwch ef, mae iddo ryw annymunoldeb.

Pan oeddwn yn blentyn cerddais filltiroedd lawer i hel at y Genhadaeth Dramor. 'Doeddwn i ddim yn mwynhau'r gwaith, a 'doedd y llyfr a dderbyniwn am gasglu'r ychydig sylltau yn lleddfu odid ddim ar y dasg. 'Doedd y ffaith fod plant bach

China a Ceylon yn baglu ar draws eilunod yn poeni dim arnaf. Yn wir, teimlwn eu bod yn ffodus, ac mai bywyd braf oedd cael chwarae'n ddiddiwedd gyda'u 'babis dol' yn hytrach na gwrando ar bregethau sych y Cenhadon.

Mynd i hel arian y byddwn i am ei fod yn rhan o waith a defod cysylltiedig â'r Capel, yn union fel dysgu adnod, neu roi fy mhen i lawr pan fyddai blaenor neu bregethwr yn gweddïo.

Yn ddiweddarach, 'pan euthum yn ŵr' megis, a mynd o amgylch yr ardal i hel at Gymdeithas y Beiblau, byddwn yr un mor ddiawydd, a chawn fy hun yn crynu fel deilen cyn curo ar bob drws.

Awn o amgylch wedi nos. Awn yn fwriadol bryd hynny rhag i bobl fy ngweld yn dynesu at y tŷ.

Gwn mai ar adegau fel hyn yr arferwn alw bob amser; gwyddwn ar wyneb pob deiliad ei fod yn pendroni at ba achos y byddwn yn casglu y tro hwn. Tin-droi wedyn cyn dweud fy neges. Y sgwrs yn sôn am bopeth ond y Gymdeithas Feiblau. Pwt am y tywydd. Gair neu ddau am ryw anfadwch fel y ffliw, fyddai'n digwydd hofran yn y cylch ar y pryd. Fel roedd y deunydd yn meinhau, deuai ffaeleddau'r Llywodraeth i lenwi'r bwlch, a llyncu pum munud arall, a minnau ronyn nes i'r lan. Yn wir, hel dail. Yna, pesychiad cras i glirio'r gwddf gan godi ar fy nhraed yr un pryd. Wedyn, fel agor fflodiart:

'Wedi . . . dŵad . . . o . . . gwmpas . . . i hel . . . at . . . y . . . Feibil . . . Gymdeithas . . . rydw i.'

'Faint rois i'r llynadd?'

Ac wedi rhoi'r wybodaeth honno, gwireddid y gair mai'r 'sawl sydd yn gofyn sydd yn derbyn'.

Rhaid cyfaddef, er hynny, fod i rai o'r anturiaethau 'hel' ryw ias o wefr ar ei chychwyn, ac awn innau yn llawer mwy talog bryd hynny.

Un ohonynt oedd hel mwyar duon. Rwy'n hoff iawn o'r duon. Gallaswn yn ddibetrus ddweud fel y bachgen bach o Borthmadog (a fynegodd ei hoffter o datws) a dweud fy mod innau yn 'gythral' am fwyar duon. Un o'm hoff ddanteithion yw cacan blât a thrwch neu ddau o fwyar rhwng y crwst. Ond er cael cyfran deg ohoni, ni allaf fyth wrthod y demtasiwn o gymryd llwyaid o'r sudd llwyd-goch o gafn y plât.

I de dydd Sul wedyn: bynsan wedi 'i chrasu; haen dew o fenyn a thrwch o jeli mwyar duon wedi ei daenu ar hwnnw wedyn. Rwy'n falch fod hwn i'w gael mewn potyn. Byddai mynd i hel y deunydd wedi difetha'r cyfan gan fod y fwyaren orau, yr un ddu, loyw-ddu, allan o gyrraedd bob amser.

'Mi all'swn 'i chael o fancw 'wrach.'

Gwthio wedyn, drwy redyn a mân-fieri i gyfeiriad y clawdd. Gafael yn un o byst y ffens. Yna tynnu'r corff yn raddol . . . yn uwch ac yn uwch . . . gerfydd y postyn . . .

'Damia fo! Pam na rydd y ffarmwr 'ma byst n'wyddion yn fama bellach? Roedd hi'n union 'r un fath llynadd. 'Does ond gafael yn y weiran lefn 'ma, a dirwyn fy hun gerfydd honna i ben y clawdd.'

Roeddwn mewn lle manteisiol o'r diwedd. Siawns na fedrwn ei chyrraedd bellach. Ymestyn hyd braich, ond fel rwyf yn ei chyrraedd, llithra'r troed, a chaf fy hun ar fy mhedwar yn y drysi.

'Dyna'r blydi lot wedi mynd! Y cwdyn papur an' all!'

Wedi fy niddosi fy hun, rhaid fydd ailddechrau. Tynnu cwdyn gwag arall o boced ond y tro hwn dechrau hel ar dir sicrach, a bodloni ar sbarblis coch anaeddfed!

Ychydig feddyliai Margiad Huws Bryntirion, yn ei hunieithrwydd onest, iddi ddweud calon y gwir pan ddywedodd 'go to hel' wrth y Saeson ymbilgar pan ofynnent am gael mynd i'r caeau i hel mwyar duon.

Loes i fodiau ac wyneb wrth hel mwyar duon. Loes i gefn a chyhyrau wrth hel tatws a cherrig. 'Does ond plant, a merched 'dygn am arian' fyddai'n ystyried yr olaf yna!

Mae 'hel' arall hefyd. Un llawer difyrrach, sef 'hel merchaid'. Gwn o'r gorau fod i'r term bellach ei awgrym o anfoesoldeb ond mae'n beth digon iach yn y bôn. Rhaid yw cyfaddef er hynny fod iddo ei annymunoldeb a'i siom.

Teithiais filltiroedd lawer, dros y blynyddoedd, mewn ceir a bysiau, i ryw dref neu ganolfan gan ddisgwyl trawo ar 'slasan go handi'. Rhaid cyfaddef i'r trawo gael ei wireddu droeon ac, yn wir, gwneuthum aml i sym yn fy mhen yn gynt nag arfer. Ond pan oeddwn ar fin gofyn am gael ei hebrwng adref, deuai rhyw labwst o hogyn bochgoch rownd y gornel gyda'i 'sori 'mod i'n hwyr' a mynd â hi dan fy nhrwyn.

Cofiaf gael aml i wên fach annwyl, ac ambell i gil-edrychiad slei, mewn Cymanfa Ganu, ond i ddim gwell na chael ar ddeall wedi cyfarfod y prynhawn fod 'Nain a Mam a Lowri bach' yn y Gymanfa hefyd, a bod rhaid iddi hithau 'fynd adref ar y Moto Wyth!'

Roedd un cysur. Ni fyddwn wedi talu am fynd i mewn i gyfarfod o'r fath! Prin fyddai parhad y cysur, fodd bynnag. Byddai rhyw slimyn main yn bownd o wthio'r ladal dan fy nhrwyn, yng nghyfarfod yr hwyr, adeg hel y casgliad!

Y ffasiwn heddiw yw 'hel hen bethau'. Treselydd trymion a chlociau nain ydyw ffansi rhai. Tecelli copr a chanwyllbrennau efydd sy'n llygad-dynnu'r lleill.

Llyfrau fydd yn fy nenu i. Byddaf yn hel y rhai hynny, er y dywed y Pregethwr 'nad oes diben ar wneuthur llyfrau lawer, a darllen llawer sydd flinder i'r cnawd.' Ond 'synnwn i fawr nad ydyw yntau, fel Job gynt '. . . yn llygad ei le'.

Y cyfaill du

Clywais i'r Dr. R. Williams Parry unwaith gael ei hudo i ben yr Wyddfa gan aelodau ei ddosbarthiadau nos. Ni fynnai'r athro fynd reit i'r copa ac eisteddodd ar y llechwedd ychydig yn is i lawr. Pan ddychwelodd ei gymdeithion disgwylient yn eiddgar am o leiaf un englyn am yr achlysur. Eu siomi a gawsant, fodd bynnag, a'r cyfan a ddywedodd y Prifardd oedd:

'Cym'rwch ddiawl o ofal â dŵad â mi i le fel hyn eto.'

Er i minnau gael fy nenu i ben yr Wyddfa o leiaf deirgwaith erbyn hyn, mae'n amheus gennyf a awn yno eto yn un o griw. Nid am fod gennyf ofn bod ymhlith torf o bobl ond am fod dilyn tuedd y mwyafrif a'r llu yn fy simsanu braidd. Af yn swil. Yn wir, af i deimlo'n dipyn o ffŵl a daw pob math o amheuon i gorddi o'm mewn.

'Chyfaddefais i mo hyn erioed o'r blaen, ond coeliwch neu beidio, mae gennyf gyfaill sy'n fy ngwylio ar adegau o'r fath. Ni saif yn glòs wrth fy ochr, er y bydd yn sicr o fod yno yn rhywle – ar y cyrion fel arfer. Swatio rownd y gornel a wna ac yna sbecnelu'n sydyn ac edrych i fyw fy llygaid. Ei weld yn sbecian felly â'r wên lydan ar ei wyneb fydd yn fy ngwegian i. 'Ddywed o'r un gair, ond mae'r ffaith ei fod yno yn ddigon i mi awyddu i'r ddaear fy llyncu.

Nid profiad newydd mohono. Rydym yn llawiach ers blynyddoedd, os llawiach hefyd, ac mae o leiaf yn 'cadw llygad' arnaf, a gallesid o bosib ei alw'n angel gwarcheidiol: os oes angylion duon i'w cael. Nid croenddu mohono. Un tywyll efo gwallt ac aeliau duon ydyw, a'i locsyn bychan deubig fel cynffon gwennol; dillad duon hefyd – o'i het-galed i'w gôt o leiaf. 'Welais i erioed mo'i draed, a phe deuent i'r golwg rywdro ni synnwn o gwbl ganfod ei fod hefyd yn gwisgo sbats.

Mae ganddo'r gallu rhyfeddaf. Geill ddyfod i mewn i ystafell heb agor y drws, a phan af innau allan o ystafell mae'n sicr o gael y blaen arnaf a sefyll yn bowld o'r tu allan i aros amdanaf. 'Saif o ddim fel dyn ar y palmant chwaith, mae'n well ganddo sbecian dros fonat y car ac os mai yn yr ardd y byddaf, mae'n sicr o hanner llechu o'r tu draw i lwyn o focs.

Gwelais ef droeon hefyd ym mhulpud y capel pan oeddwn gynt yn sbrigyn o ddiacon. Pan ysgwydwn law â'm cyd-ddiaconiaid yr ymddangosai bryd hynny. Sylwn ar y llenni bach ar odreon y pulpud yn ysgwyd, yna'n cael eu symud i'r naill du a'i wên fawr lydan yntau yn ymddangos rhwng y ffyn. Hyd yn oed wedi i mi ildio'r swydd honno a mynd yn ôl i eistedd i sêt y teulu, parhâi i'm dilyn, a phan blygwn fy mhen adeg y weddi, a chyn cau fy llygaid, fe'i gwelwn yn sbecian heibio i gornel yr organ. Os awn mor hyf â chau fy llygaid teimlwn ei anadl yn boeth ar fy ngwegil.

Ni raid i'r cynulliad fod yn un niferus. Mae yntau'n ymweld â'r 'lle y bo dau neu dri . . . ' Cofiaf fod yn cerdded ar hyd y Prom yn Aberystwyth un tro yng nghwmni tri chyfaill. Pan gyrhaeddwyd pen gogleddol y rhodfa honno rhoes y tri, yn eu tro, gic fach i'r rheiliau a oedd rhyngom a'r môr. Pan sylweddolwyd nad oeddwn innau wedi cydymffurfio, a bod golwg syn ar fy wyneb, eglurwyd imi ei bod yn arferiad gan bawb i roi 'cic i'r bar' ac mai doeth fyddai i minnau wneud yr un fath rhag cael fy hun yn un o anffodusion cymdeithas. Oedais ac yna ufuddhau. Ond nid cynt nag y cyffyrddodd blaen fy nhroed â'r bar nag yr ymddangosodd y cyfaill du. Gwelwn ei het-galed ddu yn codi o'r môr ryw deirllath o'r lan. Gwelwn y corun i gychwyn, yna'r cantel ac yna'n raddol ymddangosodd y cyfaill ei hun fel rhyw lambedyddiol; ac er iddo godi o'r môr, 'doedd dim gwlybaniaeth ar ei gyfyl!

Ni hoffwn, fodd bynnag, roi'r argraff mai cymeriad sych, cul a dihiwmor ydyw. Ymddengys hyd yn oed mewn partïon yfed hefyd ar ei dro – mewn rhai o leiaf.

Cofiaf gael gwahoddiad am 'couple of drinks' cyn cinio Sul un tro. Adwaenwn y teulu cyn hynny a chymerwn yn ganiataol mai ymuno â hwy yn unig y buaswn. Nid cynt, fodd bynnag, nag y cymerais fy llwncdestun cyntaf na chlywais sŵn cerbyd – yn wir, cerbydau – a llithrodd hanner dwsin o geir moethus at ddrws y tŷ, a phob un yn cludo dau os nad tri llymeitiwr awchus. Chwarter awr arall ac roeddwn innau'n blasu fy ail wisgi o wydryn tindrwm gan bigo ambell sleisen o'r tatws crin oedd ar fwrdd y gegin. Llithrais – 'gyda'r lluoedd' megis – yn ddiarwybod wedyn i lolfa braf. Sylwais fod yno gryn ddwsin o gadeiriau; rhai'n foethus gyfforddus yr olwg, ac eraill – y caledion – tros-dro, rhai nad oedd yr un o'r cwmni'n osio at eistedd arnynt. Sgwrsio'n grwpiau bychain o ddeuoedd a thrioedd a wnâi pawb, a minnau wedi'm dal ac yn ceisio profi gogoniannau'r iaith Gymraeg i glamp o Sais.Teimlwn i, fodd bynnag, yn dalog am eistedd ond gan nad oedd hynny, yn ôl a welwn i, 'y peth i'w wneud' llwyddais fodfedd wrth fodfedd i ddenu'r cyfaill i gyfeiriad dodrefnyn y gallaswn roi fy mhwys arno. Roedd siawns bellach i gael llercian ychydig ac ymlacio beth. Y funud honno, fodd bynnag, ymddangosodd y cyfaill du, ac er ei fod mewn tŷ dieithr nid oedd wedi diosg ei het. Ymlaciodd yn braf yn y gadair foethusaf o'r cwbl a'i wydryn wisgi'n llawn hyd yr ymylon.

Fel yr awgrymais ar y cychwyn, pan fyddaf ymysg pobl yr ymddengys; nis gwelais erioed ar fy mhen fy hun. Ysgwn i a fydd ymhlith yr ychydig a fydd o gwmpas ar ddydd fy angladd? Sylweddolaf, wrth gwrs, na fydd yn weledig i mi y diwrnod hwnnw. Siawns na fydd yno er hynny, ac yn weledig hefyd i'r sawl sydd o'r un gynneddf â minnau ac yn ddigon craff i'w weld. Bydd yn sicr o sbecian heibio i'r gist garreg sydd wrth borth y fynwent a'i wên lydan yn ddigon amlwg. A pha ryfedd? 'Does dim a rydd fwy o foddhad iddo ef na dagrau – yn enwedig rhai cogio bach.

'Sgafndra

'Fuoch chi'n eistedd wrth fwrdd neu ddesg rywdro, efo clamp o bensel liwgar yn eich llaw, a thudalen lân o bapur o'ch blaen, ond heb y briwsyn lleiaf o ddeunydd i'w roi ar y papur?

Rydw i felly rŵan hyn. Yn wir, rydw i ar y dŷd o sgwennu'r Wyddor, a gadael i'r beirniad greu gwyrth o'r stribed llythrennau.

Mi wn i ei bod hi'n sefyllfa go ddrwg i un sy'n osio bod yn gystadleuydd yn y 'Steddfod Genedlaethol. Mi ddylwn i fod yn ddigon o gonsurwr geiriau cyn mentro i'r Cysegr Sancteiddiolaf megis.

Peidiwch â rhuthro i'm beio 'chwaith. Wedi sychu rydw i. Wedi fy nihysbyddu fy hun. Rydw i newydd sgwennu dwy ysgrif. Dwy ysgrif ysgafn a deud y gwir. 'Ro'n i'n meddwl fod dwy felly yn ffwl digon. Feddylis i 'rioed y basa neb fyth yn gofyn am dair ysgafn!

Nid peth 'da chi'n ei gario efo chi mewn cwd papur fel clap o fferins ydi 'sgafndra ond peth yn dŵad heibio i chi'n sydyn. Eich trawo chi mae o: dŵad yn annisgwyl fel iâr fach yr ha, chwedl cyfaill o fardd wrth ddisgrifio fel y dôi englyn cyfan yn ei grynswth iddo fo mewn caban lori. Felly bydd o'n fy nhrawo i beth bynnag.

Anaml y daw o heibio i mi pan fyddaf ar fy mhen fy hun. Pan fydda' i ymysg pobol y daw o. Yn wir, hwyrach mai yn fanno mae o ond bod o isio'i garreg ateb.

'Fedr o ddim byw ei hun rydw i bron yn siŵr. Nid hen lanc mohono fo. 'Dydi o mo'r hen lanc swil, beth bynnag. Mae o'n ddigon chwareus. Fasa waeth ganddo fo gydio mewn pen-glin na pheidio, ond âi o fawr pellach.

Mi ddaeth heibio i ŵr o Feddgelert un tro fel roedd o'n symud ei ddefaid o ffarm i ffarm. Bore heulog o Wanwyn oedd hi, ac fel yr âi William Ifans heibio i fwthyn ar ochr y ffordd mi sylwodd fod gwraig y tŷ ar ganol 'sbrin-clinio'.

'Oes gynno chi ddim tipyn o ddŵr yma, deudwch?' meddai'r ffarmwr.

'Oes 'nen' tad,' oedd yr ateb. 'Mi â i i nôl peth rŵan.'

'O'r gora,' meddai ynta 'mi alwa i yn y munud.'

Ac mi aeth â'r defaid ymlaen i'r cae. Fel roedd o'n nesu at y tŷ ar ei ffordd yn ôl mi welai'r wraig yn dod i'w gyfarfod efo gwydryn o ddŵr yn ei llaw.

'Dyma chi, William Ifans,' meddai hi. 'Mi dyr hwn ych sychad chi.'

'Gneith debyg,' meddai ynta. 'Ond 'does gen i mo'i angan o. Rhyw feddwl 'ro'n i y basa chi'n 'molchi efo fo!'

Mewn Ffair yng Nghricieth dro arall mi ofynnodd rhyw ddynes i William Ifans sut roedd y wraig ganddo fo.

'Wedi 'i chladdu ers deufis, Jane bach,' meddai yntau yn wyneb drist.

Y cam nesaf, wrth gwrs, oedd i'r ddynes gydio yn ei law, a chydymdeimlo efo fo yn ei brofedigaeth, ac ymddiheuro yn fawr am ailagor briw a chreu loes iddo.

Wedi'r gwahanu ac i'r ddynes ddweud y stori wrth un arall o'i chydnabod, meddai hwnnw:

'Peidiwch â gwrando ar y diawl, mi welis i 'i wraig o ddoe ac roedd golwg digon iach arni hi.'

Go brin fod William Ifans wedi meddwl ymlaen llaw a chynllunio yn fanwl. Na, wir, dod heibio iddo, a chael ei drawo ar y funud wnaeth o.

Yn un hwrdd sydyn fel'na y daw o heibio i mi, beth bynnag, ond anaml iawn y bydd hynny. Un o'r troeon y daeth o heibio oedd pan welais i gar efo'r llythrennau cofrestru C.D.M. (y llythrennau sy'n dynodi'r siocled *Cadbury's Dairy Milk*, fel y cofiwch). Cael fy nhemtio 'ro'n i, i fynd at y gyrrwr a'i longyfarch am gael ei anrhydeddu efo'r drindod lythrennau (yn null yr hysbyseb deledu). 'Ro'n i'n cael fy hysio, ond ildiais i ddim. Mi fasa raid i mi fod wedi cael rhywun efo mi fasa'n ymateb i'r peth. Rhyw rith-gynulleidfa fasa chi'n galw'r peth am wn i.

Pan ewch chi ati hi i drïo *sgwennu* ar nodyn ysgafn, y rhith-gynulleidfa wedyn ydi'r gynulleidfa, a phwy sy'n 'nabod hwnnw? Mi eill hwnnw (boed o'r creadur mwyaf dymunol tan haul) fod yn un sych-tu-hwnt. Mi eill fynd i grïo o bosib os nad ydi o'n digwydd bod o'r un anian â'r sgwennwr.

Dyma hi'n fater o gystadlu y tro hwn! Duw a'm helpo! Mae'r cyfyngdra wedi mynd yn 'efynna' erbyn hyn, ac mae'r ystrydeb 'dibynnu ar dast y beirniad' yn fwy na gwireb.

Go brin y galla' i ddisgwyl i Gerddor o feirniad deimlo unrhyw 'sgafndra pe soniwn i am stôl organydd yn mynd yn deilchion ar ganol yr *Hallelujah Chorus*. Prinnach fyth ydi fy siawns i i obeithio gweld gwên ar wyneb Pregethwr o feirniad 'taswn i'n sôn am ochr bedd yn llithro cyn i'r Gweinidog gael ei bechadur mwyaf i'r twll du.

'Does dim amdani felly ond cymryd siawns. Fel y gŵr o Lŷn aeth i siop i ofyn am baced dwy geiniog o Wdbein, ond o ddallt nad oedd yno ond pacedi grôt, dyrchu i'w boced a dweud wrth ddynes y siop,

'Wel 'do's 'na ddim amdani felly ond siansio hwnnw.'

Ffenestr y car

Yn un o lyfrau Syr Thomas Parry-Williams ceir 'adran' megis i 'Adar a Blodau' ond un gerdd i'r naill a'r llall sydd yno wedi'r cwbl.

Pe buaswn innau ryw dro yn llwyddo i gasglu digon o ddeunydd at gyhoeddi llyfr (a dod o hyd i gyhoeddwr!) mi fynnwn roi un bennod i Adar. Hoffwn, er hynny, eich rhybuddio ar y cychwyn mai prin fydd y nodau canmoliaethus yn y bennod honno. Nid am fy mod yn wrth-adaryddol fy natur 'chwaith ond am mai profiadau annymunol a saif amlycaf yn fy mhrofiad gydag adar (neu i ddiogelu fy nhermau y tro hwn, gyda'r pluog).

Pnawn o wanwyn ydoedd, a minnau'n teithio yn y car i gyfeiriad Y Bala o'r Traws. Roeddwn wedi dringo'r allt ac yn cychwyn ar y goriwaered i olwg Llyn Celyn pan ddaeth clamp o gerbyd coch llachar i'm cyfarfod. Teithiai mor gyflym nes sgrialu'r mân gerrig oedd ar wyneb y ffordd i bob cyfeiriad ac ar yr eiliad dyngedfennol aeth fy ngherbyd innau i lwybr un o'r tsipins hedegog. Tarawodd honno ffenestr flaen y car gan gracio'r gwydr a dyna hi'n stop.

Amharwyd ar y teithio am ychydig a chyn hir llwyddais i gael un o'r ffenestri dros dro o garets yn Nhrawsfynydd, gan dalu seithbunt dda amdani.

Trannoeth euthum am wydr newydd, pwrpasol, a thalu seithbunt arall yn ogystal â seithbunt am ei osod ac yna gadael y car yn ei le arferol wrth dalcen y tŷ dros y nos.

Cyn mynd i'm gwely cymerais gip frysiog arno drwy ffenestr yr ystafell ymolchi. Braidd na ddotiwn at y graen a'r sglein anarferol oedd i'r gwydr newydd a chan fod ffenestr flaen y car ar ogwydd adlewyrchai clamp o leuad serchog yn ôl arnaf drwy ffenestr yr ystafell.

Tuedd i fynychu'r ystafell ymolchi sydd mewn dyn ar ei godiad hefyd a chefais fy hunan fore trannoeth eto yn awyddus i edmygu'r gwydr newydd. Er fy mawr syndod diflanasai'r sglein a'i nodweddai y noson cynt ac yn ei le gannoedd ar gannoedd o graciau mân, yn union fel yn y gwydr wrth Lyn Celyn, ond hyd hynny heb ddatgymalu. Methwn â dirnad beth allasai fod wedi digwydd rhwng cynfas a gwawr megis; ac yn ddiweddarach bu raid derbyn barn (neu o leiaf ei hystyried) gŵr y garets y gallasai'r gwydr newydd, hyd yn oed, fod wedi 'cael carreg' ar y daith adref y noson cynt, gan y geill, ar brydiau, gymryd cymaint â deng awr i wydr gracio ar ôl cael carreg. Bu prynu a gosod gwydr unwaith yn rhagor a bonion y llyfr siec bellach yn britho gan y ffigwr saith.

Rhaid cyfaddef mai mynych edmygu'r gwydr oedd fy hanes unwaith yn rhagor. Sylwn, o edrych o gyfeiriad arbennig yn ystod y dydd, fod gwawr amryliw iddo a bod hefyd batrymau igam-ogam (na welir mohonynt o edrych yn syth trwyddo) yn rhedeg o'r naill ben i'r llall, fe pe buasai hwnnw yng ngwead y gwydr (neu yn ei ymdoddiad hwyrach yn y cyswllt hwn). Effaith y gwres wrth dymheru oedd y lliwiau yn ddiamau a rhyw broses ffatriyddol oedd i gyfrif am y patrymau.

Treuliais chwe diwrnod wedyn yn teithio yma ac acw yn y car gan edmygu'n gegagored ambell olygfa ramantus nas gwelswn cyn gliried erioed o'r blaen. Sylwn ar betheuach fel both hen olwyn trol wrth lidiart ffarm; dotiwn at ambell gilbost adwy a gwal gerrig o waith rhyw grefftwr gwlad na wyddai beth oedd sment a mortar (neu na fynnai eu defnyddio). Yn wir, roedd i dai'r gymdogaeth ryw raen nas gwelswn cyn hyn; chwe diwrnod o 'agoriad llygaid' megis. Y seithfed dydd (ac nid y Sabath y tro hwn) ar fy ymweliad boreol â'r ystafell ymolchi edrychais yn ffyddiog eto ar ffenestr flaen y car ond, coeliwch neu beidio, roedd y gwydr am y trydydd tro wedi ei batrymu â mil o ryw graciau mân.

Os cefais sioc a dychryn y troeon cynt, cefais ysgytiad y tro hwn. Dechreuais (yn hollol ddi-sail) lunio cymhellion a allasai yrru rhywun neu rywrai i beri'r fath anfadwaith gan impio ambell sbrigyn o gymhelliad ar gymeriad cadarn a dilychwin aml gymydog a chyfaill ond, o drugaredd, gwywo'n lliprynnaidd fu hanes pob cynnig. Methiant hefyd fu ,pob ymgais i roi'r bai ar ysgwyddau unrhyw labwst o hogyn gwaeth na'i gilydd yn y gymdogaeth a phe buasai gweithred o'r fath yn un o ffefrynnau plantos tinceriaid methwn ag olrhain unrhyw ymweliad diweddar â'r ardal. Roedd gwarthegyn corniog hefyd yn amhosib gan fod gwifren gref yn amgylchynu'r libart o ben i ben. Rhaid felly mai rhywbeth a allasai ymgodi dros y ffens oedd yn achosi'r fandaliaeth ond hyd hynny nid oedd (yn fy mhrofiad i o leiaf) ond aderyn neu ystlúm a allasai gyflawni camp adeiniog felly ac mewn rhyw adaryddol gwis breuddwydiol felly yr ymlwybrais am y trydydd gwydr.

Cyn noswylio y noson honno ymateliais rhag yr edmygu arferol. Yn chwap ddiseremoni, gorchuddiais y gwydr â phlanced wlân drwchus a gadael y car i'w gwsg dichwyrnu wrth dalcen y tŷ. Caeais lenni'r ystafell ymolchi heb edrych unwaith hyd yn oed trwy'r ffenestr ac yna wedi ymgeleddu brysiog, ymlithrais yn llipryn gweddigar rhwng llieiniau'r gwely.

Fore trannoeth euthum yn sigledig i'r ystafell ymolchi. Yn betrus codais gwr y llenni. Yr oedd y blanced yno, yn union fel y gadewais hi y noson cynt ac yn llwyr orchuddio'r ffenestr flaen. Ond yno hefyd yr oedd codwr cynharach na mi. Yno, ar fonat y car, ei ddwygoes ynghyd fel Person Plwyf yn pensynnu ar ddiflaniad ei allor (neu ei gynulleidfa yn yr achos hwn) roedd clamp o frân dyddyn!

Daeth fflach o weledigaeth i minnau. Tymor y gwanwyn ydoedd, fel y nodais ar y cychwyn, a chollasai'r ceiliog brân ei gymar (tros dro nes deor o'r wyau) ac i lenwi'r bwlch (ond heb yn wybod iddo'i hun) syrthiasai'r ceiliog mewn cariad ag ef ei hun yn y gwydr. Gwelai o leia (i'w dyb ef) frân arall ac oherwydd ei natur chwareus neu ei ddiawledigrwydd ceisiai garu neu ymosod ar y frân dybiedig yn y car.

Profais hyn yn ddiweddarach y bore hwnnw pan welais ef yn mynd trwy'r un migmans ymosodol wrth ffenestr tŷ haf gerllaw ond roedd natur y gwydr yno yn wahanol ac er ergydio cyson ar wydr felly ni cheid ond atsain clec fetalaidd nas clywid fwy na chanllath o'r lle.

Trystfawr fu'r ergyd arall atseiniodd trwy'r ardal yn ddiweddarach y diwrnod hwnnw. Ni allaswn yn wahanol; ni ddeil yr un Cwmni Yswiriant i dalu am adnewyddu ffenestri ceir hyd y saith ugain seithwaith.

Annwyl Hen Lanciau,

Sut hwyl gawsoch chi ar eich crempogau? Tipyn o ras y funud olaf fu hi arnaf i. I ddweud y gwir, 'doeddwn i ddim yn cofio ei bod hi'n Ynyd nes clywais i'r bore hwnnw.

Fel y dywedais i, ras y funud olaf i'r Siop rownd y gongl fu hi a phrynu pwys o flawd codi, hanner dwsin o wyau, a hanner peint o laeth enwyn. Llaeth enwyn fyddai mam yn ei ddefnyddio at y grempog, 'r un fath â Nain o'i blaen hi.

Wedi dod o hyd i ddysgl mi wagiais ryw fras hanner pwys o'r blawd i honno a'i gymysgu fo wedyn efo chwe llond llwy fwrdd o siwgr gwyn – sylwch ar y *llond*, hogiau. Peidiwch â rhoi'r *chwe llwy* fel y bydd yr hogan yn dweud ar y radio yn *Helô Bobol!*

Cymryd jwg-peint gwag wedyn a churo dau ŵy ynddo, efo pinsiad o halen, a'i dywallt o am ben y blawd a'r siwgr. 'Waeth i mi gyfaddef, methais hi yn y fan honno; mi aeth y gymysgfa yn un clap fel pwti! Ond mi dywalltais y llaeth enwyn am ei ben yn ddi-oed ac mi 'stwythodd 'i gymala fo'n reiol' chwedl Capelulo. Yn wir, mi fu'n rhaid i mi ogrwn rhagor o'r peilliad am ei ben i'w dewychu ac erbyn i mi dywallt rhyw friwsyn o fenyn wedi ei doddi i hwnnw wedyn roedd gen i'r gymysgfa o liw hufen neisiaf a welsoch chi erioed.

Gan nad oes yma radell ar y stôf, nac un henffasiwn 'chwaith, 'doedd un dim amdani ond defnyddio'r badell ffrïo. Ond roedd un anghaffael. Mae yna ryw wrym annaturiol ynghanol tin y badell a phan fentrais innau ollwng llwyaid o'r gymysgfa mi redodd hwnnw i gyd i'r ochr nes ffurfio yn un rhimyn main ar hanner tro, nid annhebyg i fanana. Yn wir, pan fentrais roi rhagor o'r gymysgfa ar gyfer y grempog nesaf mi redodd reit rownd y badell ac mi gefais grempog gron fel y dylasai crempog fod ond mai crempog gron a thwll yn ei chanol oedd hon. Gellwch ddychmygu'r drafferth a gefais i'w throi drosodd!

Na hidiwch, mi ges i grempog ac os oedden' nhw braidd yn

wydn mi ddaeth yr un gron yn ddefnyddiol i chwarae 'rings'.

Hen Lanc y Flwyddyn
Papur Bro *Y Ffynnon*

Ysgrifennwyd yr ysgrif ganlynol ar gyfer cystadleuaeth yn Eisteddfod y Groeslon yn 1995 a hynny ar y bore yr oedd y cyfansoddiadau i fod i law.

Llwybrau

Mae llawer o gapeli erbyn hyn wedi cael eu troi'n fflatiau ac aml i ddarlundy neu'r 'pictiwrs' fel y'u gelwid gynt, wedi ei droi'n fodurdy neu archfarchnad; y naill am fod hunanddigonolrwydd dyn a'r Wladwriaeth Les yn gynhaliaeth hawdd eu cael mewn cyfyngder a'r llall am fod y set deledu yn un â phob diddanwch ynddi.

Dyna hefyd hanes y drol a'r ferfa. Cewch y naill wedi ei gosod yn weddw ddi-geffyl ar bwys ei brân i ddynodi naws wledig a chartrefol 'hen fyd' y Cymraeg Byw bondigrybwyll a'r ferfa hithau â'i hanhreuliedig gylch wedi sawl siwrnai rhwng llaesod a thomen fel rhyw Ddeinti Deina flodeuog o dan ffenestr y parlwr.

Gellid gosod llwybrau hefyd yn yr un gorlan gan mai eu 'cerdded er mwyn cerdded' a wneir heddiw, eu cerdded er mwyn ein hiechyd megis, pryd ar un adeg yr oedd i bob un ei nod a'i amcan. Aeth moddion arbed amser yn foddion treulio amser.

O fod wedi treulio fy mhum-mlwydd cyntaf ar ffarm weddol ddiarffordd erys y cof am y llwybrau a arweiniai ohoni yn glir iawn o hyd. Llwybr aeth â mi i hel calennig am y tro cyntaf i Isallt Ganol ac Isallt Bach, llwybrau byrion, mae'n wir, ond roedd elfen o fentro yn y llwybreiddio cynnar hwnnw, os mentro hefyd, gan mai dilyn yn ôl troed rhywun arall a wnawn ac a wneir bob amser ar lwybr a phob llwybr ynddo'i hun yn brawf o sicrwydd a diogelwch. Yr aml a chyson droedio sydd yn creu llwybr, fel yr aml gnoc a dyrr y garreg.

Dilyn y llwybr a wnaethom fel teulu hefyd ar yr unig dro y bûm i yn y capel oddi yno. Cychwyn heibio i dalcen uchaf y tŷ, heibio i'r llyn corddi, canlyn y wal gerrig oedd ar y chwith i ni, cyn iddo droi'n glip sydyn a mynd â ni dros y gefnen i olwg y capel. Y cip cyntaf ar y capel oddi ar y llethr hwnnw yw'r unig argraff glir a erys erbyn hyn; dim cof am gynulleidfa na chanu na hyd yn oed bregethwr!

Dilyn llwybr roeddwn i'n fuan wedyn hefyd ond mewn ardal arall. Roeddem 'ar lawr gwlad' fel y dywedir, erbyn hyn. Rhedai'n goch ac igam-ogam ar hyd pen-clawdd rhwng y weirglodd a chae talcen-tŷ Brynbeddau, a ninnau, deulu o bump, yn anelu am gapel unwaith yn rhagor. Fy nhad oedd yn arwain, yna fy mam a ninnau, dri o fechgyn, yn dilyn yn un gynffon fel defaid. Felly'n union y gallasai ac y gall teulu droedio llwybr. Nid lle i'r llu mohono. Nid lle i gerdded ochr yn ochr neu law yn llaw mohono chwaith. Tiriogaeth yr unigolyn ydyw a chred ym mhosibilrwydd neu ragoriaeth y cyfeiriad hwnnw a barodd i rywun rywdro ei droedio am y tro cyntaf; rhyw ddoethineb betrus yn ei esgyrn yn peri iddo gredu y gallasai'r cyfeiriad hwnnw dalu iddo ar ei ganfed yn y pendraw. Y llwybreiddio hwn, mae'n ddiamau, a wynebodd yr Hen Bant gynt pan droediai ymyl rhyw ddibyn anaele ar un o'i deithiau a pheri iddo ganu:

> Cul yw'r llwybr imi gerdded,
>   Is fy llaw mae dyfnder mawr,
> Ac rwy'n ofni yn fy nghalon
>   Rhag i'm troed fyth lithro i lawr.
> Yn Dy law y gallaf sefyll;
>   Yn Dy law y dof i'r lan;
> Yn Dy law byth ni ddiffygiaf,
>   Er nad ydwyf fi ond gwan.

Roedd dibyn hefyd, un bychan, mae'n wir, ar bob tu i minnau y bore Sul hwnnw yn y fro newydd; dibyn digon serth yn y mannau culion i godi'r bendro ar blentyn dibrofiad ond nid rhy ddibrofiad i synhwyro ffoliineb ein cerdded ar hyd pen y clawdd, pryd y ceid talar sech y cae ar y naill law a glesni meddal gweirglodd ar y llall.

Mae'n ddiamau i deimladau tebyg gyniwair trwy feddwl fy nhad hefyd ond gwyddai o'r gorau mai rhyw herfeiddioldeb cydnabyddedig oedd dilyn llwybr; yn gyflawn ymwybodol mai troedio tir cymydog yr oedd ac mai caniatâd a rhyddid yn unig ydoedd. Rhyddid, nid penrhyddid mohono, ac er mai 'pobol ddŵad' oeddem roedd y gamfa i esgyn i ben y clawdd a chochni'r llwybr yn brawf digonol i fy nhad fod eraill wedi ei droedio o'n blaen. Hawl anysgrifenedig ydoedd.

Y gred ansylweddol honno yw carn fy ffydd innau hyd heddiw wrth ddilyn llwybr. Erys rhyw fygythiad dychmygus i hofran o'm cwmpas ac uwch fy mhen yn union fel cysgod cipar i botsiar a chysgod cyfraith i'r llaw flewog. Rhaid clicedu pob llidiart a gochel mathru egin y cae ŷd, er na raid pryderu yn ormodol am ryw fanion fel hyn bellach gan fod pob esgid yn graddol newid ei throed a thresbaswr yn dod yn drech na thenant.

Cyfyngu ar benrhyddid llanciau a llancesi a nodi addasrwydd y 'llwybr cul' hwnnw oedd sail y bygythiadau a glywsom o bulpud a sêt fawr a bu ceisio ufuddhau i'r genadwri yn dreth drom ar lawer un, a chystal cyfaddef bellach, fel Williams gynt, mai 'Yn Dy law y gallaf sefyll' fu fy hanes innau.

Mai 1995

Colli Ryan

(Pan ofynnwyd i mi ddweud gair ar y radio
am ei farw yn America yn 1977)

Rydw i wedi clywed sawl newydd drwg dros y blynyddoedd ond mae'r newydd yma am Ryan Davies yr un mwyaf syfrdanol ges i erioed.

Yn wir 'doeddwn i ddim wedi sylweddoli tan y bora 'ma fod y berthynas rhyngom ni cyn glosied.

Cyfarfod â'n gilydd o dro i dro y byddem ni a hynny am dros wyth mlynedd. Mi ofynnodd llawer iawn i mi dros y blynyddoedd sut byddem ni'n cyd-dynnu wrth weithio. Fy unig ateb i fyddai ardderchog ac felly y bu hi bob amser.

Mi ddeudis i wrtho fo cyn hyn: y fo o bawb oedd y parotaf o'r holl actorion rydw i wedi 'u cyfarfod i fynd o'r naill du i 'stafell ymarfer i fynd dros y rhan fyddai gennym ni'n dau i'w wneud. A chofiwn hyn: Ryan o bawb oedd â lleiaf o angen hynny.

Mae Cymru wedi colli'r bersonoliaeth fwyaf amryddawn y daethpwyd o hyd iddi hyd yn hyn. Meddyliwch mewn difrif; mae Cerddor, Telynor, Pianydd, Canwr, Actiwr a Diddanwr wedi diflannu ar amrantiad. Mae'n anodd credu fod un mor fywiog yn llonydd a'r tafod ffraeth yn fud.

Mae 'na englyn wedi gwibio i'm meddwl:

Ansicrwydd Bywyd*

Gall gŵr fod neithiwr yn iach, – y bore
    Heb arwydd amgenach,
  Yfory'n annifyrrach,
  Drennydd ar obennydd bach.

*Anhysbys

Gweld y byd â phedwar llygad

O wanwyn i ganol haf, pan fydd y miloedd o Loegr a'r cannoedd o gyrion pella'r ddaear yn deithwyr talog trwy Eifionydd, ychydig ohonynt fydd yn sylweddoli fod un o deithwyr selocaf ac amlycaf y byd yn mynd a dod yn eu plith neu'n ymlacio ar lan afon Dwyfor.

Bron i ddeugain mlynedd wedi i'r byd graffu mewn edmygedd a thristwch ar y ffilm o gladdu David Lloyd George ar lan yr afon honno, heddiw mae Jan Morris, sy'n byw hanner milltir i fyny'r afon, yn cofnodi ei hargraffiadau a'i hymateb hi i'w theithiau o Lanystumdwy i Los Angeles a'i hymweliadau cyson â dinasoedd pellennig eraill.

Saif Jan Morris yn rheng flaenaf awduron llyfrau teithio mwyaf dawnus a chynhyrchiol y byd cyhoeddi Saesneg. Mae'n awdur ar draws ugain o lyfrau, y rhan fwyaf ohonynt yn ymwneud â theithio, ond yn eu plith hefyd ceir tair cyfrol swmpus ar hanes yr Ymerodraeth Fictorianaidd, *Pax Britannica*, gwaith a gymerodd ddeng mlynedd i'w gwblhau. Y tair cyfrol hyn a chyfrol arall ar Fenis a gyhoeddwyd yn 1960 yw ei hoff waith.

Mae'r cyfenw Morris yn awgrymu ei bod o dras Cymreig ac er mai yng Ngwlad yr Haf y cafodd ei magu ac mai yn ddiweddar y dysgodd Gymraeg bu'n ymwybodol iawn o'i thras erioed. Deuai ei thad o Went ac roedd y teulu yno yn siarad Cymraeg hyd nes y troisant o fod yn Anghydffurfwyr a mynd i'r Eglwys. Y diweddar J.E. Jones, cyn-drefnydd Plaid Cymru, a'i sbardunodd i sugno o faeth ei Chymreictod gan ei sicrhau y byddai hyn yn cryfhau ac yn datblygu agweddau ar ei phersonoliaeth. Erbyn heddiw gall Jan Morris dystio i'w broffwydoliaeth gael ei chyflawni yn wir.

Er mai yn y *Cathedral Choir School* yn Rhydychen y cychwynnodd ar ei gyrfa, troi at ysgrifennu a wnaeth Jan Morris: bu'n olygydd ar gylchgrawn yr ysgol ac ar gylchgrawn y myfyrwyr ym Mhrifysgol Rhydychen yn ddiweddarach.

Mae nodi iddi fod yn aelod o'r côr yn Rhydychen (roedd yn un o un ar bymtheg o blant yng nghôr yr Eglwys gan fynychu'r ysgol yn y bore ac ennill ysgoloriaeth gerddorol), yn allweddol i nodwedd arbennig arall yng nghymeriad Jan Morris.

James Morris oedd enw'r plentyn bach o Wlad yr Haf pan ymunodd â'r côr hwnnw ac fel James Morris hefyd yr ymunodd hwnnw yn hogyn ifanc â'r fyddin adeg y rhyfel. Pan anfonodd y *Times* yr unig ohebydd swyddogol i gofnodi'r ymgais i goncro Everest yn 1953, James Morris a yrrwyd ganddynt. Fel hyn y disgrifiodd y profiad gwefreiddiol hwnnw:

Pe bai ond am y gorfoledd yn unig, roedd y diwrnod olaf ar Everest yn un o ddyddiau mawr fy mywyd.

Roedd y copa eisoes wedi ei gyrraedd ac anelais innau am Katmandu gan adael y gweddill o'r dringwyr i gasglu a phacio eu celfi ar y llechweddau. Llwyddaswn i anfon y newydd mewn dull côd drwy radio Byddin Indiaidd . . . a hynny heb i neb sylweddoli ei chynnwys ond ni allwn fod yn sicr ei fod wedi cyrraedd Llundain yn ddiogel. Prysurwn felly am Katmandu a'r adroddiad gorffenedig olaf am y goncwest yn fy meddiant.

Teimlad gogoneddus oedd llithro, yng nghwmni'r ddau Sherpa, dros y rhew llathr i gyfeiriad y tir glas islaw. Gorfoleddwn yn llwyddiant fy nghyfeillion ar y brig. Ymhyfrydwn yn ias y gwybod ac roedd tyndra'r gewynnau yn ysgogi rhyw hunan-dyb beiddgar ynof; ni allwn lai nag ymhyfrydu yn y modd dirgel – oedd yn ymylu ar fod yn anonestrwydd – y gobeithiwn dwyllo'r newyddiadurwyr eraill a chael sgwp fyd-eang . . . Canwn a chwarddwn bob cam i'r gwaelod a'r bore trannoeth wrth wrando ar y radio ni allwn lai na theimlo ei bod yn rhagluniaethol bron i'r newydd gyrraedd Llundain fore coroni'r Frenhines Elizabeth . . .

Er hynny cred Jan Morris mai camgymeriad ar ran y *Times* oedd iddynt gynnwys y newydd mewn argraffiad cynnar gan i hynny alluogi'r papurau eraill hefyd i gynnwys stori eithriadol o syfrdanol ar ddiwrnod mor unigryw i Brydain.

Bu'n ohebydd i'r *Times* am bum mlynedd ac wedyn i'r *Guardian*. ''Doeddwn i ddim yn ohebydd da iawn,' meddai Jan Morris, 'ond fe ganfyddais i'n fuan iawn os llwyddwn i ysgrifennu o amgylch y pwnc dan sylw fod pobl yn ei fwynhau ac fe gedwais i fwy na heb at y dull hwnnw.'

Bu ar un adeg yn cynrychioli'r *Guardian* yng Ngwlad yr Iâ a chafodd y profiad un tro o deimlo nad oedd yno un dim o bwys i'w anfon i'r papur. A dyma ysgrifennu ar y thema honno. Gwefr yn wir fu canfod fore trannoeth mai un o'r prif benawdau ar dudalen flaen y papur oedd *'No News from Iceland'* by James Morris.

Ond i droi at ei bywyd personol . . . Profodd Jan Morris fywyd fel priod a thad am yn agos i ddeugain mlynedd: blynyddoedd anniddig er hynny. Ers y cyfnod y bu'n aelod o'r côr yn Eglwys Gadeiriol Rhydychen pan gydadroddai'r Weddi Apostolaidd byddai'n ychwanegu un deisyfiad bach personol yng nghwtyn y weddi fel hyn: 'ac os gweli di'n dda O Dduw caniatâ i mi gael bod yn ferch.'

Bryd hynny nid oedd ganddi'r ddirnadaeth leiaf am na dull na modd y gallai gyrraedd y nod hwnnw. Mae'n sicr mai rhyw fath o reddf a ysgogai'r deisyfiad gan mai prin ac annigonol iawn oedd ei gwybodaeth am y grym a'r ystyr oedd i wahaniaethau rhywiol.

Ond dros y blynyddoedd fe'i hargyhoeddwyd ei bod wedi ei geni gyda'r corff anghywir: er yn wryw o ran rhyw roedd ganddi deimladau benywaidd hollol o ran ei rhywioldeb.

Er yr anniddigrwydd hwn yn ei phersonoliaeth bu'n briod ac yn dad i bump o blant a phan deimlodd fod y plant wedi cael cychwyn diogel i'w magwraeth penderfynodd yn derfynol y byddai'n dilyn awgrym meddyg ac yn addasu ei chorff i gydweddu â'r teimladau benywaidd llethol oedd yn rhan annatod o'i phersonoliaeth. Roedd yn dawel iawn ei meddwl wrth anelu at hyn ac ni theimlai ar unrhyw gyfrif ei bod yn gwyrdroi unrhyw ffaith nac anianawd. Teimlai ei bod o'r diwedd yn diosg y clogyn ffuantus a wisgasai gyhyd: bod yn ddyn o ran corff, gwisg ac ymarweddiad yn unig.

Fel gyda phriodas, nid penderfyniad i ruthro iddo'n ddifeddwl oedd bwriad fel hwn. Er hynny, tystia Jan Morris mai peth hollol naturiol iddi hi oedd ymgymryd â'r cyfnewidiad a chroesawodd y cyfle gyda balchder, yn union fel teithiwr yn ailddarganfod y cyfeiriad cywir. Bu wedyn am wyth mlynedd dan ofal meddyg er mwyn addasu ei chorff i fod yn fenywaidd a rhwng 1964 a 1972 llyncodd 12,000 o dabledi a sugnodd tua 50,000 miligram o hormonau benywaidd i'w chorff.

Bu'r graddoli hwn yn hyfrydwch pur iddi a theimlai'n llonnach wrth iddi ddatblygu'n fwy benywaidd: ond sylweddolai fod y cyfnewidiad yn ei chorff yn gwneud ei ffrindiau'n chwilfrydig ac yn peri annifyrrwch iddynt ar adegau. Er hynny, buont yn ddoeth a charedig yn eu hymateb rhag peri loes i Elizabeth ei wraig, a'r plant.

Yn ei llyfr *Conundrum*, cyfrol hunangofiannol a gyhoeddwyd gan Faber a Faber, sonia Jan Morris am broblemau a difyrrwch y cyfnod hwn pan fethai'r cyhoedd yn aml benderfynu pa un ai dyn ai dynes oedd y person deniadol hwn a ymddangosai ar drên ac awyren, ar faes glanio neu ar blatfform gorsaf; weithiau yng Nghymru, dro arall yn Rhydychen a hefyd yn rhai o brifddinasoedd y byd.

Cymerodd y cam terfynol un o dderbyn llawdriniaeth yn 1972 ac ym mis Gorffennaf y flwyddyn honno cafodd y cip olaf ar Drefan, ei gartref yn Llanystumdwy, â llygad gŵr. Pan ddychwelodd o Casablanca yr haf hwnnw, a byth er hynny, fel benyw y gwêl ac yr ymetyb Jan Morris i'w theithiau ar hyd a lled y byd.

Er ei bod wedi gwerthu'r plasdy yn Nhrefan ers blynyddoedd mae wedi cadw ac addasu'r stablau yn fwthyn hyfryd. Elizabeth, yn wir, a'i cynlluniodd ac mae'r llyfrgell helaeth ar y llawr isaf yn ddeugain troedfedd o hyd ac yn orlawn o lyfrau gwerthfawr sy'n rhoi syniad i unrhyw ymwelydd o faint ac ehangder teithiau cyson Jan Morris. Ni ellir llai nag amgyffred hud y teithiau yn naws yr ystafell. Uwchben y llyfrgell mae ystafell arall o'r un maint a'i distiau a'i thrawstiau yn agored i gynhesrwydd a gwres y tân coed sydd yng nghanol yr ystafell.

Ni weithiodd fel gohebydd ers blynyddoedd; yn hytrach ymroes i ysgrifennu llawn amser yn Nhrefan. Mae'n anelu at ysgrifennu deuddeg tudalen bob dydd. Daw ymateb pobl i'w gweithiau â chysylltiadau personol newydd iddi bob dydd a bydd nid yn unig yn gohebu â nhw ond hefyd yn cysylltu ar y ffôn os digwydd iddi ymweld â'r wlad neu'r ddinas y maent yn byw ynddi. Hyfrydwch pur iddi fu derbyn llythyrau yn ymateb i'w chyfrolau *Pax Britannica* gan fod rhai yn cadarnhau a chefnogi rhai o'i sylwadau yn frwd.

Ymddangosodd dwy gyfrol arall o'i gwaith yn ystod 1980. *Destinations* a *The Venetian Empire* – a *Sea Voyage* sydd yn gasgliad o ysgrifau taith ac yn gyfrol hardd a lliwgar. Mae ganddi hefyd ddigonedd o waith ar y gweill ac yn y wasg eisoes mae detholiad o ryddiaith a barddoniaeth (Cymraeg a Saesneg): un y gellid cyfeirio ato fel llyfr ar hanes Cymru. Mae cyfrol drwchus arall yn cael ei pharatoi ar gyfer Gwasg Rhydychen. Mae hon ynghlwm â hanes Owain Glyndŵr ac wrth ailadrodd y stori honno a dilyn ei hynt a'i helynt gobeithia ailgynnau'r ymdeimlad o Gymreictod ac, o bosib', ystyr ac arwyddocâd gwledydd bychain yn gyffredinol.

Mae Jan Morris wedi byw o dro i dro am gyfnodau byr yma ac acw ar draws y byd ond yn Eifionydd y gwnaeth ei chartref. Yno hefyd ar ynys fechan yng nghanol afon Dwyfor y dymuna i'w llwch gael gorffwys.

Mae'r garreg i ddynodi'r llecyn hwnnw wedi ei chynllunio'n barod a hefyd fe naddwyd y geiriau hyn arni:

Yma mae dwy ffrind
Here are two friends

Jan & Elizabeth Morris

At the end of one life
Ar derfyn un bywyd.

Pais, Ebrill 1981 (Cyhoeddiadau Mei)

Efo Emlyn O. Roberts (nai) yn Isallt Fawr, Mai 1997.

William Owen Roberts (ei frawd) a'i wraig Mair yn y pumdegau.

Efo Dyfed a Doris Evans, Pencaenewydd,
a fu mor ffyddlon iddo hyd y diwedd un.

Morris a Mary Roberts (brawd a chwaer
yng nghyfraith)

Cyfarfod â Mr a Mrs John Evans, Braich Dinas, Cwm Pennant, tua 1994.

*Ar y chwith: Dorothy Griffith, Cwm-y-glo; Guto; Linor Roberts, Bryn Efail Isaf a'r
Parchedig J. T. Williams a'i wraig Eunice, eto yng Nghwm Pennant, 1995.*

*Ym Mhen Llŷn, Awst 1996, yng nghwmni John Roberts Williams, Brian Jones,
Bodwrdda a Merêd.*

Efo'r cyfeillion agos Kathleen Parry (yn eistedd ar y chwith i Guto), Dyfed a Doris Evans a Dic Parry tua 1996.

Cyhoeddiadau Mei yn lansio cyfrol gyntaf Dros fy Sbectol yn y Lôn Goed, Mai 1984. O'r chwith: Dafydd Meirion (Mei), ei briod Alys a'u merch fach Elin; John Roberts Williams yn derbyn ei lyfr gan Lywydd y seremoni Dr. D. Tecwyn Lloyd. Mr a Mrs Thomas Jones, Yr Ynys a Marian E. Roberts yn ysgrifennu nodiadau i'r wasg. Llun: Nigel Hughes.

164

Rhai cydweithwyr yng Ngwasg Dwyfor: Rhys Roberts, Dewi Jones, Kevin Whitten a Lloyd.

Guto yn ei elfen efo un o'i arwyr, y llawfeddyg Owen E. Owen, y cofnododd ei hanes yn Doctor Pen-y-bryn, Cyhoeddiadau Mei 1985. Cafwyd pedwar argraffiad o'r llyfr yn ogystal ag un print bras. Llun: John Roberts.

Dr. Emyr Humphreys yn agor ciosg Garreg Boeth yn swyddogol i godi arian at yr un gronfa yn 1991.

Pwyllgor Cronfa Saunders Lewis yn Garreg Boeth, 1993: Eirug Wyn, Y Groeslon; Bert Parry, Llanberis; Elfed Gruffudd, Pwllheli; Guto; Anna Wyn Jones, Llanystumdwy; Lynda Pennar, Siop Eifionydd, Porthmadog a Marian E. Roberts.

Y babell y trefnwyd Noson Lawen ynddi i godi arian tuag at Gronfa Saunders Lewis.
Garreg Boeth, Mehefin 18, 1993.

Rhan o'r gynulleidfa yn y babell uchod. O'r chwith yn y rhes flaen: Harri Parry Maesog;
Cyril a Menai Pritchard, Clynnog; Ail res: John Owen, Garndolbenmaen; Phyllis Kinney
a Merêd; Y drydydd res: Vera Jones a Rhiannon Owen, Garndolbenmaen; Mair Jenkin
Jones, Llanystumdwy; Mair Eluned Pritchard a T. Emyr Pritchard, Brynaerau; Elis
Gwyn Jones a T. Arfon Williams y tu ôl iddo ar ben y rhes. W.D. Jones, Cricieth; Harry
Jones, Cricieth; Ioan Mai a Gwen Evans, Llithfaen. Yn y cefndir mae: Jean Jones, Y
Groeslon; Eunice Rowlands, Llanaelhaearn; Annie Parry, Maesog; John P. Jones,
Pontllyfni; Janet Lewis, Coedtyno; W.H. Evans (Wala Felin); John a Grace Williams,
Bryn Ifan; R.J. Owen, Clynnog; Derwydd a Margaret Elias, Hendre Cennin Isaf; Gwynn
ac Ann Jones, Gyfelog; Melfyn ac Ann, Hendre Cennin, Rheon a Rhian Owen, Cefnartho;
John a Glenys Roberts, Pontllyfni; Rhys a Rhian Roberts, Pen-y-groes; Emlyn O. Roberts,
Garndolbenmaen; Huw Geraint ac Ann Williams, Pontllyfni.

167

*Isallt Fawr, Cwm Pennant, 1975. Mae'r llun olew hwn yn eiddo i
Dafydd Glyn Williams, Cricieth*

*Hen lun o Gricieth, 1975. Arddangoswyd y llun olew hwn yn Arddangosfa Celf a Chrefft
Eisteddfod Bro Dwyfor, 1975.*

Llun olew o Muriau Mawr, Rhos-lan, 1975.

Llun arall o Muriau Mawr, Rhos-lan, 1975.

Pont Llanystumdwy, 1975.

Arddangosfa Y Cyrnol Chabert *a* 1938
*(cyhoeddwyd gan Wasg Dwyfor) yn
Siop Llên Llŷn yn 1989.*

Gruffudd Parry yn llofnodi ei gyfrol Rhes
Ffrynt *(Cyhoeddiadau Mei) yn Siop Llên
Llŷn, Pwllheli*

Ffenestr Yr Hen Bost

Ffenestr Siop y Pentan

Anwen Haf (Begw yn ffilm Mynydd Grug) yn cyflwyno rhodd i Gadeirydd Cyfeillion Cae'r Gors, 1997.

Yn Eisteddfod Y Bala, 1997. Joyce Jones, Cricieth, yn cyflwyno rhodd o sampler o Gae'r Gors o'i gwaith ei hun i Guto fel Ysgrifennydd Cyfeillion Cae'r Gors. Codwyd bron i £700 o arian i'r Gronfa.

Yng Nghae'r Gors, cartref Dr. Kate Roberts, Ebrill 1997 a Guto yn darllen rhan o Te yn y Grug i rai o'r dysgwyr o Ganolfan Iaith Clwyd yng ngofal Mair Spencer.

Marian a Guto gyda rhai o weithwyr Y Ffynnon, tua 1988: Doris a Dyfed Evans,
John a Kathleen Roberts,

Cyflwyno siec i'r Dr. Emyr Wyn Jones dros Eisteddfod Genedlaethol Cymru i sefydlu
gwobr yn Adran Ddrama'r Eisteddfod er cof am John Elwyn Hughes, Porthmadog.
Y cefn: Huw Roberts, Stewart Jones, Dr. Ieuan Parry, Robin Jones.
Y rhes flaen: Dr. Emyr Wyn Jones, Glyn Povey a Guto.

Nodyn gan Jan Morris

Wrth fedd ei arwr, Syr T.H. Parry-Williams ym mynwent Beddgelert. Haf 1997

Garreg Boeth, Capel Uchaf, Clynnog Fawr, 1992.

Bons baisers de pays de Galles.
Grüsse aus Wales.
Saludos desde Gales
Saluti dal Galles
ウェールズにて

CNARFON

HIAR FOR DDY
DE BUT NOT
ENJUIN MEISELI
WODDOWT IW
LYF YbyR WAN
HI HOP AND CALL

MRS M E XOBERTC
R.WLLWON
ROSLON
CNARFON
CWYNEDD
LL54 7SU

Caernarfon Castle, Gwynedd by Antony Edwards
© Published by John Hinde (U.K.) Ltd. Redruth, Cornwall. Printed in Ireland

Cerdyn post a anfonodd Guto at ei wraig o Gaernarfon Gorffennaf 1996.
(Fe'i hysgrifennodd â'i law chwith)

WALES

175

Meredydd Evans a Guto yn Eisteddfod Genedlaethol Cymru, Ceredigion, 1992.
Llun William Williams, Caergybi.

Geiriau tafodieithol

Prin iawn ydi'r bobol hynny sy'n wrandawyr da. Mae'r rhan fwyaf ohonom ni yn rhy awyddus i roi'n pig i mewn a dweud ein pwt.

Ond mi wn i am un sydd yn wrandawr tan gamp. Mae gwylio ei wyneb a'i lygaid o yn bleser dihafal: ei lygaid treiddgar o yn gwylio pob ystum gwefus a mynegiant wyneb, ac mi allech dyngu fod sŵn pob gair sy'n cael ei draethu yn adleisio drosodd a throsodd yn ei glust o cyn cafnu ei le yng nghilfachau'r cof. A phan glyw o dro ymadrodd gwelwch ei fod yn blasu'r geiriau megis, a'i wyneb o'n ymlacio mewn boddhad.

'Synnwn i fawr nad oes bosib meithrin y gynneddf yma. Mae'n siŵr ei bod hi'n rhan o bob un ohonom ni. Bron na ddywedwn i ein bod ni yng Nghymru yng nghanol y broses o'i datblygu, yn enwedig yn ei pherthynas â'r iaith, a dichon fod y rhaglen deledu 'Lloffa' wedi sbarduno llawer i ymglywed â gair a geiriau.

Mae'n wir fod nifer o raglenni radio a theledu o dro i dro yn gloddfa gyfoethog i'r naill neu'r llall o'n hardaloedd rhwng Caergybi a Chaerdydd.

Dyna'r rhaglen honno flynyddoedd yn ôl pan glywyd rhywun yn sôn am 'gasglu grawn unnos' yn hytrach na 'chasglu madarch' neu 'hel mushrooms'.

A dyna i chi'r wraig o Aberdaron gyfeiriodd at 'fwrw swildod' yn hytrach na'r 'mis mêl'.

Peth arall am trawodd i ym Mhen Llŷn ryw dro oedd 'ron bachigyn' wrth sôn am 'ychydig bach iawn' o rywbeth. Mi wyddwn i am y 'ron bach' gan ei fod o'n gyffredin gartra ond mi fu'r 'igyn' yn fy ngoglais i'n hir iawn. Ond rywbryd a minnau'n darllen y ddegfed bennod o'r Hebreaid ac yn tynnu tua'i therfyn, dyma a welais:

> Am hynny na fwriwch ymaith eich hyder, yr hwn sydd iddo fawr wobr. Canys rhaid i chwi wrth amynedd; fel, wedi i chwi wneuthur ewyllys Duw, y derbynioch yr addewid.

177

Oblegid ychydig bachigyn eto a'r hwn sydd yn dyfod a ddaw, ac nid oeda.

Pan fyddwn i, yn blentyn, wedi bod am wythnos o wyliau yn Rhoshirwaun, mi glywis i Mam yn dweud droeon fy mod i wedi mynd i siarad fel pobol Llŷn. Nid yr eirfa oedd wedi newid 'chwaith ond y donyddiaeth yn fy siarad, fel 'B'le ma' 'mhêl i?' a 'Ma' 'na ddefaid yn 'r ar', fasa chi'n licio i mi 'hel nhw?'

Dynwarediad anymwybodol y plentyn oedd hyn, wrth gwrs, ond yn ddiweddarach mi ddois inna i sylweddoli mai dyna'r sŵn oedd i siarad a sgwrsio pawb yn Rhoshirwaun yn ogystal â'r rhannau eraill o Lŷn. Ac fe'i clywch ar strydoedd Pwllheli ar ddiwrnod marchnad.

Flynyddoedd yn ddiweddarach clywais yr un sigl a thôn i siarad pobl yn Nhregele a Chemais ym Môn ac er gwrando'n ofalus methais â'i glywed yn unman arall ar yr ynys.

Ond mi glywais un gair sy'n gyffredin i bobol Môn, na threwais i ar neb o'r tu allan i'r ynys yn gwybod amdano, a hynny gan blentyn teirblwydd yn y Berffro. Dweud yr oedd o beth oedd o am ei hongian ar draed y gwely nos cyn y Nadolig, sef *tuddad* (neu *tudded*). Wedi prowla am hen eiriadur Thomas Jones yr Almanaciwr, 1688, dois o hyd i'r gair:

Tudded sydd gyfystyr â hws, neu hiliad, a'r Saesneg, *a cover or coverlet.*

Yn y Geiriadur Mawr ceir:

'gwisg, gorchudd, mantell, cas clustog'

yn gyfystyr â tudded, ac er bod y gair yn y fan honno wedi ei restru fel hen air, at gas clustog neu *pillow case* y cyfeiriai'r plentyn bach o'r Berffro saith mlynedd yn ôl!

Ond ymhle tybed y clywais i'r rhain sydd wedi eu cadw gennyf ar ddarnau o bapur dros y blynyddoedd?

Pwy oedd yn *ffetys* – gyda'i law?

Ymhle mae hi'n *mwrlio* – pan fo hi'n glawio'n ysgafn?
Gan bwy mae'r *porchell pêr*?
Pwy sydd yn *tinpwl* gormod ar rywbeth?
Pwy hefyd bellach sy'n gwisgo *nithlan*?
A beth am *conach*?
A *rhag bod ar y crindil*?
Dyna i chi wedyn *ddi-donni tir mawn*.
A beth am *brijal* i dyllu pedol ceffyl?
A *chawcia* ar sawdl y bedol?

Tybed a oes 'na rywun â 'hen fariath' arno ym Meirionnydd, neu'n dweud wrth rywun am 'fod wrth gwrs'?

Ond rhag i chwithau ddweud mai 'asgwrn fy ngên inna ydi'r asgwrn cryfa', mi 'gadawa' i hi yn y fan yna am heno. Gobeithio eich bod chi wedi gwrando.

Rhwng Gŵyl a Gwaith, Medi 1976

Geiriau a dywediadau

Os cofiaf yn iawn, roedd fy sgwrs gyntaf i yn y gyfres *Rhwng Gŵyl a Gwaith* yn sôn am y geiriau a'r dywediadau roeddwn wedi eu clywed yma ac acw hyd y wlad. 'Dwi'n falch o gael dweud fod fy nghlust i wedi meinio tipyn rhagor erbyn hyn a 'mod i'n dal i gael fy swyno gan ambell air ac i gael fy synnu gan ambell ymadrodd.

Dyna i chi'r diwrnod o'r blaen wrth sgwrsio efo gwraig o Gricieth. Dweud yr oeddwn i peth mor sobr ydi ceisio cynnal sgwrs efo rhywun tawedog, y dyn neu'r ddynes nad oes dichon cael ond 'ia' a 'naci' i bob cwestiwn neu osodiad wnewch chi, ac meddai'r wraig:

''Da chi'n iawn – gorfod tynnu tafod o'i geg o.'

Dwy wraig arall yn sgwrsio dro'n ôl. Un yn adrodd stori amdani ei hun tua deg oed ac yn gofyn i'w mam fasa hi'n cael y peth a'r peth (oedd, mae'n debyg, yn weddol gostus) a'r fam yn ateb:

'Cei, mi cei di o pan ddo' i o hyd i arian mewn ôl troed buwch,' ac ystyr hynny oedd,

'Ma' hi'n annhebygol iawn ond mi gei os digwydd o.'

Yn wir i chi, cyn pen pum munud a'r ddwy wraig yn dal i sgwrsio, meddai un:

'Sut mae Mrs Hon a Hon, deudwch?'

'O, ma' hi'n dŵad ymlaen yn iawn 'dwi'n meddwl. A sut ma' 'i gŵr hi'r dyddia yma?'

'O! ar i fyny'n iawn ac yn edrych fel Peter Carroll!'

Wedi holi tipyn ar y ddwy mi ddois i i'r casgliad mai rhyw hen dramp go weddgar yn y cyffiniau 'ma oedd Peter Carroll.

Dro arall, wrth sôn am ddrudaniaeth, meddai rhywun:

'Ma' hi wedi mynd i'w chrogi. Ma' arian yn diflannu fel mwg tatws.'

Ys gwn i ydi'r dywediad nesaf yma'n wybyddus i chi? Os bydd enfys a'i bod hefyd yn pigo bwrw, fod 'mwnci'n cael pen ei flwydd.'

Ac nid geiriau a dywediadau yn unig y mae dyn yn ei glywed ond ambell bennill neu rigwm.

Gŵr o Gricieth yn deud wrtha i y bydda fo, yn blentyn, yn mynd ar ei wyliau i ardal Talsarnau. A bod un llecyn arbennig yn yr ardal y gwaherddid i'r plant fynd ar ei gyfyl am fod rhyw hen wrach yn siŵr o'i gipio. Ond er hynny mi fyddai'r plant yn mynd i olwg y lle ac er mwyn temtio'r wrach i ddŵad i'r golwg, yn canu fel hyn:

Dorti, Dorti, bara gwyn yn llosgi!
Dŵr ar 'tân i olchi llestri!

a'r plant wedyn yn ei g'leuo hi o'r golwg.

A dyma i chi hen, hen rigwm o Gwm Pennant yn Eifionydd, un oedd yn cael ei lafarganu, o bosib, i fagu neu ddiddanu plentyn bach:

Robin fudur faw
A dorrodd y rhaw
Yng nghae Tyddyn Dicwm
Wrth dynnu nyth y cacwn!

Rhwng Gŵyl a Gwaith

Cân fach

'Dwi wedi cerdded y ddwy filltir rhwng Garndolbenmaen a Rhos-lan ddegau os nad ugeiniau o weithiau erioed, a hynny bob awr o'r nos, ar ambell noson loergan leuad braf ac ar nosweithia tywyll fel bol buwch. Fasa neb yn dweud bod yna wyneb eithriadol o dda ar y ffordd honno ond roedd fy nau droed i wedi ymgydnabyddu a chynefino cymaint â phob rhediad a gogwydd yn y ffordd fel nad es i erioed i'r ffos waeth pa mor dywyll fydda hi.

Ond un flwyddyn mi ddarganfu'r Cyngor Sir fod ganddo saith a chwech i'w sbario ac mi roddodd werth chweswllt o darmacadam ar un llecyn i wastatáu tipyn arno fo. A'r noson honno, ar yr union lecyn hwnnw, mi ddrysis i ac mi es ar fy mhen i'r ffos.

Rhywbeth yn debyg i ffordd ydi Blwyddyn, 'y mhobol i. Rhyw rimyn o daith bywyd megis a phob un ohonyn' nhw yr un led – a'r un hyd hefyd am wn i. Wel . . . y . . . y o fewn rhyw bleep neu ddau. Ond o dro i dro dros y canrifoedd mae rhywbeth anghyffredin yn digwydd, rhyw dipyn o styrbans, ac mi gofir y blynyddoedd hynny fel Blynyddoedd y Styrbans Mawr.

A chwarae teg i'n Cyfundrefn Addysg ni mae hi wedi gofalu bod yr hen blant bach yn dod i wybod amdanyn' nhw. Blynyddoedd fel 1142, 1153, a dyna i chi flwyddyn y Spanish Armada, 1588. Mae'r hen blantos bach wedyn yn eu dysgu nhw, yn eu cofio nhw ac yn tyfu wedyn i ddod yn bobol ddylanwadol yn eu Cymdeithas. Ac O! mor hawdd eu hadnabod ydyn' nhw! Mae Prydeindod wedi ei serio ar dalcen pob un.

Mae'n ddrwg gen i, maddeuwch i mi wnewch chi? 'Doeddwn i ddim wedi bwriadu dechrau pregethu fel yna – wel o leiaf nid eleni, 1973. A dweud y gwir, peth arall 'dwi'n fwriadu ei wneud. Ond mae hwnnw yn beth mor anghyffredin i mi fel na synnwn i fawr weld y flwyddyn mil naw cant saith deg a thri yn un o flynyddoedd y Styrbans Mawr. A dyma i chi pam.

Mae Golygydd y Rhaglen hon, yn garedig iawn, wedi 'ngwahodd i ddweud gair ar yr ochr gerddorol heno. Peidiwch chi â mynd o 'mlaen i rŵan, a dechra hel meddyliau, 'mod i wedi bod yn y Singing Tebot ac ati. O! na, mae'r cwalifficesions gen i'n 'ol reit'. 'Does yna dair stifficet wedi eu fframio ar wal y gegin acw. Anrhydeddau Cymdeithas y Tonic Sol-ffa – y *Junior*, yr *Elementary* a'r *Intermediate*. Mi ddylwn fod wedi cael *distinction* yn yr *Intermediate*, a deud y gwir, oni bai i mi gymysgu tipyn ar y mi, ba, si, la.

P'run bynnag, 'dwi ddim am eich byddaru chi efo rhyw bethau elfennol felly, mi awn ni'n syth at y canu. Ac mi ganaf i ryw folk song fach ichi. 'Chlywis i erioed neb arall yn canu hon, cofiwch, ond mi ddeudwn i mai rhywbeth yn debyg i hyn y dylid ei chanu hi.

```
{| m : m | m  : m | s : f | m :-}
  F'e - naid taw, mae'r haul ar  fynd
{| r : m | f : s   | f   : - | m :-}
  dros y grug i'w    gae -    re,
{| s  : s | s  : s | l :  s | m :-}
  ga - ran we - di mynd i'w  nyth,
{| d  : r | m : f | r  :-   | d :-}
  gwar - theg yn troi  ad   -   re'.
{| m : m  | m :  m | s :  f | m :-||
  F'e - naid taw, mae'r haul  ar fynd.
```

Tawel ar y ffordd drwy'r grug,
  tawel ar y llwybyr;
dim ond sŵn un cacwn brith
  ar ei ffordd i'w grwybyr.
F'enaid taw, mae'r haul ar fynd . . .

Mae ffenestri pell ar dân
  acw draw'n y dwyrain;
ar y rhos mae gwrid yr haul
  yn y pyllau bychain.
F'enaid taw, mae'r haul ar fynd.

Mae'n siŵr i'r rhai ohonoch chi sydd efo clust go denau sylwi ar yr amrywiadau bach yna oedd gen i yma ac acw, ac fel y gŵyr y cyfarwydd, profiad sy'n galluogi dyn i wneud pethau felna!

Ond ys gwn i faint ohonoch chi glywodd yr alaw fach yna o'r blaen? Hen alaw Gymreig ydi hi tybed? A beth am y tri phennill yna wedyn? 'Glywsoch chi'r geiria yna rywdro?

'Dwi am roi cynnig ar awdur y geiriau. Efallai fy mod i'n anghywir, cofiwch, ond mae blas *Cerddi Edern* arnyn' nhw, i mi o leiaf, a'r Athro John Glyn Davies oedd awdur y rheiny. Ond siawns nad oes yna rai ohonoch chi wrandawyr yn gwybod, felly anfonwch atom ni os gwelwch chi'n dda.

Ac un peth bach arall, os byddwch chi'n trefnu Cyngerdd yn eich ardal chi, ac eisiau canwr, cofiwch amdanaf fi: Garndolbenmaen 258. 'Dydi'r ffi ddim yn uchel – am ganu!

Ond am i chi wrando mor dda, dyma i chi fonws, neu galennig os mynnwch. Bythefnos yn ôl y clywais i'r gân fach yna gan Mrs Thomas o Borth-y-gest a'i chwaer.

Rhwng Gŵyl a Gwaith, Ionawr 1 1973

Gol: Cyfieithiad J. Glyn Davies o gerdd Ddaneg gan Jeppe Aakjaer yw'r gerdd hon. Fe'i cyhoeddwyd gan H. Glyn Davies, Llanfairfechan, 1962 yn *Songs of the Heath*/Cerddi'r Grug. Y pedwerydd pennill yw 'Mae ffenestri pell ar dân' yn y llyfr hwnnw a'r trydydd yw:

Gwib cornchwiglen unig lef
   uwchben pyllau mawnog,
cyn rhoi'i phen o dan ei phlu
   yn ei gwely brwynog.
F'enaid taw, mae'r haul ar fynd.

Y Tylwyth Teg

Mi glywsoch chwithau fel finnau mae'n siŵr am y Tylwyth Teg. 'Welais i'r un 'rioed 'chwaith. Mi fyddai pobol yn eu gweld nhw erstalwm meddan nhw.

Mi glywais *fod* hwn a hwn a hon a hon wedi eu gweld nhw ond bob tro, yn ddieithriad, mi fyddai'r bobol hynny wedi marw ers blynyddoedd a fy siawns innau o gael sgwrs efo llygad-dyst wedi diflannu am byth. Neu felly 'ro'n i'n meddwl.

Ond coeliwch fi neu beidio, ddwy flynedd yn ôl mi gyfarfyddais i â dyn oedd wedi gweld y Tylwyth Teg!

Wedi mynd i Iwerddon ar wyliau roeddwn i, efo Meredydd Evans. Y fo oedd yn tywys ac mi aeth â mi gyn uched â Donegal. Wedi fy ngherdded i am oriau un pnawn i ben rhyw fynydd ar gyrion yr Iwerydd a'i ddilyn o wedyn igam-ogam i lawr y llethrau, dyna droi i dŷ preifat i ofyn am 'panaid o de.

Wedi i'r wraig garedig ein harwain ni i'r parlwr i ddisgwyl i'r tegell ferwi dyna ni'n sylwi fod yno gryn ddwsin o gwpanau arian mewn cwpwrdd gwydr yng nghornel y 'stafell. Wedi holi

gŵr y tŷ yn eu cylch dyna ddeall mai gwobrau am ganu gwerin oedden' nhw a bod y teulu i gyd yn cymryd diddordeb yn y maes hwnnw ac, yn ôl y cwpanau, yn arbenigwyr ar y gamp. Yn ystod y sgwrs – neu yn ystod y canu ddylwn i ddeud gan i'r mab, y ferch, y gŵr a Merêd ganu peth – dyna ddeall fod Sèan Toomey, hen fachgen dros ei ddeg a thrigain, yn byw ar gwr y pentref gyda'r ddawn (brin bellach) o adrodd yr hen storïau

Curo wrth ddrws bwthyn Shaun Tomi

Shaun Tomi yn adrodd ei stori

traddodiadol: un o'r Shanaches fel y'u gelwir. A dyna drefnu i fynd i'w weld ymhen rhyw noson neu ddwy.

Pan aethom ni i'r tŷ gyntaf, mewn Gwyddeleg roedd o'n siarad, a'r gŵr oedd yn ein tywys yn cyfieithu inni, (nid nad oedd yr hen fachgen yn medru Saesneg 'chwaith, 'tasai hynny'n rhinwedd, ond roedd o'n swil o'i siarad hi fel finnau) a phan ofynnom ni am gyfieithiad unwaith dyna fo'n deud fod y peth yn colli ei flas. P'run bynnag, dyna glywed y stori mewn Gwyddeleg, heb gyfieithu, a'i recordio hi – a gyda llaw roedd y stori yn para am hanner awr a'r hen fachgen yn ei hadrodd yn lliwgar efo'i benelin ar y bwrdd a'i law tan ei wegil. Wedi clywed y stori a'r hen fachgen erbyn hyn wedi troi i'r Saesneg dyna ddechrau ei holi am y Tylwyth Teg ac er ein syndod dyna fo'n deud ei fod o 'i hun wedi eu gweld nhw!

Dyma'r stori. Roedd yno agoriad swyddogol i Goleg newydd yn rhywle yn y gymdogaeth a nifer dda, yn wir, pawb bron o bobol yr ardal wedi mynd yno. Ond gan fod un o'r gwartheg yn sâl mi fethodd o â mynd. Pan aeth o allan i weld y fuwch mi sylwodd fod golwg go gynhyrfus arni â'i phen i fyny ac yn bygwth mynd dros y clawdd i'r cae. Mi roes yntau wedyn ei law ar ei chrwpar hi i'w chosi a'i llonyddu ond yr eiliad y cyffyrddodd o â'r fuwch mi sylwodd fod yna nifer o bobol fychan yn y cae a'r rhai hynny wedi eu gwisgo mewn dillad glas a chlog goch gan bob un.

Dyna fo'n dechrau eu cyfri' nhw a chanfod y tro cynta' fod

Shaun Tomi a Merêd

yno ddau ddwsin. Yr eildro, 'doedd yno ddim ond tri ar hugain, y tro wedyn dau ar hugain, ac fel'na, un yn llai bob tro.

Roeddent yn siarad ac yn sgwrsio medda fo, a phan ofynnwyd oedd o yn eu deall nhw, yr ateb oedd, 'O na, roeddan nhw'n union fel adar bach.' Y ffaith ei fod wedi cyffwrdd â'r fuwch roes y gallu iddo eu gweld, medda fo. Pan awgrymodd un arall o'r cwmni mai plant y pentref oedd o wedi eu gweld mi drodd arno fo'n reit chwyrn a deud 'i fod o'n nabod y rheiny a ph'run bynnag fod pob copa walltog ohonyn nhw wedi mynd i agor y Coleg newydd y d'wrnod hwnnw.

Pan ofynnais iddo pryd oedd hyn yr ateb oedd yn 1963. Meddyliwch mewn difri', 'does yna ddim ond deng mlynedd ers hynny.

Hwyrach fod siawns eto i minnau weld y Tylwyth Teg. Prin fod bodau bach doeth fel y nhw yn debygol o fod wedi eu difodi eu hunain mewn deng mlynedd.

Rhwng Gŵyl a Gwaith, Ionawr 1973

Ieuan Lleyn

Evan Pritchard, Evan ap Richard, Evan Richards, Ifan ap Rhisiart, Ifan Prisiart, Ieuan ap Rhisiart, Bardd Bryncroes, Ieuan Fardd Bryncroes, Ifan Lleyn ac Ieuan Lleyn.

Dyna i chi ddeg o enwau. Aelodau Côr Meibion Bryncroes meddai rhywun! Wel nage – enwau a ffugenwau a ddefnyddid gan un dyn oedden' nhw, ac fel testun 'dwi am gymryd yr olaf, sef Ieuan Lleyn.

Fe anwyd Evan Pritchard, neu Ieuan Lleyn, yn ardal Bryncroes, Llŷn, ar y chweched ar hugain o Ragfyr, 1769, yn fab i Richard Thomas a Mary neu Mari Siarl.

Athro ysgol fu Ieuan Lleyn, ac eithrio cyfnod o ryw naw mlynedd pan fu'n Ecseismon yn Lloegr. (Mi gollodd y swydd honno oherwydd iddo fo fod braidd yn ddihidio efo'i waith.)

Fe ddywed y Dr. Thomas Parry (yn ddigon cywir, mae'n siŵr) mewn erthygl ar Ieuan Lleyn 'nad swydd i Fardd a Hynafiaethydd oedd swydd esceismon' ac roedd o'n Fardd a Hynafiaethydd.

Fe gyhoeddwyd casgliad o'i waith barddonol gan Myrddin Fardd yn 1878 gyda'r teitl Caniadau Ieuan Lleyn ac yn hwnnw ceir Awdlau a Chywyddau, Englynion ac Emynau ac ambell i bennill mwy ffwrdd-â-hi.

O gofio amdano fel Athro Ysgol 'fedraf i yn fy myw beidio â meddwl na chafodd plant Bryncroes lawer o hwyl a mwynhad wrth wneud syms efo Ieuan. Meddyliwch chi rŵan am Athro Ysgol yn gosod sym fel hyn i'r dosbarth i'w datrys:

Rhyw wraig yn Aberdaron
   Yn amser William Llŷn
A rannai fil o bunnau
   Rhwng William a rhyw ddyn
A elwid Siôn Eifionydd,
   Nid yn eu hanner chwaith!
O achos na wnâi felly
   Bu ddryswch lawer gwaith.

Un bumed ran o'r arian
　　(Gâi William bêr ei dôn)
Oedd fwy o ddegpunt union
　　Nag un bedwaredd Siôn.
Mae Brenin penwyn Enlli
　　Bron mynd o'i hwyl ei hun;
Dywedwch i'w dawelu
　　Pa faint a gâi bob un?

'Dwi ddim yn ddyn syms ond dyma'r ateb sydd wrth gwtyn y penillion:

| Mi gafodd William | £577 15s $6\frac{1}{2}$c |
| Mi gafodd Siôn | £422　4s $5\frac{1}{2}$c |

Dyma i chi bennill arall, a 'dwi'n hoff o'r mesur hwn – dyma i chi fiwsig mewn sym!

O'r defaid tra breision, eu hanner oedd wynion,
　　Eu chwarter yn dduon, gan Simon ge's i,
Eu chweched yn gochion, a phedair yn frithion,
　　Sawl un a roes Simon Rhys imi?

Ateb: 48.

Dyma un arall:

Rhoes Dafydd i Tomos o Bunnau gryn ri'
　　Naw deg-punt a phedair o'r rhain gefais i,
Hanner y gweddill gâi Forgan yn llog;
　　Â'r bumed ran prynwyd i Gweno hardd glog,
Mae'r ddegfed ran eto ynghadw gan Twm,
　　O'r punnau roes Dafydd, pa faint oedd eu swm?

Ateb: 141.

Mae 'na un eto. 'Dwi ddim am roi'r ateb i hon:

Gwelais i Bysgodyn rhyfedd
　　Hyd ei ben oedd ddeunaw modfedd,

189

Hyd ei ben, a hanner union
 Hyd ei gorph, oedd hyd ei gynffon;
Ond ni fedrais fod yn foddlon
 'Nes im fesur hyd ei gynffon,
Hon a'i ben, ond eu cysylltu
 Oedd hyd ei gorph, pa faint oedd hyny?

Mae hynna'n ddigon o *homework* i chi am heno. Anfonwch eich atebion i:

> Rhwng Gŵyl a Gwaith
> BBC
> Bangor.

A'r wobr? Tun o sardîns i'r ateb cywir cyntaf a agorir!

Rhwng Gŵyl a Gwaith, Haf 1973

Priodas 1835

'Wele bedair o wageni yn myned heibio, pob un yn cael ei thynu gan bedwar ceffyl glas, a dyn yn tywys y ceffyl blaenaf i bob un. Ar draws y gwageni, ystyllod wedi eu rhoddi, ac arnynt bedwar eidion wedi eu blingo, un ymhob gwagen, ac ysnoden wen ar gynffon pob un o'r pedwar; hefyd ysnoden wen ar bob corn, a phob corn wedi ei oreuro. O bob tu i bob eidion yr oedd dafad, a'r wyth dafad wedi goreuro eu cyrn, ysnoden wrth bob corn a chynffon. Ymhob gwagen yr oedd dau o gigyddion, un yn sefyll ar bob tu i'r anifeiliaid . . . gwisg wen hirllaes gan bob cigydd, a phob un â'i gyllell yn ei law, ar ddull milwr yn dal ei gledd . . . '

Os nad ydych chi'n rhyw olau iawn yn eich Beibl, mi allasech feddwl mai o Lyfr y Datguddiad roeddwn i'n darllen rŵan, ac mae'n gofyn am eglurhad 'dwi'n siŵr.

Gadewch i mi ddechrau fel hyn – hanes priodas ydoedd: priodas Robert Williams Vaughan o Nannau a Frances Margaret Lloyd o Ragatt, Sir Feirionydd a hynny sbelan cyn eich amser chi a fi. Gorffennaf 8, 1835, ydoedd, ac fe'u priodwyd nhw yng Nghorwen.

Mi ddechreuodd yr holl rialtwch yn gynnar yn y bore ac erbyn 10 o'r gloch roedd plant yr ysgol wedi ymgynnull ar bont Corwen a Miss Frances Margaret Lloyd yn ei chychwyn am yr Eglwys, y hi a'i theulu a'i chyfeillion mewn pump o gerbydau, ac yna, ar y daith, dyna'r priodfab sef Robert Williams Vaughan a'i deulu a'i gyfeillion mewn pedwar o gerbydau eraill, yn ymuno â nhw.

Pan gyrhaeddon' nhw Bont Corwen, dyna'r plant, bob yn ddau a dau, yn ymuno yn y cwtyn, ac yna y pedair gwagen yn cael eu tynnu gan y pedwar ceffyl glas y soniais i amdanyn' nhw ar y cychwyn.

Ond o flaen y rhain i gyd yn cerdded i mewn i dref Corwen roedd yno ddyn wedi ei wisgo mewn gwisg goch o'i gorun i'w sawdl, cloch yn un llaw a ffon fagal hir yn y llall, yna ar ei ôl o, ddyn yn cario baner, a'r cyfarchiad hwn, 'Hawddamor i

Nannau a Rhagatt', wedi ei ysgrifennu ar y faner; ac yna, wrth gwrs, y Band.

Wedi'r briodas, dyna'r rhialtwch yn dechra. Deuddeg gwn mawr yn taranu o'r mynydd uwchlaw'r dref. Y pâr ifanc erbyn hyn yn yr un cerbyd a phedwar ceffyl glas yn eu cipio nhw i'r *Bryngwyn Hall*, ac yna dyna'r werin yn dechrau dathlu.

Am deirawr a hanner mi fu'r wyth cigydd yn eu gwisgoedd gwynion yn torri a rhannu'r pedwar eidion a'r wyth dafad.

Yn yr adroddiad am y briodas mae o'n dweud fel hyn: 'Yr oedd yr eidionau (heblaw y defaid) yn 4000 o bwysau. Rhoddwyd rhan dda i bob tlawd yn y lle, o gig, torth swllt, a chwrw da.' (Beth oedd maint y dorth ysgwn i, os oedd hi'n swllt bryd hynny?)

P'run bynnag, am 6 o'r gloch y noson honno, fe eisteddodd oddeutu cant o foneddigion a thyddynwyr parchus y ddwy Stad (sef Rhagatt a Nannau) i ginio danteithiol yng Ngwesty Owain Glyndŵr ac felly roedd hi ymhob tref a phentref ym Meirionnydd (ac mewn ambell i le yn Arfon) y diwrnod hwnnw.

Yn wir, ymhen tridiau wedyn, fe rannwyd dau eidion a deunaw galwyn o gwrw yn Nannau.

Dyma i chi ddau allan o nifer o englynion a luniodd Robyn Ddu Eryri i'r amgylchiad:

Rhoi'r eidionau mae'r dynion – haelionus
     I loni'r tylodion.
    Rhoi cig bras o'r cawg i'w bron,
    Ar ganaid fara gwynion.

Ac o gofio mai un o deulu'r Vaughan – neu'r Fychaniaid – oedd yn priodi 'fedra i ddim llai na hoffi'r englyn hwn gan Robyn Ddu:

Trwy'r Arglwydd, iach rhwydd, eich rhan – O Robert!
     Mab Syr Robert ddiddan,
    Ac o'i Frances, lodes lân
    Tyf ichwi eto Fychan!

Ond yr adroddiad am y dathlu yn Llanelltyd roddodd ysgytwad i mi,. Dyma fo:

'Yn yr hwyr gwelid Awyren, o gywreinwaith Morgan Dafydd y Clochydd, yn esgyn yn gyflym i'r awyr, ac ar ôl iddo esgyn yn uchel am dro, disgynodd yn gyfagos i Blas Nannau.' *Remote Control* os 'dwi'n cofio'n iawn!

'Nid oes dim newydd dan yr haul' meddai'r Pregethwr!

Rhwng Gŵyl a Gwaith, Hydref 1973

Mari'r Fantell Wen

'Wn i ddim a fydd rhieni heddiw (wrth geisio cadw rheolaeth ar eu plant) yn bygwth y plant a dweud fel y bydd i ryw Fwci Bo neu Fol-ol ddŵad i gipio plant drwg a mynd â nhw i ffwrdd mewn rhyw sach mawr.

P'run bynnag, mi fyddai hynny yn digwydd 'stalwm – hynny ydi, y bygwth! 'Chlywais i am neb erioed gafodd ei gipio. Ambell hen drempyn go adnabyddus fyddai'r bwgan weithiau, dro arall rhyw gymeriad lleol ond heb fod yn hollol yr un fath â phawb arall, megis.

Ym mhentref Llanystumdwy hyd at dridegau'r ganrif hon fe ddywedid wrth blant fyddai'n gwrthod dod i'r tŷ pan fyddai hi'n nosi y byddai Mari'r Fantell Wen yn bownd o gael gafael ynddynt.

Tridegau'r ganrif hon ddywedais i, ynte? Mae hynna'n ddiddorol gan fod Mari'r Fantell Wen wedi marw er 1789. Dyna i chi felly ar draws 150 o flynyddoedd ynghynt ac eto roedd hi'n dal i gael ei bygwth fel un beryglus i blant ddod o fewn ei gafael hi (er na chlywais i fod Mary Evans wedi gwneud dim niwed i'r un plentyn erioed).

Ie, Mary Evans oedd ei henw iawn hi. Fe'i ganwyd hi yn 1735. Fe ddywedid ei bod wedi hanu o Sir Aberteifi ac mai o Sir Fôn yr aeth hi i Sir Feirionnydd yn rhywle rhwng 1774 ac 1780; dod yn forwyn at offeiriad Maentwrog, meddai rhai, ond mae eraill yn dweud mai dod i fyw i le o'r enw Breichiau, yn ochr Maentwrog o blwy' Llandecwyn ddaru hi.

P'run bynnag, roedd Mary Evans wedi gadael ei gŵr yn Sir Fôn ac erbyn hynny yn cyd-fyw â gŵr dynes arall. Roedd y ddau yn honni nad oedd eu priodasau cyntaf ond cnawdol ond bod eu priodas hwy ill dau yn ysbrydol, ac yn iawn, ac fe anwyd merch iddyn' nhw o'r briodas hon. Cyn hir, fodd bynnag, mi adawodd y gŵr hi ond mi arhosodd hi yn yr ardal.

Roedd Mary Evans yn honni fod ganddi hi awdurdod ysbrydol ac mi lwyddodd i gael nifer fawr o ddilynwyr; ar draws 60-70 i gyd. Roedd hi'n dweud, hefyd, ei bod hi yn un â Christ ac mai yr un peth oedd dod ati hi â dyfod at Grist.

Roedd hi hefyd yn honni ei bod hi wedi ei dyweddïo i Grist ac mi ddywedodd ei bod wedi priodi Cyfiawnder. Canlyniad hyn, mae'n debyg, barodd i'w dilynwyr hi drefnu Neithior Briodas yn nhafarn y Tŷ Isaf yn Ffestiniog, a Mari y tro hwnnw wedi ei gwisgo mewn mantell goch, ac yn wir mi gerddodd hi a'i dilynwyr o'r Dafarn i'r Eglwys, yna'n ôl wedyn i'r Dafarn a thelynor yn arwain yr orymdaith.

A phwy alwodd yn y Dafarn yn ystod y rhialtwch ond un o hen Gynghorwyr y Methodistiaid sef William Evans, Y Fedw Arian. Galw am ei lasiad, yn ôl arfer y cyfnod yr oedd o, wrth gwrs, a dyna fo'n gofyn beth oedd yr holl rialtwch a dawnsio, ac meddai rhywun wrtho:

'O! neithior sy' 'ma i Mari'r Fantell Wen a Iesu Grist. Ewch i mewn atyn' nhw, William Evans.'

'Na, wir, 'waeth imi heb,' meddai William Evans. 'Ella daw y gŵr ifanc ato ni i'r Capal.'

Fel mae'r enw yn awgrymu, mantell wen fyddai Mari yn arfer ei gwisgo, math o wlanen wen, debyg meddent hwy i'r math a wisgid mewn rhan o Sir Aberteifi yn y cyfnod hwnnw.

Ar y Sul fel arfer y byddai Mari a'i dilynwyr yn cyfarfod a hynny mewn llecynnau o'r neilltu, ar ben bryn neu fynydd weithiau, ac wedi'r cyfarfyddiadau hyn a mynd trwy ryw fath o wasanaeth (ym mha un y byddai Mari ei hun yn darllen rhannau o'r Beibl) mi fyddent hefyd yn gwneud sŵn mawr trwy weiddi rhywbeth tebyg i 'Pw-pw-hwi, Pw-pw-hwi, Pw-pw-hwi!' ac yna yn gorymdeithio i'r Eglwys leol ac yn tarfu ar y gwasanaeth, ar adegau, o leiaf.

Roedd gan Mari ei chylchdaith i'r cyfarfodydd hyn, lleoedd fel Llanfihangel-y-traethau, Llandecwyn, Maentwrog, Ffestiniog, Penmachno a Phenrhyndeudraeth, ac mi fyddai'n ymweld â phob un o'r ardaloedd yn eu tro. Dywedwch ei bod hi'n mynd i Benmachno. Mi fyddai Mari wedyn yn aros yn nhŷ neu dai rhai o'r canlynwyr am y gweddill o'r wythnos ond bob dydd Gwener mi fyddai'n dod i le a elwir y Borth Las ger Talsarnau; ac mi ddywedir bod yno garreg fawr wrth y tŷ yn y Borth Las. Mi fyddai Mari wedyn yn mynd i ben y garreg a chyhoeddi yn null 'town criar' yn debyg i hyn:

'Hwi-hâ-hwi-hâ-hwi-hâ! Byddwn yn y fan a'r fan yr wythnos nesaf.'

Mae'n ddiamau fod gan Mari ddylanwad mawr ar ei dilynwyr. Yn wir i chi, roedd hi wedi llwyddo i'w darbwyllo nhw na fydda hi farw. A phan fu hi farw yn 1789 yn y Borth Las mi gadwyd y corff heb ei gladdu am hir gan ddisgwyl iddi ddadebru. Ond yn y diwedd claddu fu raid a hynny yn Llanfihangel-y-traethau sydd rhwng Talsarnau a Harlech. Ar y garreg fedd, sydd i'w gweld yn y fynwent hyd heddiw, cewch y geiriau hyn:

Yma y claddwyd Mari Evans,
Hydref yr 28 yn y flwyddyn 1789
yn 54 oed.

Rhwng Gŵyl a Gwaith, Hydref 1974

Torri caead y tebot

Y bore o'r blaen y digwyddodd y ddamwain. Ar un wedd 'doedd hi ddim yn ddamwain fawr a fuasech chi ddim yn disgwyl i'w chanlyniadau achosi unrhyw newid syfrdanol i ddyn na chymdeithas. P'run bynnag am hynny, fel hyn y buo hi.

Trïo gwneud tamaid o frecwast roeddwn i, ac roedd gen i ychydig o lefrith mewn sosban ar y tân i'w roi ar fy nghorn-fflêcs. I ddisgwyl i hwnnw godi berw mi es ati i estyn y tebot. Ond wrth dynnu'r caead (ac ar yr un pryd yn cadw un llygad ar y llefrith) mi lithrodd y caead o'm llaw nes landiodd o'n deilchion yng nghongl y gegin. Ac fel y gwyddoch, mae tebot heb gaead mor ddiwerth â chatiad o faco heb dân; a 'waeth i mi gyfaddef ddim, mi fyddaf i'n cymryd at amball i debot.

Mi fedra' i sipian tair a phedair 'paned o de adeg brecwast heb wneud dim ond syllu'n freuddwydiol ar y patrymau sy'n addurno ambell hen debot. Dda gen i mo'r hen debotiau gloywon 'ma gewch chi mewn ciaffis a hotels – ar wahân eu bod nhw'n beryg! 'Dwi wedi llosgi fy llaw ddegau o weithiau wrth gydio ynddyn' nhw. Mi ddylai fod yna ddeddf yn eu gwahardd nhw ar bob cyfrif – yn enwedig ar fwrdd brecwast. Meddyliwch chi rŵan gymaint o embaras ydyw i ddyn orfod gwisgo bandej am ei law am ddyddiau, a phan fydd rhywun yn holi sut mae o wedi brifo, yn gorfod dweud ar y stryd ac yng nghlyw pawb mai damwain efo'r tebot gafodd o! Ac felly'n hollol mae straeon yn cychwyn.

Ond i ddod yn ôl at y tebot y torrais ei gaead o! 'Does yna ddim yn arbennig yn ei liw na'i gynllun o: pig a handlen o'r lliw brown tywyll traddodiadol a thraean isaf y tebot o'r un lliw hyd fôn y pig a'r handlan. O'r fan honno i'w bwtyn gwddw lliw hufen ydyw ac ambell i lyfiad-brwsh o'r paent brown yn gwneud patrwm deiliog yma ac acw. Wedi i mi roi 'cwpan â'i phen i lawr' yn lle'r caead y bore arbennig hwnnw roedd lliw brown y gwddw yn union fel coler Person, ond bod un y tebot yn dywyll!

Fel y gellwch ddychmygu, 'doedd 'cwpan â'i phen i lawr' yn lle'r caead ddim yn hwylus a dweud y lleiaf, nac yn weddus 'chwaith, os dyna'r gair, a 'waeth i minnau gyfaddef un tamaid, rhyw natur cywilyddio wnes i pan alwodd y Postmon a rhyw deimlo nad oeddwn i ddim llai na difrïo'r Postmon druan wrth gynnig paned iddo dan amodau felly. Er na chyfeiriodd o at y peth o gwbl 'fedrwn i ddim llai na sylwi ei fod o, dan ei aeliau, yn rhoi ambell i giledrychiad i gyfeiriad y tebot.

Cyn gynted ag y ces ei gefn mi euthum i chwilio am y tebot gorau – ac mae i bob tŷ ei 'debot gorau' onid oes? Y tebot lliwgar hwnnw efo'r ymyl aur ar ei handlen sy'n rhoi rhyw awyrgylch ysgafn braf i de pnawn; ac roedd acw un, ac mi ddois o hyd iddo fo efo'r llestri gorau yng nghongl y cwpwrdd. A wyddoch chi beth? 'Doedd yno ddim caead ar hwnnw chwaith! Mae'n amlwg felly i ddamwain debyg ddigwydd i hwnnw ryw dro a ninnau wedi anghofio popeth yn ei gylch.

Mi wnes i ystyried am funud defnyddio'r tebot gorau fel yr oedd o am y gweddill o'r d'wrnod gan feddwl y buasai o leiaf yn edrych rywfaint yn well ar y bwrdd na'r un brown tywyll ond, yn wir i chi, er i mi ddod o hyd i gwpan bron yr un lliw i'w rhoi ar ei geg rhyw edrych roedd o yn y diwedd fel dyn mewn côt gynffon fain a chap stabal am ei ben.

Siawns bellach nad ydych chwithau yn deall fy mhroblem i: mae acw ddau debot (os nad tri a deud y gwir) ond 'does yna gaead ar yr un!

Ydi, 'ma' hi'n rwla bob dydd', ac mae'n ddigon tebyg mai'r tebot ei hun sy'n cael ei dorri weithiau, a dyna i chi embaras os bu yna un erioed, y tebot yn landio yn erbyn wal y gegin a chitha'n sefyll fel dili-do efo dim ond caead tebot yn eich llaw! A phethau felna sy'n gwneud i ddyn sylweddoli gymaint o le i ddiolch sydd ganddo!

Meddyliwch rŵan peth mor ddiddorol fasa dewis un ardal arbennig a chymryd honno fel maes ymchwil i ganfod sawl tebot-heb-gaead sydd ar silffoedd ei phantris hi ac, wrth gwrs, sawl caead-heb-debot sy'n llechu mewn congl arall. 'Synnwn i fawr nad oes 'na faes diddorol i Gymdeithasegwyr hefyd. Meddyliwch, mewn difrif, am gael gwybod pa un ai Athrawon Ysgol ynteu Clarcod Llywodraeth Leol sydd fwyaf gofalus o'u tebotiau; a meddyliwch wedyn am beth fel hyn – cael gwybod p'run ai'r tebotiau ynteu'r caeadau sy'n cael eu torri amlaf gan weithwyr y Dreth Incwm; er mi fasach yn disgwyl i'r rheiny ddal eu gafael yn y rhan orau! Ac o ehangu'r maes ymchwil fe allasech yn hawdd ganfod pa un ai ar y tebotiau ynteu ar y *decanters* roedd mwyaf o ôl traul.

Cyn gorffen ga' i awgrymu un posibilrwydd digon buddiol goeliaf fi. Beth am agor canolfan ym mhob ardal fasa'n rhoi cyfle i bawb fynd â'i fân bethau toredig ac anghyflawn yno – pethau fel cyllell heb ddim carn a charn heb ddim cyllell, olwyn beic heb ddim sbôcs ac ambell sbocsan heb y cylch.

Y peryg wedyn meddech chitha fasa gyrru economi'r wlad hon oddi ar ei hechel ac undebwyr penboeth yn cael sterics – neu streics. A 'synnwn i fawr nad ydych chi'n iawn.

Cymerwch ofal o'ch tebotiau.

Rhwng Gŵyl a Gwaith, Chwefror 1976

Samuel Jones a'i ddyddiaduron

Sôn am Samuel Jones (mab Robert Jones, Rhos-lan) yr oeddwn i'r tro diwethaf ac mi soniais amdano fel un oedd wedi cadw dyddiaduron.

O'r flwyddyn 1832 (pan gafodd ei ddewis yn flaenor gyda'r Methodistiaid yn Lerpwl) mi gadwodd gofnodion, bron yn ddifwlch, o'r holl Seiadau Cyffredinol a gynhelid bob nos Lun ar gylch yn y gwahanol eglwysi, a hynny am saith mlynedd ar hugain.

Fel disgyblwr llym yr adwaenid Samuel Jones ac ni allai neb o fewn yr eglwys osgoi'r ddisgyblaeth honno, hyd yn oed ei blant ef ei hun.

Mae hi'n anodd i ni heddiw allu dirnad mor llem oedd y ddisgyblaeth eglwysig bryd hynny ond mae Samuel Jones wedi cofnodi pethau fel hyn:

Diarddel bachgen 15 oed am ymddygiad gwamal oddeutu drysau'r capel.

Ac ar Ebrill 20fed 1835:

bu raid diarddel William, mab Hugh Jones, Joiner, am y pechod ysgeler o anufuddhau i'w rieni.

Dro arall:

Diarddel bachgen 12 oed am esgeuluso moddion gras.

Roedd ffyddlondeb i foddion gras yn bwysig dros ben ac roedd yno graffu manwl am yr arwydd lleiaf o esgeulustod:

Mai 20fed 1833. Diarddelwyd Dafydd Parry am rodiad afreolus ac esgeulusiad o foddion gras; ni bu yn y moddion cyhoeddus na neilltuedig ers chwech wythnos.

Roedd yno gerydd hefyd am fod yn hwyr yn cyrraedd y Capel:

Ni chymerasai meistriaid bydol y fath beth oddiar eich llaw.

A thorri'r Saboth bron yn ddieithriad yn golygu cael eich diarddel:

Mi fuo raid diarddel Jane Hughes am fyned gyda'r steam packet i Gymru ar y Sabboth.

Diarddelwyd hen ŵr, W. Jones o'r Rhos, am fynd i ymofyn ei gyflog ar y Sabboth – safai yn gryf dros ei fai, mai gwaith o angenrheidrwydd ydoedd ac nas gallai ei wneud amser arall.

A gwrandewch ar y dyfyniad hwn:

Bu raid diarddel dau o fechgyn (had yr eglwys), un wedi troi ei gefn yn hollol ar bob moddion o ras, a'r llall, wedi cymeryd gorchwyl ac oedd yn ei rwymo i'w gyflawni ar y Sabboth, sef cario llythyrau (postmon). Rhybuddiwyd am yr amhriodoldeb i un Cristion fynd i swydd neu waith ac y bydd angenrheidrwydd iddo fod yn ei chyflawni ar y Sabbothau.

Er fod llawer o orchwylion ac angenrheidrwydd i rywrai fod yn eu cyflawni (yn ôl agwedd anfoesol y byd yn bresennol) megis watchmen, *policemen, dock-gate men, lamp lighters, etc.* (ni ellir dweud nad oes gwir angen am y rhai'n oll). Ond nid yw'n debyg y mynnai yr Arglwydd i neb o'i blant Ef fod yn cyflawni yr un o'r swyddau yma, ac mae'n bur anhebig yr â yr un o wir blant yr Arglwydd i'r fath safleoedd anfanteisiol.

Tua 1833 treuliwyd aml seiat yn sgwrsio ac ymddiddan ag aelodau eglwysig oedd wedi ymuno ag Undebau Llafur ac os nad oeddent yn torri eu cysylltiad â'r Undebau roeddent hwythau hefyd yn cael eu diarddel o'r eglwys. Ni chaent ychwaith berthyn i Gymdeithasau 'dirgel' neu 'fydol':

Awst 26 1839. Rhoddwyd rhybudd nad ymunai neb â'r *Oddfellows* a'r *Foresters Societies.* Nid yw eu dull mewn un modd yn gweddu i Gristionogion.

A dyma i chi eto:

Penderfynwyd na oddefid un aelod i ymuno â'r un club ag y byddo unrhyw ddirgelwch yn perthyn iddo megis y *Freemasons*, yr *Oddfellows, etc.* – y mae hynodrwydd eu gwisgiadau etc. yn eu gwneud yn *ridiculous* ac felly yn anweddus i Gristionogion.

Coeliwch neu beidio, rhwng 1838 a 1840, wyddoch chi beth arall y dylid ei ochel? Wel, Eisteddfod y Beirdd. Rhybuddiwyd yr aelodau eglwysig rhag rhoddi un math o gefnogaeth iddi. Roedd 'ysbryd cystadlu' yn dueddol o feithrin 'balchder ysbryd'. Roedd digon o hwnnw ynom ni eisoes, meddai Samuel Jones.

Beth arall, meddech chi, a allasai fod yn fater o bwys i'w ystyried gan Eglwysi'r Methodistiaid yn Lerpwl? Gwrandewch. Treuliwyd dau gyfarfod eglwysig cyfan, Rhagfyr 10 a Rhagfyr 17eg, 1838, i drafod y mater hwn:

Ni ellir esgeuluso dysgu Cymraeg heb fod yn euog o waed ein plant, oblegid wrth fagu'r plant yn yr iaith Saesoneg yn unig, yr ydym yn debig â phe bai tad naturiol yn crogi'r dorth ym mhen y tŷ, a'r plant bach, oherwydd bod eu breichiau yn rhy fyrion i'w hestyn, yn gorfod llwgu a'r dorth yn y golwg – diau na ddylid goddef y cyfryw rieni yn aelodau eglwysig . . .

Rhwng Gŵyl a Gwaith, Mai 3 1978

Heb bennawd

'Dwi ddim yn rhyw sicr iawn beth 'dwi'n mynd i'w wneud y tro yma, pa un ai deud rhywbeth wrthych chi ynteu gofyn rhywbeth ichi.

Mi welwch felly 'mod i mewn penbleth ar y cychwyn cyntaf 'ma.

Mae hi'n arferiad gan gynhyrchwyr y cyfresi hyn i roi teitl i bob sgwrs, ond 'wn i yn y byd mawr 'ma beth roddan' nhw'n deitl i hon. 'Does gen i ddim pennawd iddi hi beth bynnag. Ond mi fedraf i o leiaf ddeud peth fel hyn, mai llyfr sydd gen i dan sylw. Na, na, na, peidiwch ag wfftio at y peth rŵan, mi allaf i'ch sicrhau chi 'i fod o'n llyfr diddorol. Mae 'na rywbeth ynddo fo at ddant pawb. Cym'rwch hyn rŵan ar dudalen 74: 'Emyn y D.D.' ac mi saif y D.D. yna am y Doethur mewn Diwinyddiaeth neu'r *Doctor of Divinity*.

Parodi sydd 'ma ar emyn adnabyddus a'r amcan oedd dychanu y pregethwyr hynny 'stalwm, 'stalwm fyddai'n mynd i Mericia yn ddynion digon cyffredin heb na gradd na pheth ond yn dŵad yn ôl i'r hen wlad yn cael 'u cyflwyno fel y Dr. Hwn a Hwn o Mericia!

A dyma'r gerdd:

Dysgwyl 'rwyf er ys blynyddau
   Dysgwyl gwel'd yr adeg gu, –
Dysgwyl gwel'd fy enw anwyl
   'N cael ei ddylyn gan D.D.;
     Dyma gynffon
Fydd yn cynwys *mwy* na'm pen.

Gwn nad ydwyf yn ddysgedig,
   Gwn nad wyf yn wreiddiol iawn,
Gwn yn dda nad môr, ond llestriad
   Bychan, *bychan* yw fy nawn;
     Ond er hyny
'Rwyn awyddu am D.D.

Gwn yn dda fod y mwyafrif
　'N well pregethwyr na myfi,
Ac mai trais ar eu synwyrau
　Fydd fy ngalw yn D.D.;
　　　Wedi'r cwbl,
　　Treiswyr ga y gynffon hon.

'Rwyf yn awdwr, fe gyhoeddais
　Lyfr a gafodd gryn fawrhâd,
Gwir mai benthyg oedd ei haner
　O awduron gwych ein gwlad;
　　　Ond er hyny,
　　Bydd yn help i gael D.D.

Myn'd a wnaf dros fôr y Werydd,
　Croesaf i'r Amerig gain,
Dyna'n unig y gwrhydri
　Raid im wneyd i enill rhain;
　　　Beth yw hyny
　　Er cael gwisgo y D.D.

Mae'n ddiamau y clywsoch chwithau gyfeirio at bobol Pen Llŷn fel lloia Llŷn ac at drigolion Ynys Môn fel moch Môn. Wel, ar dudalen 75 yn yr hen lyfryn bach 'ma mae 'no stori am ryw William Williams o Lanfrothen. Roedd William Williams yn hwylio i briodi efo rhyw ddynes o'r ardal ond yn sydyn reit mi briododd y ddynes efo dyn o Sir Fôn.

Dyna rywun wedyn yn prysuro i dynnu coes William Williams, fod y dyn Sir Fôn 'ma wedi 'i 'redeg o'.

'Dim o'r fath beth,' meddai William Williams, 'nid dyna y tro cynta i mi roi fy ngweddill i fochyn.'

Un nodwedd amlwg iawn i'r llyfr ydi'r wybodaeth am arwynebedd a phoblogaeth gwahanol wledydd, a geir ar ben pob tudalen. 'Dydi arwynebedd Cymru ddim yno ond mae'r boblogaeth ac roedd honno yn 1,259,784. Roedd poblogaeth Sir Gaernarfon yn 119,000 union! Pryd oedd hynny tybed? Wel 'dydi'r llyfr (fel y mae o) yn help yn y byd gan fod y clawr a'r wynebddalen a blwyddyn ei gyhoeddi ar goll. Yn wir mae'r ddeuddeg dudalen gyntaf wedi mynd, a thudalen 160 ydi'r dudalen olaf, ond mae'n amlwg fod rhai wedi colli o'r pen hwnnw hefyd.

Mae'r llyfr wedi 'i rannu yn bum rhan o leiaf – rydw i wedi dyfynnu o un yn barod – ac mae'r pedair rhan arall wedi eu corlannu o dan benawdau fel hyn: 'Cymorth i Chwerthin', 'Dyddorol a Hynod', 'Bwrdd y Llenor' a 'Congl yr Awen'. Gwaith Islwyn a Cheiriog a Glasynys ac eraill sydd yng Nghongl yr Awen a hefyd ambell i englyn gan Mynyddog a hwn o waith Trebor Mai i'r Ddannoedd neu'r 'fannodd'. Triwch chi gofio rŵan mor anniddig ac anesmwyth oeddech chi pan gawsoch chi'r fannodd ddiwetha! Dyma'r englyn:

Er cynyg physyg, ni ffy – ofer llwnc,
  Af i'r llofft i'r gwely –
Af allan – caf hedd felly –
O! 'r tad, af yn ôl i'r tŷ.

Yn yr adran yna hefyd mae 'na ddau bennill (heb enw awdur) na chlywais i erioed mohonyn' nhw o'r blaen; ac mae'r byrdwn sydd i'r ddau bennill wedi apelio ata' i yn fawr iawn. Teitl y gerdd ydi 'O dan yr Ymbarela'.

Beth ydyw'r ods am wynt na chawod,
Daeth fy nghariad i'm cyfarfod;
Nid yw cenllysg na gwlawogydd
Yn ein gwneuthur yn annedwydd;
Byddwn byth yn eithaf boddlon
Ar nosweithiau oer a gwlybion:
 Serch, a mi, ac Anabella
 Oeddym oll dan ymbarela.

Cerdded wnaem yn agos, agos,
Dan y llen yn hynod ddiddos;
Pam rwy'n hoffi'r bywyd gwlawog,
Meddai, yna âi ei gruddiau'n wridog;

Yna rhodd y rheswm imi,
Ond ni dd'wedaf hwnw ichwi:
   Serch, a mi, ac Anabella
   Oeddym oll dan ymbarela.

Ysgwn i oes 'na rywun fedr ddeud wrtha i beth ydi enw'r llyfr 'ma a phwy a'i cyhoeddodd o? A rhag ofn y bydd hyn o ryw help i chi, 'doedd poblogaeth New Mexico bryd hynny ddim ond 600 yn fwy na Sir Gaernarfon.

Ac un peth bach arall. Ar Ragfyr yr unfed ar ddeg ar hugain 1694 fe osodwyd treth ar hen lanciau!

Rhwng Gŵyl a Gwaith, Hydref 1978

Y llyfr oedd *Y Cydymaith Dyddan* gan P.M. Evans, Milwaukee, Wisconsin (gynt o Dal-y-sarn, Dyffryn Nantlle). Utica. 1887.

Rolant Anwyl Williams (1)

Ychydig iawn ohonoch chi fydd wedi clywed sôn am y cymeriad rydw i am ddweud gair neu ddau amdano heno a hyd yn oed wedi imi ei enwi dim ond ychydig o bobl mewn rhyw gylch o bum milltir i Borthmadog oedd yn ei adnabod. Ond roedd i Rolant ei arbenigrwydd a chyn diwedd y sgwrs 'ma rydw i'n hyderus y byddwch chi yng Nghanolbarth a De Cymru wedi teimlo ias yr arbenigrwydd hwnnw.

Cwta ddeufis sydd 'na er pan fu farw Rol Croesor Bach neu Rolant Anwyl Williams i roi ei enw fo'n llawn ac yng Nghroesor Bach, Croesor, yn un o dri o fechgyn y magwyd o. Mi fu'r ddau frawd arall, sef Dafydd a Ben, farw yn ddisymwth ychydig flynyddoedd yn ôl a dull Rolant o fynegi ei ddyhead am farwolaeth debyg oedd hwn:

"Dwi'n disgwl ca' i farw â sgidia am 'y nhraed!'

Ac fe gafodd, yn union felly.

'Ro'n i wedi dŵad i adnabod Rolant Williams ers tuag ugain mlynedd, nid yn rhyfeddol o dda ond digon da er hynny i fynd ato fo i'r tŷ am sgwrs ryw unwaith neu ddwy ac aml i dro y bûm i'n sgwrsio efo fo ar y stryd ym Mhorthmadog.

Roedd o wedi dŵad o Groesor ac wedi setlo ym Mhorthmadog ers tro byd a phan ofynnodd rhywun iddo, yn fuan ar ôl y mudo, sut roedd o'n setlo yn y Port, meddai Rolant:

"Dwi'n hapusach na buo' mi er pan o'n i'n hogyn deg oed yn byta eirin tagu!'

A dyna i chi ateb sy'n gyforiog o awgrymiadau; hynny yw, roedd o wedi dŵad o gefndir mor llwm a moel nes y cyfrifid surni eirin tagu yn foethusrwydd.

A dyn efo'r ddawn a'r gallu i goinio cymariaethau cofiadwy felna oedd Rol Croesor Bach. Mi ofynnodd rhywun iddo ryw dro sut ddyn oedd hwn a hwn a dyma'r ateb:

'Dyn iawn i ddeud 'i bod hi'n braf neu 'i bod hi'n bwrw glaw wrtho fo!'

Roedd o wedi bod yn gweithio ar un adeg yn y gwaith sets

ym Minffordd ac mae 'na stori amdano yn sôn am ryw wythnos o dywydd dihafal o boeth yn y cyfnod hwnnw.

'Erbyn dydd Gwenar,' meddai Rol, 'roedd hi wedi dŵad yn annioddefol, a dyna hi'n dŵad i glecian at y tri o'r gloch yma ac yn 'law tarana mwya diawledig welist ti 'rioed. 'Ro'n i wedi cychwyn yn 'bora efo clamp o het wellt noblia welist ti am ben neb ond pan o'n i'n cyrraedd yn f'ôl 'chydig wedi pump roedd 'r hen het 'no fel clustia sbanial.'

Yn ystod y rhyfel roedd o'n ffarmio lle bach o'r enw Pwll-lleindir yng Nghroesor ac un o'r nwyddau prin yn y cyfnod hwnnw oedd matsus a 'doedd Rolant ddim yn rhy fodlon ar y gyfran a gâi yn y siop. Mi drodd y sgwrs yn y siop un diwrnod i sôn am y blacowt (sef y moddion i guddio'r golau rhag awyrennau'r gelyn) ac meddai'r siopwr:

'Oes gynno chi flacowt iawn tua Pwll-lleindir acw, Rolant?'

'Oes 'tad,' meddai Rol, 'ac mi fydd yn flacowt tragwyddol acw 'nelo hynny o fatsus 'dwi'n ga'l gynnoch chi!'

Mae'n ddiamau fod yr enw Croesor wedi'ch atgoffa chi i gyd mai yno roedd Bob Owen, y chwilotwr a'r casglwr llyfra, yn byw ac mi ddaeth yno filwyr Americanaidd efo ceffylau a mulod i'r ardal i ymarfer am gyfnod yn ystod y rhyfel. Tuedd y rheiny wrth groesi'r mynyddoedd oedd agor bwlch yn y waliau cerrig oedd yn amgylchynu'r ffriddoedd a'u gadael nhw wedyn yn fylchau agored.

Roedd gan Rol ddefaid yn un o'r ffriddoedd hyn, sef Ffridd Llety, a phan alwodd o efo Bob Owen un nos Sadwrn dyna Rol yn dechrau rhedeg ar arferion yr Americanwyr a'u bod nhw'n malu a dragio'i le fo. Ond roedd Bob Owen yn frwd o blaid y sowldiwrs – mai hen fois clyfar iawn oedd yr Iancs. Ac meddai Rol:

'Fasa chi'n 'i galw nhw'n glyfar tasa nhw'n dŵad i Ael-y-bryn 'ma a chwalu'ch silffoedd llyfra chi?'

Mi fu Rol hefyd yn gweini ar ffermydd yn Eifionydd a phan ofynnodd swyddog yn un o'r capeli iddo fo oedd o wedi cael ei bapur aelodaeth i fynd efo fo i le arall:

'Naddo,' meddai Rolant, 'stripiwch f'enw fi i ffwr' oddi ar y llyfra – a stripiwch ych un chitha 'r un ffordd – 'does 'r un ohonon ni'n dau yn ffit i fod yn sêt yr hetia –

Glanha dy eglwys, Iesu Mawr,
    Ei grym yw bod yn *lân*.'

Ond mi fyddai Rolant Williams yn mwynhau pregeth dda ac mi glywais i ragor nag un yn dweud iddyn nhw weld ffurf a chysgod Rol aml i dro drwy'r drws gwydr yn sefyll i wrando ym mhorth y capel yng Nghroesor ar ei rownd laeth ac yna'n diflannu ar ôl y bregeth.

Mi fyddai, er hynny, yn mynd i'r capel ar ei dro ac mi ofynnodd un o weinidogion Porthmadog iddo un tro sut bregeth a gawsai y Sul cynt, gan ryw bregethwr arall, a dyma'r ateb:

'Roedd gynno fo lond 'i Feibil o bapura ond 'dwn i'm sut ddiawl roedd o'n disgwl i ni gofio'r bregath, 'doedd o ddim yn 'i chofio hi 'i hun!'

Yn wahanol i ambell i bregethwr ac i aml hen flaenor roedd yn gas gan Rol ryfeloedd a sôn am ryfeloedd ac mae yna stori amdano yn un o dafarnau Porthmadog yng ngwanwyn 1947. Roedd hi wedi gwneud gaeaf oer a chaled iawn y flwyddyn honno, fel mae rhai yn cofio, ond roedd y tywydd yn dechrau lliniaru ac wedi dechrau dadmer erbyn hyn. Roedd sgwrs rhai o'r dynion yn y dafarn wedi troi i drafod y rhyfel a rhai yn frwd ac uchel eu cloch i'r General Montgomery wedi iddo ryddhau y fan hyn a'r fan arall o afael y gelyn. Ond yn sydyn, wedi'r holl ganmol, meddai Rol:

'Be' 'da chi'n sôn am ych General Montgomery? Be' 'da chi'n feddwl o'r *General thaw*? Ma' hwn wedi rhyddhau miloedd o ddefaid ac ŵyn ar y mynyddoedd 'na heb godi 'i fys bach!'

Ac i orffen heno 'ma, dyma i chi ddyfyniad arall i ddangos agwedd Rolant Williams at Addysg, neu yn fwy cywir hwyrach ei agwedd ar y pwyslais, os nad y gorbwyslais, a roir ar y maes hwnnw erbyn heddiw. Pan ofynnodd rhywun iddo fo'n ddiweddar oedd o'n dal i weithio:

'Ydw,' meddai. ''Dwi mewn gwaith mwy na buo fi 'rioed, a 'dwi bron yn bymthag a thrigian. 'Tae ti'n meddwl am 'r hogia ifanc 'ma heddiw, 'wnan' nhw 'm byd ond efo beiro ne' du ôl olwyn. Ma' 'na ryw hen foi bach rŵan, peth bach clên ydi o hefyd, mae o wedi bod yn y Coleg rŵan nes oedd o'n bedar ar hugian oed – locsyn mawr gynno fo! O'n i'n siarad efo fo 'noson o'r blaen.

'Wyt ti wedi dechra gweithio?' meddwn i wrtho fo.

'Do,' medda fo.

'Be' ti'n neud?' medda fi.

'Dysgu plant i chwara,' medda fo.

'Wel 'r Arglwydd annwyl,' medda fi. 'Mi fedar oen bach chwara!'

Roedd gan Rolant Anwyl Williams stôr o englynion a phenillion ar ei gof a'r wythnos nesa mi fyddaf yn dyfynnu o sgwrs a recordiais i efo fo tua deunaw mlynedd yn ôl. (I orffen y sgwrs dyfynnwyd yr englyn i 'Ansicrwydd Bywyd' (ar dudalen 154) y byddai Rolant mor hoff o'i adrodd .

Rhwng Gŵyl a Gwaith, Ionawr 3 1988

Rolant Anwyl Williams (2)

Am Rolant Anwyl Williams, neu Rol Croesor Bach, Croesor, y bûm i'n siarad yr wythnos ddiwethaf a chyn i mi fynd ati i sôn am y recordiad a wnes i ohono ryw ddeunaw mlynedd yn ôl cystal i mi adrodd stori neu ddwy arall sy'n dangos ei ddull lliwgar ac unigryw ef o ddisgrifio sefyllfa. Ac os clywch chi ambell i air fel 'y diawl', hwnnw oedd y gair addas ar y pryd gan Rol i liwio'r dweud.

Yn y cyfnod pan oedd yn byw yng Nghroesor mi fyddai'n arfer dod i lawr i Borthmadog i'r farchnad ar ddydd Gwener ac mi fyddai yntau, ymhlith eraill, yn mynd i Fwyty'r Alexandria am ei de. Nid y byrddau bach unigol i dri a phedwar eistedd wrthynt oedd yn y bwyty hwnnw ond clamp o fwrdd mawr digon i chwech neu wyth. Maen' nhw'n dweud i Rolant gael ei hun yn eistedd yn nhalcen y bwrdd (a'i gefn at y ffenestr) un pnawn Gwener a'r plât brechdanau wedi rhyw orsefydlogi ym mhen arall y bwrdd, ac meddai:

'Fedrwch chi ddim estyn tipyn ar y bwyd 'na deudwch – lle mod i fel llwdwn mewn sgrafall myn diawl, yn gweld bwyd ond yn methu 'i gyrradd o!'

Mi ddeudodd cyfaill i mi y diwrnod o'r blaen iddo gyfarfod Rol yn yr archfarchnad fawr sydd ym Mhorthmadog. Mae'n debyg mai hwn oedd un o'r troeon cyntaf iddo ymweld â'r fath le a synnai a rhyfeddai at y fath gyflawnder o bethau oedd ym mhob twll a chornel. Dyma'i sylw:

'Mae hi fel tasa ni yn yr Aifft cyn y newyn.'

Ond i ddod at y recordiad. Mi gychwynnodd y sgwrs drwy ddweud iddo fynd i'r Eisteddfod Genedlaethol i Lanrwst yn 1951.

'Mynd yn y bora,' meddai. 'Dim ond cilcyn o gaws a chrystyn a nionyn yn 'y mhocad a drw'r dydd yn y Red Lion nes oeddan ni wedi'n socian mewn cwrw!'

Yna mi aeth ymlaen efo'i stori:

'Dyma i ti bedair pennill anfarwol ddeudwyd y d'wrnod

hwnnw. Roedd 'na hen gymeriad yn Benmachno, Wil Morgan, hen brydydd da yn gweithio efo Ifan Tyddyn. Saer maen oedd Ifan Tyddyn. Mi fuo farw'n ifanc a thyaid o blant gynno fo. Roedd o'n hen foi cymeradwy a'i enw fo'n berarogl ar 'i ôl o 'mhob man. Ac mi wna'th Wil Morgan bedair pennill pedair llinall ar 'i ôl o. 'Does 'na ddim sôn am nefoedd nac uffarn, dim ond am y bedd fel tŷ.

Huna di, Ifan, ar derfyn dy daith,
Os byr fu dy ddiwrnod, mawr fu dy waith,
'Ddaw nych na gorthrymder na siom i roi clwy'
I neb sydd yn cysgu ym Mynwent y Plwy'.

'Does angen dim tanwydd i dwymo dy dŷ
Na neb i gyweirio dy wely di-blu,
Na neb i bryderu amdanat ti mwy:
'Fydd eisiau'r un doctor ym Mynwent y Plwy'.

'Meddwl di rŵan am dwrw'r traffig a'r ffasiwn helynt sy'n y byd 'ma:

A thwrw y dyrfa ddaearol ni ddaw
Drwy ddrws dy dŷ bychan ar hindda na glaw,
A thrwydded, mi wn, nid oes ganddynt hwy
I ddeffro tenantiaid hen Fynwent y Plwy'.

'Yn ystod blynyddoedd y diweithdra mawr y g'nawd nhw – gwrando di'r pennill dwytha 'ma rŵan:

Huna di, Ifan, ar derfyn dy daith,
Ymhlith y tyrfaoedd mwya' di-waith,
Y nos fel y dydd – yr un iddynt hwy
Sy'n cysgu mor dawel ym Mynwent y Plwy'.

Ysgwn i ai unwaith yn unig y clywodd Rolant Anwyl Williams y pedwar pennill yna. Os ie, mae'n rhaid felly fod ganddo gof eithriadol, ac mae'r darn nesaf yn cadarnhau hynny. 'Dyna ti fardd,' meddai. 'Dyna ti feddyliwr oedd Rolant Wyn. Un o Drawsfynydd oedd o – roedd o'n ewythr i Hedd Wyn.

"Dwi'n cofio, 'ro'n i 'Nghroesor radag honno ac wedi mynd i gau i Ffridd Llety 'na a Ben 'y mrawd wedi gneud rhyw damad o frechdan i fynd efo mi, a, myn diawl, 'ro'dd rhywun yn rhy brysur i ddarllan na dim byd 'r adag honno – ond ar 'r hen recsyn papur 'ma am y frechdan roedd 'na ddarn o waith Rolant Wyn – biti na faswn i wedi'u gweld nhw i gyd, ond 'dwi'n cofio hynny welis i. Amsar rhyfal oedd hi. A'r achos o'r rhyfal yn ôl Rolant Wyn 'te!

Llaw garedig Duw Rhagluniaeth
    Wedi cau yn ddwrn
A wna Ewrop ddi-lywodraeth
    Yn uffernol ffwrn;
Erfyn wnawn â chalon ysig
    Ei faddeuant Ef
Am ein hyfdra'n lluchio cerrig
    At ffenestri'r Nef.

Mae o'n deud wedyn – 'mhellach 'mlaen – pan fydd o wedi mynd yn hen ddyn:

Nid oes clustiau nas byddarwyd
    Gan yr Angau Mawr,

Clŵad sŵn yr Angau!

Gweddill bychan a adawyd
    Ydwyf fi yn awr.

A dyna ydan ni i gyd – gweddillion anga ydan ni – 'ti'n 'i gweld hi?

Deud ma' Rolant Wyn wedyn fel mae o wedi mynd i'r gongol rŵan:

Llym a miniog wynt mynwentaidd
    Sy'n cyniwair drwy bob bro,
Chwilio mae amdanaf innau
    Bron a 'nala i ambell dro.

Gwynt y Dwyrain – meddylia di am y pennill yma rŵan – yr *anga* yn cyflogi gwynt y dwyrain i fynd ar 'i ôl o – lladd y gwan:

> Gwynt y dwyrain mae'n gyflogi
> I ddilyn ar fy ôl bob cam,
> Weithia clywai' sŵn o'n hogi
> 'I Gledd ar garreg fedd fy mam!
> Dim trugaradd â'r anga!

> Syrthiaf innau'n fuan, fuan,
> Ar fy nghyntun maith
> Heb un seren, lloer na hugan
> Na ffurfafen 'chwaith,
> Ni ddaw imi fyth o unlle
> Olau haul na mellt
> Drwy barwydydd tŷ'r hir gartref –
> Bwthyn bach to gwellt.

Dyna ti enw ar fedd!'

Roedd Rolant Anwyl Williams yn medru dweud llawer mewn ychydig – 'r un fath â Wil Oerddwr:

'Dyna i ti un o'r beirdd gora sy' 'na yng Nghymru 'ma – fel meddyliwr. Dyna ti'n meddwl amdano fo mewn hen benillion bach *simple* 'na'th o i 'wyllys Bob y Ffatri, hen gymeriad o Ryd-ddu, mawreddog ar 'diawl, yn 'i fyd, yn trïo rhoid ar ddallt 'i fod o'n werth arian dychrynllyd. Mi wna'th 'wyllys fawr. 'Doedd gyno fo *ddim*. Ma' Wil Oerddwr wedi deud mewn rhyw ddwy lein ne' dair fwy na ddeuda prygethwrs hannar-coron sy' hiddiw mewn awr:

> Chwara teg i Robat Wiliam am 'Wyllys mor Gymreig,
> Os nad oedd ganddo lawar, fe'i rhannodd yn ddeheuig;
> Aeth ymaith ddigon parchus heb adael dim yn flêr,
> Roedd ganddo'r funud ola' 'r un faint â'r miliwnêr.

'Dim ond honna . . . (gan greu'r sain "hy") . . . dim ond 'i wynt sy' gin bawb yn y diwadd.'

Rydw i am orffen trwy adrodd dau englyn. Rolant Anwyl

Williams oedd yr unig un glywais i yn eu hadrodd nhw erioed, ac englyn i anadl oedd un:

Anadl wan ei dolenni – yw'm cadwen,
      Yn fyw'm cedwir trwyddi,
  Ond o ddyrnod ddaw arni
  Tyr angau fwlch – trengaf fi.

(ac yna cynhyrchodd y sain 'hy' fel atalnod llawn).

Cefndir yr englyn nesaf oedd fod rhywun o ochrau Ffestiniog wedi bod oddi cartref am gyfnod go faith a phan ddaeth yn ei ôl mi drodd i mewn i dafarn lle roedd wedi arfer cael cwrw da. Er ei syndod canfu fod y dafarn wedi colli ei thrwydded ac wedi cau y noson cynt. Ond roedd yno un gwydryn gwag heb ei olchi ar y cownter ac ôl y cylchau gwynion o ffroth yn dal ar ei ochrau. Ac meddai'r ymwelydd:

Tŷ fel bedd heb 'r un meddwyn – y gegin
      Wag ogylch heb undyn,
  Y bar heb arno boeryn
  A glàs gwag yn ei glos gwyn.

Rhwng Gŵyl a Gwaith, Ionawr 10, 1980

Llwynyreryr

Mi fûm i yn Llwynyreryr y diwrnod o'r blaen. Ffarm ydi Llwynyreryr ac mae'r tŷ a'r beudái o fewn canllath go dda i Gapel-y-Beirdd – 'ynghanol Eifionydd yng ngolwg Rhos-lan' – a dyfynnu llinell o waith y diweddar William Jones, Tremadog.

I Lwynyreryr yr euthum i weithio'r tro cyntaf erioed a hynny yn 1937. Gweithio yn y gwair adeg gwyliau'r ysgol oedd hynny wrth reswm. Deuddeg oed oeddwn i.

Nid wyf yn cofio pa un ai fi a'm cynigiodd fy hun ynteu a wnaeth Robert Roberts, y ffarmwr, ofyn i mi fynd yno. Ond rwy'n cofio hyd heddiw faint o gyflog oeddwn i'n ei gael, a dyma fo i chi – chwe cheiniog y dydd a'm bwyd. A chysgu pe dymunwn! Cofio hynny rwyf am ei fod yn gyflog mawr! Meddyliwch, mewn difrif, fy mod i wedi cael tri swllt gloyw ar gledr fy llaw y Sadwrn cyntaf y bûm i yno! A faint bynnag o ddilorni a fu ar Neville Chamberlain, Prif Weinidog y cyfnod, mae'n rhaid i mi gael dweud hyn o'i blaid, na warafunodd o na'i Lywodraeth i Robert Roberts godi fy nghyflog i swllt y flwyddyn wedyn. Dyna i chi gant y cant o godiad.

O fod yn un bychan o gorffolaeth (fel Saceus gynt) mi fyddaf yn gofyn i mi fy hun yn aml faint tybed mewn difrif oedd fy nghyfraniad i at gael y gwair i ddiddosrwydd y flwyddyn honno. Ac wrth fynd heibio cystal i mi nodi mai 'cael y gwair i gyfarchwyl' oedd yr idiom a ddefnyddiodd Gruffudd Parry, Botwnnog, wrth gyfeirio at gario gwair mewn lle arall. P'run bynnag, mi wnes innau fy ngorau yn y gwair y flwyddyn honno.

Nid oedd yn Llwynyreryr (mwy nag aml le arall) ddim peiriant i droi gwair ac felly nid oedd dim amdani ond 'crybiniau bach'.

Cofiaf fynd yn glap byrgoes efo Robert Roberts a Dic, Glan-y-wern, Chwilog (roedd Dic yno'n was rheolaidd), mynd ein tri ar ôl cinio i droi'r gwair yn y cae wrth ochr y capel. Cofiaf yn iawn mor heriol yr olwg oedd cae cyfan felly, cae cyfan o waneifiau llydan yn sgleinio yn yr haul a minnau'n ysu am gael ymosod arno ac i brofi iddo fod yna ochr arall i'w gymeriad yntau hefyd.

Robert Roberts oedd yn mynd gyntaf, Dic wedyn a minnau'n rhyw ffit-ffatian wrth gwtyn hwnnw. Mi glywaf sŵn crybiniau'r ddau y munud yma yn taro mewn mydr cyson oddi tan y gwaneifiau (ar yn ail â sŵn eu traed) a hadau Clych y Meirch ym mhlisg eu codau yn creu miwsig hyfryd efo pob trawiad.

Mi lwyddais innau i gadw mewn amseriad efo'r gerddorfa symudol honno am dro neu ddau o gwmpas y cae ond roedd tu hwnt i allu tipyn o hogyn ysgol i ganlyn dau mor abal yn hir iawn. Pan ddechreuodd fy modiau i losgi wrth gydio yn y gribyn ac i arlliw o swigan ymddangos wrth fôn y fawd, hefyd gweld Robert Roberts a Dic yn rhoi dau dro am un i mi a chyn hir yn mynd heibio imi am y chweched tro (a newid gwaneifiau, efo Robert Roberts yn cymryd fy un i, Dic ei un yntau a minnau'n pydru ymlaen efo un Dic) roeddwn i'n falch iawn o gael gadael y cae a mynd i nôl y gwartheg at odro'r nos.

'Doedd godro ychwaith ddim yn hawdd ar y cychwyn i gyhyrau meddal hogyn deuddeg, yn enwedig os digwyddech chi gael buwch a phwrs go wydn ganddi hi – ac roedd yno ambell un felly efo rhyw bwrs a thethi na fyn o ildio yr un defnyn yn gynt na'i gilydd, boed chi wrthi'n ddygn neu'n hamddenol.

Yn y cyfnod 'godro efo llaw' hwnnw roedd sŵn y llaeth o'r pwrs yn cyrraedd y stên yn profi sut odrwr oeddech. Roedd yr hen ddwylo yn medru godro'n ddigon cyflym a chyson i gael ewyn ar wyneb y llaeth a hwnnw'n magu sŵn wrth gyrraedd y stên (brbrr – br-brr – brr brr-brr) sŵn nid annhebyg i sŵn ambell deliffôn yn ein dyddiau ni, pryd nad oedd sŵn godro newyddian fel fi ond megis sŵn gŵr yn dical.

Dical y gelwid y peth olaf wrth odro sef mynd o fuwch i fuwch ar y diwedd i wasgu'r defnyn olaf o laeth o bob teth, y defnynnau oedd wedi crynhoi i flaen y deth ar ôl y godriad.

Mae'r atgofion hyn wedi dod yn y modd mwyaf annisgwyl, fel huddug i botes, a 'waeth i mi fanteisio ar y llifeiriant ac ychwanegu un atgof bach arall am Lwynyreryr.

Un prynhawn poeth a thrymaidd daeth fy nhad heibio i Lwynyreryr. Roeddem yn cario gwair efo'r drol a'r gaseg yng nghae Tŷ Mawr, cae sydd yn ymyl cartref yr hen fardd Owen Gruffydd o Blwyf Llanystumdwy. Dic oedd ar ben y llwyth, Robert Roberts yn codi, a minnau'n twsu'r gaseg o fwdwl i fwdwl ac o renc i renc. Roedd hi'n hen brynhawn llethol, fel y dywedais, a phryfed dirifedi yn poeni'r gaseg.

'Dos draw at y clawdd 'na,' meddai 'Nhad, 'a thyrd â brigyn bach o'r goeden ysgaw 'na efo ti.'

Mi es innau i'w nôl a beth wnaeth fy Nhad ond rhoi'r brigyn ysgaw yn sownd yng nghap y gaseg, ac meddai:

'Mi geidw hwnna'r hen bryfaid 'na rhag poeni'r gaseg.'

A dyna'r pryd y plannwyd yn fy meddwl y ddamcaniaeth mai i gadw'r pryfed draw y plennid coed ysgaw wrth gytiau moch a thai bach y dyddiau gynt.

Pe bawn i wedi awgrymu hynny wrth Robert Roberts yr adeg honno, ei ffordd ddireidus ac unigryw o o fynegi ei gydsyniad fasa *'wuddowt e dowt'*.

Rhwng Gŵyl a Gwaith, 1980

Dyddiadur 1938

Ar ddechrau blwyddyn fel arfer y byddwn ni'n sôn am gadw dyddiaduron, ac os oes yna reol neu drefn, neu hyd yn oed gyfraith ar beth felly, rydw i am fod yn ddigon beiddgar heno i dorri'r cwbl.

Dichon eich bod chi'n credu fy mod i'r math o berson fasa'n cadw dyddiadur, ac mi gyfaddefaf innau ar ei ben fy mod i wedi ceisio cadw un droeon ond na fyddwn i byth yn dal ati ymhellach na chanol Chwefror. Neu felly roeddwn i'n meddwl tan yr wythnos diwetha. 'Beth ddigwyddodd felly?' meddech chwithau. Wel, mi ddywedaf wrthych.

Mewn cornel lychlyd wrth sawdl cistiad o lyfrau mi welais lyfryn bychan glas-tywyll ac o ganfod mai un o'r llu dyddiaduron a fydd yn cael eu dosbarthu i ffermwyr gan gwmnïau blodiau oedd o mi allaswn fod wedi ei luchio fo'n ddigon hawdd. Ond o sylwi fod yn y llyfryn bach hwn ragor o ysgrifen nag arfer mi greffais yn fanylach a chanfod mai un o'm dyddiaduron i fy hun ydoedd, a mwy o syndod fyth oedd canfod i mi gadw hwn yn ddi-fwlch o Ionawr hyd y dydd olaf o Fai a hynny yn 1938.

Yn wir i chi roeddwn mor awyddus i gadw dyddiadur bryd hynny nes i mi wthio cofnod am ddeuddydd olaf y flwyddyn cynt i mewn ar ei gychwyn o. Ar fy mlwyddyn gyntaf yn y County School ym Mhorthmadog roeddwn i bryd hynny.

Fel y gellid disgwyl, bychan a chyfyng iawn oedd fy myd i, a'r rhan amlaf nid wyf yn gwneud dim rhagor na chofnodi beth oedd fy Nhad a'm Mam a Wil a Morris fy mrodyr a minnau yn ei wneud yn ystod y dydd. Ond efallai fod ynddo, er hynny, ambell gofnod wna ganu cloch ac apelio atoch chwithau. Cymerwch chi hwn rŵan ar Ionawr 3, 1938.

Llythyr oddi wrth O.M. Lloyd – y diweddar Barchedig O.M. Lloyd. Roedd o bryd hynny newydd symud o Ros-lan (ei eglwys gyntaf) i Nefyn ac ar yr unfed ar ddeg o Awst y flwyddyn honno rwyf wedi cofnodi ei fod wedi priodi.

'Trwsio'r popty' oedd digwyddiad pwysig arall y diwrnod hwnnw, a 'dyn o'r Garn yn dod â'r llyfr yn ôl', heb enwi'r dyn na theitl y llyfr!

Mi aeth Mam a Wil a minnau i'r Cyfarfod Gweddi gyda'r nos ond Morris a Wil aeth efo Mam y noson wedyn. Mae'n rhaid felly fy mod i wedi aros gartra efo 'Nhad. Roedd o'n cwyno ers rhai blynyddoedd ond heb ei gaethiwo i'w wely 'chwaith, na hyd yn oed i'r tŷ. Clefyd siwgr oedd arno a hwnnw'n peri syched mawr nes byddai'n gorfod cario poteliad o ddŵr neu laeth enwyn yn ei boced, ac os cofiaf yn iawn, mi fyddai aros yn y Capel am awr heb ddiod yn dreth rhy drom arno ac mi a'i gwelaf o'r munud 'ma, droeon cynt wrth ddod o'r Capel, yn mynd ar ei bedwar i yfed dŵr o'r ffos yn ymyl Llysifor.

Drannoeth wedyn, ar y pumed o Ionawr, mae Morris yn mynd efo 'Nhad i weld 'cwt ieir' Muriau Bach. 'Doedd y cwt ieir hwnnw, cofiwch, ddim yn un arbennig iawn yn ei ddeunydd na'i faintioli a 'doedd o ddim ond lled dau gae bychan o'r drws acw, ond y pethau bach cymdogol yna sy'n nodweddu'r dyddiadur.

Dyma i chwi ragor:

Dal ebol Cefn Uchaf.
Dyn o'r Garn yn chwilio am fuddai.
Yr ail oen bach yng Nghefn Uchaf.
Wil yn mynd â'r gaseg i Gae Canol.
Meredydd yn trwsio'r Capel.

Roedd yna ambell beth o'r Byd-Mawr-tu-allan yn cyfrif hefyd. Ar yr ail ar hugain o Ionawr, Tommy Farr yn bocsio am 3 o'r gloch y bore, ac ar yr ail ar bymtheg o Chwefror roedd Wil yng Nghefn Uchaf yn teilo efo tair trol!

Mae'n amlwg fod Wil, y brawd hynaf, wedi gadael yr ysgol yn bedair ar ddeg a hanner ac wedi dechrau gweithio yma ac acw, ac ar Fawrth y pumed ar hugain mae gen i gofnod fel hyn:

Wil yn y Port – y fo yn cael sgidia a watch. Mam yn cael clocsia.

Mae gen i ddau gofnod hefyd am gael 'llaeth llo bach' o ddwy o'r ffermydd cyfagos. Mae'n well i mi ychwanegu yn y fan hon er mwyn y di-glem nad cyfeirio at loeau bach yn godro yr wyf ond sôn am y llaeth melyn tew a geid ar ôl i fuwch ddod â llo ac fel y gwneid pwdin blasus efo fo.

Yn Ionawr y flwyddyn honno hefyd y cychwynnwyd y Ffatri Laeth Gydweithredol yn Chwilog. Fel y Ffatri Fenyn rydw i'n cyfeirio ati ac mi gawsom y menyn cyntaf o'r fan honno ar yr ail ar bymtheg o'r mis. Ychydig a feddyliais bryd hynny y baswn i'n treulio tair blynedd ar ddeg yn ddiweddarach yn gwerthu'r menyn hwnnw ar draws gwlad.

Ar y chweched o Chwefror mi aethom fel teulu i Dyddynmorthwyl i swper. Roedd Tyddynmorthwyl tua dwy filltir yn nes i Gricieth ac roedd yn rhaid cerdded yno. Mae gen i ddau gofnod bach diddorol arall ar gyfer y noson hon. Dyma'r cyntaf:

Wil yn rhoi ei drowsus llaes am y tro cynta.

Am 'wn i nad ydyw plant heddiw yn cael eu geni mewn trowsusau llaes ond bryd hynny roedd mynd o'r cwta i'r llaes yn gamu o fod yn blentyn i fod yn ddyn. Roedd Wil yn swil iawn o wisgo'r trowsus am y tro cyntaf fel hyn ac mi glywais Mam yn sôn ganwaith wedyn am y noson. Oni bai ei bod yn dywyll fasa fo ddim wedi meiddio ei wisgo o gwbl a phob tro y digwyddai yna gar efo golau ddod i'n cyfarfod mi fyddai Wil yn neidio tros y clawdd neu'n rhedeg i wardio at gilbost adwy rhag ofn i neb ei weld yn ei drowsus llaes.

Dyma'r noson hefyd y ces i fy meic cyntaf erioed a'i gael am ddim gan Owen ac Eleri Robaits, Tyddynmorthwyl. Cyn y noson hon mi fyddwn i'n cerdded y tair milltir o Ros-lan i Gricieth i ddal y trên i fynd i'r ysgol i Borthmadog a'u cerdded nhw yn ôl wedyn gyda'r nos.

Mae enwau athrawon yr ysgol honno wedi eu rhestru ddwywaith yng nghwtyn y llyfr. *Enwau athrawon yn Ysgol Port* ydi'r pennawd cyntaf ond yn yr ail ymhle rwy'n manylu trwy enwi'r athrawon oedd yn dysgu'r gwahanol bynciau, mae'n awgrymiadol iawn mai yn Saesneg y rhois i'r pennawd yn y fan honno, a dyma fo i chi yn fy ail iaith i: *The teachers which give me lessons*.

Rhwng Gŵyl a Gwaith, 1980

Wil

Tair llythyren yn unig sydd 'na i eiriad fy nhestun i, a dyma nhw: W I L. Ia, Wil.

'Dwi ddim am fanylu yn ormodol wrth 'i gyflwyno, dim ond eich sicrhau 'i fod o'n bod.

Un bychan fel finnau ydi o. Mae o'n deud 'i fod o o leiaf fodfedd yn dalach na mi, a phetái hynny'n wir, pum troedfedd a thair modfedd a hanner fasa fo wedyn.

Mae 'na fisoedd lawer er pan welis i o; ond petawn i'n digwydd trawo arno fo yfory nesaf, naw gwaith allan o ddeg na fasa fo'n gwenu a honno'n wên ddireidus. Yn gymysg â honno wedyn mi gaech dwts o euogrwydd. Euogrwydd digon diniwed cofiwch ond yn cydnabod yn gynnil 'i fod o wedi rhoi 'i droed ynddi hi neu newydd lwyddo i ddŵad o gongol go gyfyng.

Mae 'na bum mlynedd ar hugain a rhagor er pan fyddai Wil a minnau yn partneru i fynd i chwilio am gariadon ac os byddem ni bryd hynny wedi trefnu i gychwyn am chwech o'r gloch mi fyddwn yn lwcus iawn os cyrhaeddai William cyn saith. Ganddo fo roedd y car ac felly yn rheoli amseriad ein mynd a'n dŵad ni i bobman ac o bobman, ac mewn perthynas â'i gar y mae'r straeon mawr am Wil.

Mi fu'n gyrru hwnnw am chwe blynedd ar drwydded dros dro – y *provisional licence* – nid am 'i fod o'n *methu'r* profion gyrru ond am nad oedd o'n cofio gneud cais am y prawf. Efo trwydded felly roedd hi'n ofynnol i gael gyrrwr trwyddedig wrth eich ochr bob amser ond 'doedd Wil mo'r dyn i ysgwyddo cyfrifoldebau felly ar bob achlysur. Dyna i chi'r tro hwnnw yr aeth o i 'Steddfod Capel Uchaf, Clynnog. 'Dwi ddim yn siŵr oedd o'n cystadlu yn y 'steddfod honno. Mi allasai fod yn reit hawdd, mi clywyd o mewn sawl pri-lum ac mae Wil yn dal allan mai yn y rhagbrofion mae'r canwrs gorau. Roedd Wil wedi mynd â'i fam i Gapel Uchaf, nid bod Jane, chwedl yntau, wedi pasio'i phrawf gyrru ond am 'i bod hithau yn ffond o 'steddfod.

Ffyrdd go gul sy' tua'r Capel Uchaf 'na ac mi adawodd Wil 'i gar ar le glas; a phan ddoth hi'n adeg cychwyn adref mi welodd na ddôi'r car ddim odd'no – roedd o'n troi yn 'i unfan. Wrth glywed sŵn injan yn rasio pwy ddoth heibio ond dau blisman.

'Be' 'di'r helynt?' meddai un ohonyn nhw wrth weld Wil erbyn hyn yn sefyll o'r tu ôl i'r car yn ddigon penisel.

'Methu cael hwn o'r lle glas 'ma 'dwi.'

'Neidiwch i mewn,' meddai'r Sarjant, 'Mi 'gwthiwn ni chi.' Ac yn ddiddiolch felly y llithrodd William o afael y gyfraith.

Nid yn fwriadol wyneb-galed y bydda' Wil yn anwybyddu'r gyfraith; rhyw ddiffyg sylweddoli'r gofynion mewn pryd y bydda fo.

'Dwi'n cofio pedwar ohonon ni yn mynd yng nghar Wil i 'Steddfod Rhydyclafdy. Y fi fydda'n dreifio ar ryw achlysuron fel hyn gan fod William yn un mor cŵl a didaro, ac mi allasem golli'r 'steddfod ar 'i hyd petasem ni'n gadael y cyfrifoldeb arno fo.

Mi arhoson ni am 'chydig ar y Maes ym Mhwllheli ac wrth gamu'n ôl i'r car mi sylwis fod y drwydded wedi darfod ers mis! Mi ges inna' ddigon o blwc y tro hwnnw i aros yn haerllug wrth y llyw am y gweddill o'r daith.

Mae stori arall am Wil a'i gerbyd sydd y tu hwnt i bob rhesymeg. Roedd hyn eto yn y cyfnod pan oedd o i fod i gario'r llythyren L ar 'i gar. Roedd o'r tro yma wedi mentro ar 'i ben 'i hun gyn belled â Phorthmadog, a hynny gefn dydd golau.

Ar y ffordd yn ôl, ac yntau ar y goriwaered am Ddolbenmaen, pwy wela' fo'n cerdded i'w gyfarfod o ond y plisman lleol (oedd yn yr ardal ers blynyddoedd). Fel roedd o yn mynd heibio i'r plisman beth ddaru Wil ond dowcio o'r golwg yn y car. Pan welodd y plisman o rai dyddiau'n ddiweddarach yr unig gyfeiriad at y drosedd oedd y geiriau yma ganddo:

'Mi welis i'ch car chi'n mynd heibio i mi ar y lôn 'na'r d'wrnod o'r blaen, William!'

Mae'n rhaid adrodd un stori arall amdano fo. Dichon na

chofnodwyd ac na chofnodir profiad fel hwn gan yr un genedl arall dan yr haul.

Mi benderfynodd Wil fynd am 'i brawf gyrru ac mi bennwyd y d'wrnod ond 'fentrodd o ddim ar 'i liwt 'i hun i'r fan honno. 'Ddoi di hefo mi ddy' Merchar?' meddai. ''Dwi'n mynd am 'y nhest i G'narfon.' Ac mi es.

Fel yr awgrymis i o'r blaen, roeddan ni wedi bod yn cymowta droeon ar nos Sadyrnau tua Sir Fôn a Bangor a Chaernarfon fel nad oedd gyrru trwy dre' Caernarfon yn fwgan yn y byd iddo fo, yn wir roedd o wedi 'i eni a'i fagu o fewn 'chydig filltiroedd i'r lle.

Wel i chi, mi ddaru ni gwarfod y swyddog prawf a rhag 'mod innau'n loetran fel dili-do yn f'unfan i'w disgwyl nhw'n ôl mi ofynnis i'r swyddog gawn i aros yn y car.

'Cewch neno'r tad,' meddai, 'swatiwch yn y sêt ôl 'na.' Ac felly y bu.

Roeddan ni'n cychwyn o un o'r strydoedd o'r naill du ac yna i'r ffordd fawr sy'n dŵad o gyfeiriad Bangor ac yn gwau drwy'r dre' i'r Maes fel y gelwir o, ac mae 'na glamp o ynys yn y fan honno.

Pan oeddan ni o fewn 'chydig o lathenni i'r ynys 'ma:

'Trowch ar y dde am y castall,' meddai'r testar.

'Reit,' meddai Wil, ac mi wnaeth! Ond nid fel roedd o wedi arfer gneud y gwnaeth William y d'wrnod hwnnw. Mi dorrodd bob rheol a chyfraith. Troi'n siarp i'r dde heibio i ddrws Siop Astons wnaeth o gan anwybyddu'r ynys yn gyfan gwbl.

'Ond 'doedd isio mynd rownd yr ynys 'na!' meddai'r swyddog.

'Oedd 'toedd,' meddai Wil ac ymlaen ag o am y castell!

Ydi, mae Wil *yn bod* ac wedi pasio'r prawf ers blynyddoedd. Mae o *wedi* dal ac *yn* dal swydd gyfrifol. Tua Sir Fôn 'na mae o ers blynyddoedd. Gobeithio 'i fod o'n gwrando heno 'ma, ac yn siŵr i chi, mi *fydd* 'na dwts o euogrwydd ar 'i wyneb o bore 'fory.

Rhwng Gŵyl a Gwaith, Hydref 1980

Samuel Priestly, James Sparrow a John Macgregor Skinner

Dyna i chi dri enw y mae a wnelon' nhw â llyfr o gofiant sydd ymysg fy llyfrau i ers blynyddoedd lawer. O b'le daeth y llyfr? 'Does gen i ddim syniad.

Ond i fynd yn ôl at yr enwau. Dyma'r hyn a ysgrifennwyd ar y dudalen gyntaf:

> *To Samuel Priestly Esq. Trefan, Carnarvonshire.*
> *This Biography of the late Captain Skinner R.N.*
> *and a Lithograph of his house in 1828 is presented*
> *to him by his sincere friend*
> > *James Sparrow*
> > *Oct. 19th 1866*

Dichon felly mai o'r Trefan, Llanystumdwy yn Eifionydd y daeth y llyfr rywfodd neu'i gilydd i mi gan mai yno roedd Samuel Priestly yn byw.

Yn ôl yr wynebddalen fe welwn mai casglwr trethi yn Hull oedd James Sparrow ac ef yw awdur ac arlunydd y gyfrol fechan glawr caled hon o 76 o dudalennau a gyhoeddwyd yn breifat yn 1866.

A dyma ni'n dod rŵan at wrthrych y cofiant sef y Commander John Macgregor Skinner, R.N. Fe'i ganed yn America, er bod ei deulu o'r Alban yn wreiddiol, ond mi gollodd y teulu eu holl eiddo yn ystod Rhyfel Annibyniaeth America gan iddynt ddewis cefnogi Llywodraeth Prydain yn y rhyfel hwnnw.

Mi ymunodd Skinner â Llynges Prydain yn 1776 ac, yn wir, ymhen ychydig fisoedd mi gollodd ei fraich dde yn ystod un o'r brwydrau a gaed bryd hynny ym Mae Efrog Newydd. Bu yn y Llynges am ddwy flynedd ar bymtheg i gyd ac fe'i hanafwyd o hefyd yn ei ben mewn brwydr arall yn 1780, yn erbyn y Ffrancod yn India'r Gorllewin y tro hwnnw, ac mi achosodd hynny iddo golli golwg ei lygad dde.

Erbyn 1793 roedd John Macgregor Skinner wedi cael ei ddyrchafu'n Gapten ac wedi ymuno ag Adran Swyddfa'r Post fyddai'n cludo'r post i wledydd tramor. Roedd hynny (yn y cyfnod terfysglyd hwnnw) yn golygu bod yn rhaid iddo wynebu ambell i storm fwy enbyd na'r môr a'i donnau ac yn 1798 fe ymosodwyd ar ei long, y *Princess Royal*, oedd â dim ond 6 gwn ar ei bwrdd, gan long o Ffrainc (oedd o bosib â chryn ddeuddeg o ynnau) ac, yn wir, wedi brwydro am oriau fe ildiodd y Ffrancwyr. Pan ddychwelodd Skinner i Loegr cydnabuwyd ei ddewrder gan y Postfeistr Cyffredinol ei hun trwy gyflwyno iddo hanner can gini ac yn ychwanegol at hynny hanner can gini arall i'w rannu rhwng criw y llong.

Ond i ddod â'r stori'n nes adref, ac yn nes o lawer iawn hefyd, mi ddaeth Capten Skinner i Gaergybi yn 1799. Ei gyfrifoldeb wedyn oedd capteinio'r cwch oedd yn cludo'r post oddi yno i Ddulyn, ac yng Nghaergybi y bu'n byw am dros ddeng mlynedd ar hugain. Roedd o'n ddyn poblogaidd dros ben yng Nghaergybi ac yn adnabyddus iawn fel gŵr hael a charedig. Pan oedd ar y Brenin Siôr IV eisiau croesi i Iwerddon yn 1821, cwch dan gapteniaeth Skinner a ddewisodd i groesi, a phryd hynny fe gynigiodd iddo'r teitl o Farchog ond gwrthod wnaeth y Capten ac ildio'n unig i gael ei adnabod o hynny allan fel Commander Skinner. At hynny fe fynnodd y Brenin newid enw'r cwch o'r *Lightning* i'r *Royal Sovereign George the Fourth*.

Mae'n ymddangos bod John Macgregor Skinner yn dipyn o arwr hefyd ymysg y bobl fawr ac mi fyddai'n marchogaeth efo nhw i hela'r sgwarnog, a'i feistrolaeth ar ei geffyl, *Sir Harry*, ac yn ddiweddarach ar y gaseg a elwid yn *Miss Champagne*, yn ennyn llawer iawn o edmygedd gan, fel y cofiwn, mai un fraich oedd ganddo.

Mae'r hanes i gyd wedi cael ei gofnodi yn y gyfrol fach hon, yn Saesneg. Ond pan gollodd Capten Skinner, a'i fêt William Morris, eu bywydau drwy i don enfawr eu hysgubo oddi ar fwrdd y stemar *Escape* yn 1832, a honno o fewn milltir a hanner i gyrraedd Caergybi, mi aeth y beirdd lleol ati i ganu marwnadau i'r Capten, ac mae cerddi Richard Owen, Parlwr, Llanfachreth, Robert Jones, A. Ellis ac Owen Ellis, Caergybi, wedi eu hargraffu yn Gymraeg yn yr un gyfrol. Yn ôl y sillafu sydd yn y cerddi mae'n hawdd gweld mai Sais fu'n cysodi ac nid yw hynny'n syndod, wrth gwrs, gan mai yn Llundain yr argraffwyd y llyfr yn 1866. Mae'r cerddi Cymraeg wedi cael eu cyfieithu – neu rhoddwyd cynnwys pob pennill mewn Saesneg ar y tudalen gyferbyn.

Dyma i chwi bennill olaf Robert Jones:

'Skinner fwyn, a William Morris,
　　Tro galarus ddaeth i'w rhan,
O'u llawn iechyd cael eu symud
　　I'r mawr eil-fyd, o'r un fan:
Cael eu taro i'r ddofn weilgi,
　　Rhoi eu cyfri i Dduw'n pen,
Rwy'n gobeithio'u bod hwy'n canu
　　Am eu prynu ar y pren.

Mae T. Brown a John Bates hefyd wedi canu cerddi Saesneg.

Ydych chi'n cofio imi sôn am y *lithograph* hwnnw ar y cychwyn? Wel, mae hwnnw, sydd eto o waith yr awdur James Sparrow, tua diwedd y llyfr. Llun o dŷ'r Capten Skinner ydyw ac yn lled dwy dudalen o faint. Gan mai stryd neu ffordd lydan sydd o flaen y tŷ mae'r arlunydd wedi cynnwys lluniau o tua deugain o bobl ac mae pob un bron yn cynrychioli rhyw gymeriad, boed dlawd neu gyfoethog, y byddai'r Capten yn ymwneud â hwy. Yn wir, mae'r tair neu'r pedair tudalen olaf yn enwi'r cymeriadau hynny.

Mi godwyd cofgolofn yng Nghaergybi i gofio'r Commander John Macgregor Skinner. Mae hi yno o hyd uwchben yr harbwr, bron yn hanner can troedfedd o uchder, ac mi osodwyd plac marmor ar fur yr eglwys. Mi gostiodd y ddau £430.

Ym mynwent yr eglwys yng Nghaergybi y cafodd ei gladdu a hynny gryn fis ar ôl y trychineb. Fe erys yn ddirgelwch o hyd beth oedd wedi digwydd yn ystod y mis yna.

Roedd yna wraig wedi gweld y corff yn gyflawn yn ei ddillad yn agos i'r traeth ychydig ddyddiau wedi iddo fo foddi ond erbyn iddi hi deithio tair milltir i ddweud am ei darganfyddiad ac i rywun ddychwelyd i Borthdafarch, roedd y corff wedi cael ei gario eto gan y môr. Er iddo gael ei weld wedyn yn ddiweddarach, yng ngolau'r lleuad, fe aeth tair wythnos heibio cyn dod o hyd i'r corff, a'r tro hwn heb yr un cerpyn amdano, a heb ei ben, er hynny heb yr un sgriffiad ar y corff. Awgrymir yn y stori mai gwaith rhywun fu'n lladrata ei wats a'i gadwyn aur oedd cael gwared â'r dillad.

Rhwng Gŵyl a Gwaith

O'r Cymru (Coch)

Mi wn o'r gorau am beth 'dwi am sôn, ond fe'm trawyd nad syniad dwl fyddai cael testun. Mi wyddwn o'r gorau hefyd beth oedd y testun i fod ond roeddwn i eisiau gwneud yn siŵr fy mod i'n dyfynnu'n gywir, a dyma fo i chi, Llyfr y Pregethwr, y bennod gyntaf, a'r nawfed a'r ddegfed adnod. 'Dwi ddim yn siŵr iawn na 'dwi wedi siarad ar y testun hwn o'r blaen ond hidiwch befo, mae'r bregeth yn newydd.

'Y peth a fu, a fydd; a'r peth a wnaed, a wneir: ac nid oes dim newydd dan yr haul.

A oes dim y gellir dywedyd amdano, Edrych ar hwn, dyma beth newydd? efe fu eisoes yn yr hen amser o'n blaen ni.'

A dyna'n hollol oedd yn fy nhrawo fi wrth ddarllen atebion Syr O.M. Edwards i'r llythyrau a'r ceisiadau oedd o'n eu cael pan oedd yn golygu a chyhoeddi *Cymru*, neu'r *Cymru Coch* fel rydan ni'n ei adnabod.

Meddyliwch chi rŵan gymaint o hysbysebu cwrw gewch chi ar y teledu y dyddiau hyn a rhywun byth a beunydd yn ceisio profi fod un cwrw yn well na'r llall.

Yn 1909 roedd rhyw Bob Jones o rywle yn holi am Gwrw Wrecsam, a dyma ateb O.M. Edwards:

'Nis gwn ddim am ansawdd Cwrw Gwrecsam, ond mai cwrw yw. Holwch yn rhywle arall. Y mae *Bara* Gwrecsam, mi gredaf, y gorau yng Nghymru.'

Go brin i gwrw gorau Gwrecsam hitio neb ar ei sodlau mor sydyn â'r ateb yna!

Dro arall, wrth ateb un M.E.R., mae o'n dweud fel hyn:

'Yr wyf yn cael ugeiniau o ofyniadau nas gallaf eu hateb. Byddaf yn gofyn i gyfeillion am help; ond weithiau, methaf gael dim gwerth ei argraffu fel ateb.'

Ond 'dwi bron yn siŵr mai pur anamal roedd hynny'n digwydd.

Gwrandewch ar ei atebiad i lythyr arall:

'Dywedais, a dywedaf eto, fod bywyd llenyddol cryf yng

Nghymru er gwaethaf aml Athraw. Hysbysir fi mai nid y Llywodraeth na'r arolygwyr na'r rheolwyr sydd yn rhwystro Cymraeg i'r ysgol ddyddiol, ond ATHRAWON. Ni fynnant ddysgu Cymraeg i'w disgyblion, am na ddysgwyd Cymraeg iddynt hwy yn y Coleg; ac y mae ambell athraw yn meddwl fod dwy flynedd o goleg yn rhoi pen ar ei fwdwl bychan o wybodaeth am byth.'

Mor wir oedd fy nhestun i – yr hyn a fu a fydd!

'Ydych chi'n cofio'r rhaglen deledu *Lloffa* rai blynyddoedd yn ôl? Wel dyma i chi fel mae O.M. Edwards yn ateb cwestiwn – cwestiwn, yn wir, o'r un naws a diddordeb â'r cwestiynau hynny a geid yn *Lloffa*. Holi yr oedd rhywun ynghylch 'Caff Mwsog' neu 'fwswgl', a dyma'r ateb:

'Yr oedd "caff mwswgl" yn llawer llai na'r "caff tail" er eu bod yn debyg o ran cynllun. At dynnu mwswgl oddi ar y mynydd y defnyddid y gaff ac fe ddefnyddid y mwswgl i "fwsoglu" sef gwthio'r mwswg rhwng y llechi ar do tŷ i rwystro'r lluwch a'r gwynt oer ddod i mewn. Ac at dynnu'r tail o'r drol y defnyddid y caff tail.'

Roedd y Cythraul Canu hefyd yn bod o leiaf yn 1906. Meddai O.M. Edwards mewn ateb arall:

'Mae "Asaph" yn gofyn 'Pwy ddylai ganu'r offeryn yn y cysegr, ai'r gorau ynte pawb yn ei dro? Atebaf trwy ofyn cwestiwn arall. Pwy ddylai weddïo, ai'r gweddïwr gorau o hyd, ynte pawb yn ei dro?'

Un tro mae rhywun sy'n galw ei hun yn 'Hen Law' yn cyhuddo'r Golygydd o wall argraff a dyma i chi ateb bach gonest a diddorol:

'Dianc ambell wall argraph, mae'n wir, er pob gofal; yn enwedig yn yr erthyglau mwyaf diddorol – lle mae'r Golygydd yn anghofio ei waith wrth ddarllen ymlaen.'

Dro arall mae o'n ateb un 'Goronwy o Ddyfed' fel hyn:

'Y mae rhyw ysfa ar Gymry (pa un bynnag a fedrant Saesneg ai peidio) i siarad Saesneg wrth bob swyddogyn, yn y llythyrdy, neu ar orsaf y ffordd haearn ac ymhobman. Ysfa anhygar, anwlatgarol a mursenllyd yw. Paham, a ninnau'n Gymry, na fedrwn ofyn am stamp neu docyn, am gyfarwyddyd – yn y llythyrdy a'r orsaf, yn Gymraeg?'

Roedd rhywun un tro wedi anfon at y Golygydd a'i gyhuddo ef ei hun o fod yn llunio'r cwestiynau a'r atebion:

'Beth wnaeth i chwi feddwl nad yw gohebwyr y golofn hon yn rhai gwirioneddol? A ydych yn meddwl y buaswn yn mynd i'r drafferth i ymgomio â chysgod? Nid oes gennyf amser i ohebu'n gyfrinachol lenyddol â neb.'

Sut roedd ail adnod fy nhestun i'n gofyn hefyd? O, ie!

'A oes dim y gellir dywedyd amdano, Edrych ar hwn, dyma beth newydd?

Gwrandewch eto ar Olygydd y *Cymru Coch*:

'Nid gwaith, ond gormod siarad sy'n achosi fod cymaint yn torri i lawr. Bûm yn ddiweddar mewn gwesty ar gyfer rhai wedi gorweithio (ar ddamwain hollol yr oeddwn i yno). Ond nid oedd yno le i neb gael gorffwys i'w feddwl – gan drydar di-dorr y merched. Gynted y cyfarfyddai dwy, tarawent ati i siarad ar unwaith. Byddwn innau'n siaradus iawn pan yn ieuanc, ond ni fyddaf byth yn siarad yn awr os gallaf beidio; a'm profiad i yw'r hen bennill:

Bûm edifar fil o weithiau
O ran siarad gormod geiriau;
Erioed ni chefais ofid calon
O waith siarad llai na digon.'

Rhag ofn i minnau syrthio 'fel ganwaith' i'r un bai 'dwi am orffen drwy ddyfynnu dwy frawddeg sy'n adrodd un o brofiadau Syr O.M. Edwards:

'Yr wyf yn cofio methu ysgwyd llaw â chyfaill unwaith oherwydd fod fy mys wedi mynd i ddolen agoriadau yn fy mhoced. Ni fedrwn dynnu'm bys o'r ddolen na'r agoriadau o'm poced. A mwyaf y brys mwyaf y rhwystr.'

A dyna finna'n *cloi* fy mhregeth!

Rhwng Gŵyl a Gwaith

Yr Anerchiad ym mhriodas Eric[10], Llidiardau, Rhoshirwaun, Pen Llŷn, yn 1959.

'Dwi'n cofio bod ar fy ngwyliau yn Llidiardau, pan oedd Eric yn bur fychan, yn wir, newydd ddechrau cerdded.

'Be' 'newch chi efo'r goits bach 'ma rŵan?' medda fi wrth Owen.

'O, 'i gwerthu hi,' medda fo, 'fydd mo'i hangan hi eto!'

Syndod mawr i mi heddiw ydi gweld y trydydd o'r plant yn priodi.

Peth arall 'dwi'n 'i gofio ydi cael chwe cheiniog gan Bob Bynglo am adrodd ''Wyllys Siôn Ifan Siôn' (y dyn hwnnw aeth at y twrnai i wneud ei ewyllys er nad oedd ganddo yr un ddimai i'w gadael i neb). Sefyllfa debyg ydi i Hen Lanc fod mewn priodas. 'Does ganddo fo na chyngor na phrofiad i'w gynnig i bâr ifanc!

Mae'n arferiad yn Eifionydd 'cw i genod ifanc fynd i weithio i'r tai-mawr-cadw-fusutors yn yr Haf. Roedd 'na hogan o'r Garn wedi mynd i weithio i le felly unwaith. Roedd hi'n hogan dda 'i gwaith ond braidd yn wyllt a ffrwcslyd, a byth beunydd yn malu neu dorri rhyw lestr neu'i gilydd. Roedd hi'n clirio'r bwrdd cinio un noson, a newydd fynd â llond 'i haffla o lestri drwadd i'r pantri. Yn sydyn, dyna andros o sŵn, a'i Mistras hi'n gweiddi:

'Meri! Meri! Rhagor o lestri?'

'Naci,' medda Meri, '– llai.'

'Dwi wedi bod mewn amal i briodas, ac wedi darllen yn y papur am lawer i briodas, ac mae'n siŵr y clywa' i am ragor, ond mae'n rhaid i mi gyfadda mai tueddu i edrych fel y ferch dorrodd y llestri rydw i – a rhyw deimlo mai *llai* o genod sengl sydd ar ôl.

'Dwi ddim am fod mor feiddgar â rhoi cynghorion ichi. Mae 'na rai pobol yn deud bod priodas yn debyg i esgid – eich bod chi'n rhoi'ch troed ynddi hi! Ond cofiwch hyn – roedd 'na ddynes o Sir Fôn wedi cyrraedd y canol oed cyn priodi. Pan aeth y dyn llefrith yno y bore cynta wedi iddi hi ddŵad yn ôl o'i mis mêl, roedd 'na nodyn o dan y botal lefrith wag yn darllen fel hyn:

'Wedi cael cymar – faswn i'n cael un arall!'

Mi fasa hen bregethwrs 'stalwm yn eich rhybuddio chi fod 'na hyrdls mawr mewn bywyd, a bod 'na ambell i hen hyrdlan uwch na'r cyffredin. Wel, 'does dim angen deud hynny wrth y gŵr ifanc heddiw – mae hwn wedi cael Llidiardau ar y cychwyn cynta.

Mi soniais i gynnau am ''Wyllys Siôn Ifan Siôn' (a fynta heb ffadan beni). Mae'r pennill olaf yn addas iawn i *mi* – 'does gen i'r un cyngor buddiol ichi:

. . . A 'da chitha yn gwybod yn dda
Ond rhowch nhw i lawr ar y papur, Syr,
I ddangos fy 'Wyllys Da!

[10]Dr Eric Roberts, Cemais. Roedd Guto yn gyfyrder i'w dad sef Owen Roberts, Llidiardau. Roedd Nain Guto, Ann Hughes, Garreghylldrem Bach, Llanfrothen, yn chwaer i Ellis Roberts, Plas Llangwnnadl – hen daid i Eric, Llidiardau.

Anerchiad Cinio Undeb Ffermwyr Cymru, Edern, Tachwedd 1972

Mae 'na ddau ddyn (dau gyfaill) yn byw ym mhentra Trawsfynydd. 'Dydi un o'r ddau ddim yn gry iawn 'i iechyd ac mae'r llall yn dipyn o oed, ond golygfa reit gyffredin ydi gweld y ddau yn mynd am dro efo'i gilydd ar hyd y pentra.

Un o'r dyddia braf, yn ystod Awst eleni, dyna'r ddau yn mynd am dro, ond y tro hwn cyn belled â gwaelod y pentra. Dyma nhw wedyn yn troi i'r chwith yn y fan honno a dechrau cerdded ar hyd y ffordd sy'n osgoi pentra'r Traws.

Yn rhywle ar ganol y gwastad newydd, dyna'r hynaf o'r ddau yn sylweddoli eu bod nhw wedi cerdded dipyn pellach nag arfer ac yn gweld bod ganddo stepan go dda wedyn cyn basa fo'n cyrraedd adref. Dyna fo'n gofyn yn sydyn i'r llall:

'Ifan,' medda fo. 'Oes gen ti ddim pwt o bensal, dŵad?'

'Duw fo'm gwarchod, nagoes,' medda Ifan. 'I be' wyt ti isio peth felly?'

'Wel, mi ddeuda i wrtha ti,' medda'r hyna'. 'Gweld gynno ni stepan go fawr o'n blaena eto a meddwl basa'n well i mi anfon Post Card i Elin 'cw i ddeud b'le rydw i!'

'Dwi'n teimlo'n reit debyg iddo fo heno 'ma. Teimlo 'mod inna wedi mentro'n o bell wrth dderbyn eich gwahoddiad caredig chi i'r cinio 'ma, ac yn gweld y stepan o geisio'ch annerch chi yn un sy'n fy nychryn i braidd.

'Dwi wedi bod yn pendroni tipyn pam y gofynnwyd i *mi* fod yn ŵr gwâdd, mewn Cinio Amaethwyr. 'Ro'n i'n amheus iawn fasa fy nghysylltiadau amaethyddol i yn ddigon clòs a chryfion i gyfiawnhau fy ymddangosiad i yma i gychwyn, heb sôn am i mi siarad. OND cofiwch hyn – os bydd 'na bwt yn yr Herald ryw dro ar ôl i mi fynd i'r pridd – mi ddylai hwnnw gynnwys un frawddeg fach fel hyn: 'Mab i ffarm oedd yr ymadawedig'.

'Wn i ddim ydi hynna yn ddigon o gwalifficesion ai peidio, ond mae o'n ddigon gwir i chi.

'Tasa chi'n gofyn am ragor, mi fedrwn i ddeud mai un o'r

atgofion cynta sy gen i ydi am feudy. 'Dwi'n cofio 'Nhad yn cydio ynof i yn sydyn yn y beudy unwaith (ac yntau ar ganol godro), rhoi fy mhen i rhwng ei ddau ben-glin ac andros o chwip-din i mi – a hynny am daro Wil 'y mrawd yn 'i stumog efo 'mhen! Hidis i fawr am feudái byth wedyn.

'Dwi'n cofio hefyd (a finna'n ddim o beth) fel y ces i gydio ym mhenffrwyn y gaseg gan 'y Nhad unwaith – a theimlo'r munud hwnnw cofiwch fel 'taswn i'n un o gertmyn mwya' profiadol Mr Greaves Y Wern. Gyda llaw, glywsoch chi englyn i Hen Gertmon o waith Gwynus?

Yn ddyfal trwy'i ofalon – i'w dalar
　　　Deilwng daeth hen gertmon,
　　Fe roes ef heb fawr o sôn
　　Oes wen i gwysi union.

P'run bynnag, er i mi gael profiad felna efo ceffylau yn ifanc iawn, mi rois i 'nhraed ynddi hi ynghynt nag y basa chi'n disgwyl. Pan o'n i'n rhyw chwech neu saith oed, mi sylwis i ar geffylau Brynbeddau (y ffarm am y terfyn â ni yn Rhos-lan bryd hynny).

Pan ddaeth Pyrs Parry Brynbeddau heibio i'n tŷ ni gyda'r nos, dyna fi'n deud fel 'ro'n i wedi gweld 'i ferlod mynydd o'n rhedeg.

'Dos o'na di'r cythral bach,' medda fo. 'Chdi â dy ferlod mynydd – y ddau geffyl brynis i yn y Ffair ddoe oeddan' nhw.'

Ond i fynd yn ôl i'r ffarm lle'm ganwyd i, sef Isallt Fawr, Cwm Pennant. 'Dwi'n cofio pladurwr yno unwaith, Ifan Jones oedd 'i enw fo – un o Niwbwrch, Sir Fôn. 'Dwi'n cofio hwnnw yn fy mhiwsio fi'n arw unwaith – drwy fygwth rhoi pupur yn fy lobsgows i, a'r piwsio hwnnw yn fy ngyrru fi i grïo. Ond mi ddeudodd Mam wedyn mai gwaelod y llestr pupur oedd at y bwyd!

P'run bynnag, mi gym'ris yn erbyn pladurwrs a phladuria' byth oddi ar hynny!

'Wn i ddim glywsoch chi am Eliasar Jones o'r Garn? Mae gen

i un cof bychan amdano fo, yn nechrau'r tridegau, yn dŵad o gwmpas efo hen gês bach brown, i werthu te.

Ond roedd o, unwaith o leia, wedi bod yn bladurwr. Mae stori amdano wedi mynd yn bladurwr i ryw ffarm yn ochrau Penmorfa. A fanno roedd y gweision a'r ffarmwr yn pladurio o'i hochor un diwrnod, ac Eliasar Jones yn ola', wrth gwtyn y ffarmwr. Ymhen tipyn mi sylweddolodd y ffarmwr fod sŵn y pladurio o'r tu ôl iddo fo wedi distewi, a phan drodd i edrych, mi welai Eliasar Jones, ymhell bell ar ôl.

'Wel, wel,' medda'r ffarmwr wrtho'i hun, a phydru arni hi ar ôl y gweision. Ond cyn iddo fo fynd ddim decllath, mi glywai'r ffarmwr sŵn eto, reit wrth 'i gwtyn o, a phwy oedd 'no ond Eliasar Jones. Dyna'r ffarmwr wedyn yn edrych ar hyd y cae, ac medda fo:

'Rŵan, rŵan, Eliasar Jones, be' dâl peth fel hyn – colli gwana'?'

'Ia, wel,' medda Eliasar, 'ond be' 'di colli gwana i golli cwmpeini!'

Dyna, hwyrach, pam 'r aeth o i werthu te!

Ond maen' nhw'n deud i Eliasar Jones drïo llawer o bethau erioed – o flac-led i siop barbar. Mi brynodd o a chyfaill iddo, gar a merlen unwaith, a mynd o dŷ i dŷ i werthu pysgod. Ond mi ddoth yr hwch heibio – a'r ferlan bellach heb ddim o'i hangan hi – a dyna Eliasar yn deud wrth Tobi, 'i gyfaill, am fynd â'r ferlan yn ôl i'r ffarm lle roeddan' nhw wedi 'i phrynu hi.

'Wel 'da'i â moni'n ôl!' medda Tobi.

'Wel ei siŵr,' medda'r llall.

'Wel, be' haru ti, be' fedra' i ddeud sydd o'i le ar y ferlan?'

'Wel meddwl am rwbath' medda Eliasar.

'Wel be' ddeuda i?' medda fo wedyn.

'Wel,' medda Eliasar. 'Dos â hi'n ôl a deud wrthyn' nhw – 'i bod hi'n lladd defaid!'

Wel rŵan, be' 'dwi am ddeud wrtho' chi? Ma'n siŵr fod 'na arbenigwyr wedi bod yn eich annerch chi o dro i dro. Pobol wedi cael Coleg. Pobol sy'n ffarmio tai gwydr ydi'r rheiny, a'r hwch yn dŵad â moch bach ar wely wadin.

Ond mi ella i'ch sicrhau chi nad oes 'na ddim Coleg gwell na Choleg profiad.

Mae'n debyg mai dychymyg Eliasar barodd iddo fo ddeud bod y ferlan yn lladd defaid! Ond fy nghyngor cynta i heno i chi ydi:

Peidiwch â chadw defaid a cheffyla.

Ac mi ddeuda i stori wrtho' chi, sy'n cadarnhau gosodiad fel yna.

Roedd 'na gymeriad yn Eifionydd 'cw o fewn rhyw ychydig o flynyddoedd yn ôl. Dyn oedd o efo'r gallu i ddeud rhywbeth yn gofiadwy, ac mewn ffordd ddiamheuol o gael y neges adref.

Mae 'na stori amdano fo yn dal tir ar gyrion Cricieth unwaith, ac wedi mynd â defaid i bori yno. Roedd perchennog y tir yn cadw caseg am y terfyn â'r tir pori, ac mi lwyddodd honno i fynd trosodd at y defaid, a llymhau'r borfa yn o arw. Roedd yr hen fachgan o'i go' yn ulw las am hyn, wrth gwrs, a phan ofynnodd rhywun iddo fo sut roedd y defaid yn gneud,

'Gneud, wir!' medda fo. 'Tydi'r hen gasag gythral 'na wedi dŵad trosodd ac wedi pori'r lle' – a gwrandwch sut deudodd o – 'wedi pori'r lle, nes mae o'n llwm fel orcloth!'

'Ro'n i'n cyfeirio gynna at hwch yn dŵad â moch bach.

Wel, roedd yr un hen fachgan rywdro yn ystod y Rhyfel, wedi mynd â mochyn i'r Grading, ac mi raddiwyd y mochyn hwnnw yn Grade C. Roedd yr hen fachgan yn siomedig iawn, wrth reswm, a dyna fo i siop y Bwtsiar gafodd y mochyn, a gofyn:

'Ew, faswn i ddim yn cael pwys o fec'n Grade C?'

'Sori,' medda'r Bwtsiar, ''fyddwn ni ddim yn stocio dim ond Bec'n Grade A.'

Ac medda fo:

'B'le mae 'mochyn i gen ti'r diawl?'

Wel, yn ôl y stori yna, mae hi'n o fentrus i gadw moch.

A, wir, ma' hi'n anodd gwybod be' i'w gadw fel stoc.

Tyddyn bychan ar gyrion Cwm Ystradllyn, ac ym mhen

draw tir y Clena, oedd Penyclogwyn. Brawd a dwy chwaer oedd yn byw yno 'stalwm, hen lanc a dwy hen ferch. 'Doedd y brawd ddim yn gryf iawn 'i iechyd, a'r chwaer 'fenga, Leusa Robaits, fyddai'n gofalu am y tair buwch a'r ddynewad, ac wrth eu porthi nhw a'u dyfrio nhw, mi fyddai'n sgwrsio efo Seran a Mwynan Bach, mor garuaidd â phetái hi'n magu plant.

Tua'r tŷ y byddai'r chwaer arall, Mary Robaits, fel arfer, a hi fyddai'n mynd a dŵad i'r Port a'r Garn i wneud negeseuau. Ond mi fyddai hi'n helpu ar y tyddyn o dro i dro, yn cario mawn o'r Fawnog a symud gwarthegyn o gae i gae. Hen wraig garedig iawn ond roedd hi'n o wyllt 'i thymer. Mae 'na stori amdani hi, yn helpu 'i chwaer i fynd â buwch at y tarw i'r ffarm nesa unwaith. Wrth fynd â'r fuwch felly ar hyd godreuon Parcia'r Waun, roedd y fuwch yn mynnu rhedeg i ganol y Parc, yn lle dilyn y clawdd.

Ac o orfod rhedeg ar ôl y fuwch felly, dyna Mary yn gwylltio – a gwylltio nes oedd hi'n crïo. Ac medda hi felly yn 'i dagrau:

"Dwn i ddim pam ddiawl na chadwch chi fustych!'

Hwyrach mai bustachu ydi'r gair priodol i minna 'i ddefnyddio bellach i ddisgrifio fy ymdrech i gwaliffeio fel un â hawl i annerch ffermwyr. Bustachu fel y dyn hwnnw o ochrau Garn Fadryn unwaith – yn troi gwair efo cribyn bach. Roedd hi'n dywydd gwan iawn, a rhywun, wrth fynd heibio, yn 'i weld o yn troi'r gwair, ryw ddiwrnod. Pan oedd o'n mynd heibio ymhen dau ddiwrnod wedyn roedd y dyn yn dal i droi'r gwair. Pan aeth o heibio'r trydydd tro, a gweld y ffarmwr yn dal i droi yr un gwair yn yr un cae, dyna fo'n mentro deud:

'Dal i droi ryda chi?'

'Ia,' medda'r ffarmwr, 'Ond ma'n dda na 'dwi ddim yn 'i droi o'r un ffordd, ne' mi faswn yn Abersoch ers dyddia.'

Mi welwch bellach mai ymdrechu a bustachu rydw inna i restru fy nghymwysterau ac i chwilio am neges i chi, ond cofiwch hyn, cyn 'mod i'n un ar bymtheg oed, 'ro'n i wedi godro sawl buwch efo llaw – rhai rhwydd a rhai gwydn; wedi troi i gorddi efo beudda end over end a'r hen feudda sgwâr a'r esgyll 'stalwm. 'Dwi wedi rhoi'r gaseg lawar gwaith rhwng llorpia'r drol – y garwdan yn ddetha ddigon yng nghafn y strodyr, a'r tyniada i'r ddolan yr un hyd rhwng llorp a mynci.

'Dwi wedi troi gwair efo cribyn bach, a hel efo cribyn delyn.

'Dwi hefyd wedi cael ambell i daith glonciog ar gribyn olwynion, tu ôl i geffyl mwy calonnog na'i gilydd.

'Dwi wedi llwytho ŷd a gwair, a chwysu'n domen ar ben cowlas.

'Dwi wedi chwalu tail efo fforch a bôn braich pan oedd y tail *yn* dail – a llwch yn foethusrwydd.

'Dwi'n siŵr 'i bod hi dipyn 'sgafnach i'r corff ar y ffarm erbyn heddiw, a bod Grantia'r Llywodraeth yn help – nid yn ddigon, mwy na phensiwn Lloyd George, 'stalwm.

'Glywsoch chi am hen fachgan Broom Hall – y Tirfeddiannwr cefnog a'r Tori – yn mynd am y dre i Bwllheli unwaith, a phwy wela' fo ar y lôn yn dŵad i'w gyfarfod o ond rhyw hen wraig.

'Helo, Margiad. P'le wt ti wedi bod bora 'ma, Margiad?' medda fo.

''Dwi wedi bod yn nôl fy mhensiwn,' medda Margiad. 'Ac mae Lloyd George wedi rhoi hanner coron yn rhagor i mi heddiw.'

'O, wyt ti'n addoli Hen Lloyd George 'na,' medda'r Tori. 'Bydd o'n bildio Railway i'r nefoedd iti yn o fuan.'

'Wn i ddim beth am fildio Railway i'r Nefoedd,' medda'r hen wraig. 'Ond mae o wedi gneud y *waiting room* yn dipyn mwy cyfforddus!'

Hwyrach bod gennych chitha fwy na heb y dewis be' i'w gadw erbyn heddiw – p'run ta defaid ta gwartheg ta moch, ta be'.

Ond os ca' i roi cyngor i chi, fel Ffermwyr Llŷn, heno 'ma – wel dyma fo:

Cadwch rwbath ond carafans.

Pan eith ffarmwr i gadw'r rheiny, hotel mae o isio, nid Tir.

Anerchiad ar achlysur agor Neuadd Bentref Garndolbenmaen, 1973.

Mr. Arweinydd ac Annwyl Gyfeillion.

Gair yn y lle cyntaf i ddiolch i chi am y gwahoddiad yma ac am yr anrhydedd o fod yn Gadeirydd y Cyfarfod.

'Dwi wedi llenwi degau o fagiau siwgwr, wedi llenwi fan ddwy dunnell efo menyn gannoedd o weithia, ac wedi llenwi ffurflen Treth Incwm bob tro y bydd rhaid. Ond 'fûm i 'rioed o'r blaen yn ceisio llenwi cadair! Siawns wael sydd gen i o wneud hynny, yn gorfforol beth bynnag – mi fasa tipyn haws i Alun Pierce wneud hynny.

Yn wir, 'wn i ddim yn iawn beth i'w wneud.

Mi glywis i stori fach echdoe am ryw ddyn wedi rhoi hen gors fawr yn anrheg i'w nai. Creadur go ddiofal oedd hwnnw a 'doedd gan yr ewyrth fawr o ffydd y basa'r bachgan yn gwneud fawr ohoni. Ond pan aeth o heibio ymhen rhyw ddwy flynedd i weld sut roedd o'n dŵad ymlaen, mi sylwodd fod yr hen gors wleb lawn o eithin wedi sychu fel yr un cae.

'Bobol mawr,' meddai'r ewyrth wrth y bachgen, 'i b'le mae'r holl eithin wedi mynd?'

'O!' meddai'r bachgen, 'mi ddoth 'na andros o fellten ac mi losgodd y cwbwl mewn un fflach fel'na.'

'Ond i b'le'r aeth yr holl wlybaniaeth oedd 'ma erstalwm?'

'O!' meddai'r bachgen, 'mi ddoth 'na wynt mawr mawr ac mi sychodd y cwbwl i gyd.'

'Diar annwyl.'

'A disgwyl am ddaeargryn rydw i 'rŵan i godi'r tatws!'

Rhyw ddisgwyl rydw inna wedi bod y dyddia diwetha, disgwyl rhywbeth 'fasa'n gymorth imi i lunio pwt o anerchiad. Am y Garn rydw i wedi meddwl a breuddwydio ers wsnos.

Mi gofis am y llyfr *Y Garn a'i Thrigolion*. Ond tydi hwnnw ddim gen i. Mi gofis am y gyfres *Atgofion Tri Chwarter Canrif* gan y Dr John Lloyd Williams ac mae'r pedwerydd llyfr yn sôn am Y Garn.

'Wyddech chi mai can mlynedd union i'r mis hwn yr aeth John Lloyd Williams (yn hogyn) i'r Coleg ym Mangor i ddysgu bod yn athro ac yna ymhen dwy flynedd wedyn, yn 1875, mi ddaeth yma i'r Garn yn athro ysgol. Roedd yr ysgol newydd gael ei chwblhau a Thŷ'r Ysgol heb ei godi ac mi aeth i lojo i waelod y cae 'ma yn y fan hyn i Ben-y-bont, i ddisgwyl i'r tŷ fod yn barod. Roedd yna dros gant o blant yn yr ysgol bryd hynny ac mae hanes y cyfnod hwnnw yn ddiddorol dros ben.

Roedd y Dr. John Lloyd Williams yn ddyn galluog iawn. Roedd o'n llysieuydd ac mi wyddai am bob llysieuyn yn y cylch, rhai prin, prin. Fe ddaeth o hyd i redyn prin oedd yn tyfu yng Nghwm Llefrith ar gyrion Moel Hebog a phryd hynny 'wyddai neb fod y math arbennig hwnnw o redyn yn tyfu yn unman ym Mhrydain.

Roedd o'n gerddor da hefyd. Mi fu'n casglu a chofnodi alawon a chaneuon gwerin a fo oedd golygydd cyntaf Cylchgrawn Cymdeithas Alawon Gwerin Cymru yn 1909. Roedd ganddo gôr yn y pentra a'r haf cyntaf wedi iddo fo ddŵad yma roedd y côr hwnnw yn cystadlu yn yr Eisteddfod Genedlaethol ym Mhwllheli yn 1875.

Roedd yma Fand Pres yn y pentra cyn hynny, un da iawn hefyd ac mi fu'n cystadlu ar yr Haleliwia Corws unwaith o leiaf ac ennill. 'Doedd hynny ddim yn rhyw dderbyniol iawn gan y bandiau eraill ac roeddan nhw'n hel esgusion fod yna ddyn proffesiynol o Loegr wedi bod yn eu dysgu nhw. Ond John Lloyd Williams oedd yr hyfforddwr.

Mi fyddai'r côr a'r band yn mynd i gadw cyngherddau. Mi fyddent yn mynd cyn belled â Chlynnog i roi cyngerdd ar nos Sadwrn, y côr a'r band yn cerdded yno bob cam ac yn ôl.

Ond ym mis Medi 1943 (ac mae deng mlynedd ers hynny) mi gafodd John Lloyd Williams, oedd yn dal yn fyw, wrth gwrs, lythyr gan rywun o'r Garn yn deud fel hyn: 'wyddoch chi na fedr trigolion y Garn yn awr gasglu digon o dalentau lleol i gynnal cyngherddau?'

P'run bynnag, ymhen dwy flynedd wedyn, yn 1945, fe

gychwynnwyd Clwb Ieuenctid yma ac am y saith mlynedd nesaf o leiaf roedd yma ddigon o dalentau i gadw Cyngerdd, ac mi fu aelodau'r Clwb hwnnw yn cadw cyngherddau yma ac acw lawer gwaith.

Roedd aelodau'r Clwb Ieuenctid hwnnw ymysg ei gilydd yn unig yn medru cynnal 'Steddfod yn y Capel Isa oedd yn para am bum awr.

Dyna i chi ugain mlynedd yn ôl. Mae'n debyg iddi hi dawelu wedyn. Ond mae yma gyfnodau fel'na yn hanes pentref ac ardal a gwlad o bosib.

'Dwi'n meddwl ein bod ni ar drothwy cyfnod bywiog eto.

Mae eich gweld chi yn y Garn wedi ymdrechu i godi'r Neuadd yma yn arwydd o hynny ac yn beth calonogol dros ben. Roedd yma angen Neuadd yn y pedwardegau ond roeddan ni yn rhy brysur yn dysgu, canu ac adrodd ac actio bum mlynedd ar hugain yn ôl, fel yr anghofiwyd codi neuadd.

Rydych chi wedi ei chodi hi. Peidiwch ag ymgolli ynddi hi fel Neuadd a dim ond gwahodd pobol eraill i ddod yma i'ch diddanu. Ewch ati i greu pethau eich hunain. 'Dwi ddim yn siŵr nad oes yna ddeunydd pasiant yng nghyfrolau John Lloyd Williams ac mi fydd yr ysgol yn gant oed ymhen dwy flynedd. Ac, o gofio, mi fydd yn 1975 bryd hynny a hwyrach y bydd yna Steddfod Genedlaethol yn y cyffiniau.

Lansio Llyfr Charles

Yn Eisteddfod Genedlaethol Cymru, Llangefni, 1983 cyhoeddwyd y llyfr Wel dyma fo . . . Charles Williams. Guto oedd y Golygydd, neu yn ei eiriau ef: 'Charles piau'r brethyn a minnau fu'n teilwra' ac fe'i cyhoeddwyd gan Gyhoeddiadau Mei. Cafwyd cyfarfod yn Llangefni i lansio'r gyfrol a chafwyd Triawd y Coleg i ganu. Dyma gyfran o'r nodiadau oedd gan Guto y noson honno:

Annwyl Gyfeillion
'Ga' i dros Mei a'i Gyhoeddiadau eich croesawu chi yma.

Rydan ni yma i 'neud dau beth: i ddathlu ac i 'neud un gorchwyl pwysig arall.

'Fedra' i ddim honni fod 'na fardd na llenor yn ein teulu ni. Ond roedd 'na hen hen ewyrth i mi o ochor fy mam oedd yn enwog yn ei ddydd am 'neud trapia' llygod a'i fab ynta' wedyn credwch neu beidio yn bencampwr am 'neud trapia tyrchod daear. Maen' nhw acw i' gweld i chi. 'Freintiwyd mohono' i â llaw dda ond mi fydda' i'n ymhyfrydu fod peth o waed yr hen drapiwrs yn llifo yn fy ngwythiennau i.

Heno 'ma mae Cyhoeddiadau Mei hefyd yn ymhyfrydu yn hynny ac yn falch o gael cyhoeddi i ni lwyddo i gael un hen bryfyn go nobl i'r trap ac felly i gael Hunangofiant Charles Williams ar restr ein cyhoeddiadau.

Ychydig iawn o bobol sy'n ymwybodol fod acw fynwent yn Rhos-lan. 'Rhos-lan y fan ddifynwent' meddai rhywun yn yr *Herald Cymraeg* ddeugain mlynedd yn ôl. Ond mae acw un ac ymhlith y cerrig beddau mae 'na un wedi gogwyddo at yn ôl a cheir weiran dros y bedd a pheg i'w dal hi. Dau ffarmwr yn pwyso ar lidiart y fynwent ac yn sôn am y cymydog oedd yn gorwedd yno dan y garreg, ac meddai un:

'Un garw a bachog oedd hwn. Mi gafodd o bopeth tra oedd o yn yr hen fyd 'ma a hynny o flaen pawb. Y fo gafodd y tractor cynta' ddaeth i'r ardal. Y fo gafodd y peiriant godro cynta'.

Y fo gafodd y beindar cynta'. Ac yn fan 'ma hyd yn oed mae o wedi cael teliffon!'

Mae eleni (a'r wythnos hon yn arbennig) yn gyfnod diddorol a phwysig yn hanes Charles Williams. Mae ynta' fel y ffarmwr o Ros-lan fel pe bai'n cael pob dim. Mae Cwmni Recordiau Sain yn cyhoeddi *record* ohono fo. Mae 'na si y daw 'na gydnabyddiaeth arall iddo fo yn ystod yr wsnos nesa' 'ma: mi gewch chi ddyfalu p'run ai'r gadair 'ta'r goron. Mae 'na hefyd ddisgwyl iddo fo arwain Noson Lawen a bod yn gyflwynydd mewn rhagor nag un lle. Mi glywodd y Frenhines hyd yn oed am hyn oll ac mi roth yr hawl iddo fo wisgo tair llythyren ar ôl ei enw. Mi fasa'r C.B.E. wedi bod yn addas sef Charles Biau'r Eisteddfod. Yr M.B.E. gafodd o ac mae un o lyfrwerthwyr brwdfrydig y Cwpwrdd Cornel yn Llangefni 'ma wedi datrys dirgelwch y tair llythyren ac egluro mai 'Môn Biau'r Enwog' maen' nhw yn ei ddynodi.

Ein gorchwyl ni heno 'ma ydi lansio'r gyfrol hon o hunangofiant Charles Williams. Ei theitl ydi 'Wel Dyma Fo . . . Charles Williams'.

Wedi cael deunydd cyfrol ac wedyn ei chysodi a'i hargraffu y cyfan eill Cyhoeddwr ei 'neud ydi rhoi Cyhoeddusrwydd i'r amgylchiad a deud 'Wel dyma hi,'a'i chyflwyno hi ar blât megis i gynrychiolwyr y Wasg a'r Radio a'r Teledu. Mae yn y gyfrol ddeunydd munudau melys a hwylus i chi ar y cyfryngau yna. Mae yma hefyd i'r llyfrwerthwyr gyfrol 'neith werthu!

Mae gennych chi siawns hefyd efo'r gyfrol hon i werthu i bobol na fydd byth yn prynu llyfr. Ewch â fo o dŷ i dŷ yn eich ardal ac mi werthith fel slecs.

Ewch â fo felly yr wsnos nesa'. Peidiwch â'i adael o i blant bach i 'neud hynny yn nhywydd oer mis Mawrth. 'Fydd ffrwydrad y cyhoeddusrwydd yn ddim ond atsain pitïo erbyn hynny.

Cyn cyflwyno'r llyfr dyma i chi gân gan Driawd y Coleg – Robin, Cledwyn a Merêd. Roedd Charles ar y weiarles efo'r rhain pan oeddan' nhw'n rhyw hen lafna'.

'Gwranda,' medda fi wrth Mei ryw fora – 'chdi' fydda i'n galw Mei, a 'chi' fydd o'n ddeud wrtha i – 'pwy gawn ni i gyflwyno'r gyfrol 'ma i Charles?'

'Dwn i'm, wir,' medda fo, 'pwy fasa chi'n feddwl?'

'Beth am rywun o'r Llyfrgell Genedlaethol?' medda fi.

'Peidiwch â chyboli,' medda fo, 'dydi'r rheiny ddim yn prynu llyfra' Cymraeg – maen' nhw'n 'u cael nhw am ddim.'

'Wel, beth am rywun o'r Cyngor Llyfra Cymraeg?' medda fi.

'Yda chi mewn diod, deudwch?' medda Mei. ''Da chi ddim yn disgwyl i'r rheiny anfon dyn o'r Castall 'na i ryw Black Hall of Calcutta yng nghefn y Bull yn Llangefni! Trïwch gadw yn eich rhych, ddyn, a meddyliwch am rywun efo cysylltiada Amaethyddol ac yn gwbod be' 'di rhiglo a baw gwarthag a chawall sgrapio – rwbath y gwyddoch chitha a Charles Wilias amdanyn' nhw.'

'O'r gora,' medda fi. 'Mab Moses Gruffydd 'di'r dyn.'

'I be' dowch chi â rhyw dynnwr llunia efo pensal felly i Langefni?' medda fo.

Mi welais i bryd hynny nad oedd Dafydd Meirion ddim yn saff o'i betha ac mi gym'ris y cyfrifoldeb o ofyn i'r Llyfrgellydd Cenedlaethol a Chadeirydd y Cyngor Llyfra, a mab y diweddar Moses Gruffydd, i gyflwyno'r gyfrol gyntaf i Charles. Yr un ydi'r tri – y Dr. Geraint Gruffydd, Aberystwyth.

Dymuniad Charles ydi fod pob elw o werthiant y llyfr yn mynd i goffrau Plaid Cymru. Yma mae Llywydd Plaid Cymru, Dafydd Wigley yn mynd i ddweud gair bach o gydnabyddiaeth. Ofer hollol fydd iddo fo roi anerchiad gwleidyddol – achos mae pawb yn pleidleisio i Charles.

Yr Anerchiad yng Nghyfarfod Dathlu Canmlwyddiant Ysgol Eifionydd, Porthmadog

Mr Cadeirydd a Chynddisgyblion

Linor Y *Feathers*, Llanystumdwy; Emrys Cae-coch, Rhos-lan a minna oedd yr unig dri aeth o Ysgol Llanystumdwy i'r Cownti Sgŵl ym Mhorthmadog fis Medi 1937.

Roeddwn i wedi cychwyn o ben uchaf Rhos-lan ers hanner awr wedi saith yn y bore ac wedi cerdded y tair milltir i ddal y trên yng Nghricieth.

'Wn i ddim pwy benderfynodd hynny, ond mi roddwyd Linor ac Emrys yn *Form I* a'm rhoi inna yn *Form II* – nid am fy mod yn alluocach na nhw ond am fy mod i flwyddyn yn hŷn na'r ddau. William Morgan Griffith (a fu farw'n ddiweddar ym Morfa Bychan) a minna oedd yr unig ddau newydd aeth i *Form II*, pryd roedd pawb arall yn y dosbarth ar eu hail flwyddyn.

Mi weddrish i hi yn oléw y diwrnod cynta, a'i hanelu hi am adref y noson honno yn llafarganu *Regina est bona. Reginae sunt bonae.* Roedd Mam yn meddwl 'mod i'n mynd i'r Brifysgol drannoeth!

Gan mai yn *Form II* y cyflwynid Lladin a Ffrangeg am y tro cynta roeddwn ar yr un tir â phawb arall yn y ddau bwnc yna erbyn amser cinio yr ail ddiwrnod. Ond pan ddaeth hi'n bnawn ac i ryw ddynes o'r enw Miss Bullen ddod atom i sôn am rywbeth o'r enw Algebra mi aeth yn nos arnaf. 'Doeddwn i erioed wedi clywed yr enw Algebra.

Yn Saesneg roedd y Miss Bullen 'ma wrthi ac mi ddechreuodd sôn am ryw *ddivisions* a bod angen symud rhyw ffigura a llythrenna o un golofn i un arall a'u rhoi nhw'r naill uwch ben y llall. Wel . . . iawn . . . mi fedrwn innau sgwennu'n ddigon da i gopïo pethau felly ond 'doeddwn i'n deall dim arnyn' nhw; a 'doedd gen i ddim digon o Saesneg i ofyn iddi hi egluro beth oedd hi'n drïo 'i wneud . . . Ac i goroni'r cyfan mi roddodd ugain o'r pethau 'ma inni i'w datrys fel *homework*.

Roeddwn i'n crïo ymhell cyn cyrraedd adref yr ail noson, ac wedi cryn berswâd gan fy mam yr es i am yr ysgol y trydydd bore. 'Wyddwn i ar wyneb daear sut i wynebu'r Miss Bullen 'ma – roedd ei henw hi'n codi ofn arnaf – a cheisio egluro fy anhawster. Roedd ceisio gwneud hynny yn Saesneg lawn mor ddyrys i mi â'r *Algebra* oedd wedi fy nghoncro y noson cynt.

Ond cyn gynted â'n bod ni wedi cyrraedd y dosbarth ar ôl yr Asembli fore trannoeth dyma fi'n cael galwad i ystafell William Rowlands, y Prifathro.

'Mae hi wedi canu arna i rŵan,' meddwn i wrthyf fy hun, 'mae hwn yn gwbod yn barod 'mod i heb wneud fy homwyrc.' Dyma i chi lais William Rowlands rŵan yn canu.

[Roedd William Rowlands yn ganwr caneuon gwerin a chwaraewyd recordiad ohono'n canu un pennill o Ffarwél i Ynys Enlli]

'Dwi wedi dewis y pennill yna gan mai gŵr o'r Rhiw ym Mhen Llŷn oedd William Rowlands. Roedd un o'm teulu innau o Ben Llŷn wedi dweud hynny wrthyf cyn imi erioed fynd i Ysgol Port.

Dyna fi am ystafell Mr Rowlands a churo ar y drws.

'*Come in,*' medda'r gŵr o Ben Llŷn. Ac mewn rhagor o Saesneg dyna fo'n holi oeddwn i yn yr un dosbarth â Linor *Feathers* ac Emrys Cae-coch yn Ysgol Llanystumdwy. Ac am ei fod o'n dod o'r Rhiw mi atebais o yn Gymraeg. Ac mi drodd yntau wedyn i'r Gymraeg a'm gyrru i *Form I.*

Mi fûm i'n ddigon hapus yn y fan honno a llwyddo i ddeall tipyn hyd yn oed am *Algebra* efo Mr Porter. Y fo hefyd soniodd gyntaf wrthyf am *Geometry.* 'Doeddwn i erioed wedi clywed yr enw hwnnw 'chwaith cyn hyn, a phan welais i'r plant eraill yn estyn rhyw bethau fel nodwyddau blaenllym o duniau bach hirsgwar, mi feddyliais i 'mod i mewn dosbarth gwau.

Yr anhawster pennaf i mi fu'r Saesneg tragwyddol a geid gan yr athrawon. Mi fûm yn cario'r syniad am rai wythnosau, os nad misoedd, mai Sais oedd Mr Dodd, a phan ddaeth hi'n amser cyfnewid hen *class notebook* am un newydd mi fûm i'n cadw fy nodiadau ar dudalennau rhydd am gyfnod yn hytrach na cheisio gofyn iddo fo yn Saesneg am lyfr newydd.

Ond rhyw fore, fe'i clywais o yn siarad Cymraeg a dyna fynd ato a gofyn,

'Os gwelwch chi'n dda, ga' i lyfr newydd, syr?'

'Cewch, 'ngwas i,' medda fo, a thorri cornel clawr yr hen lyfr fel 'tae o'n nodi dafad.

Hugh Jones fyddai'n rhoi Cymraeg a Hanes inni yn *Form I*, ac er mai yn Saesneg y byddai'n rhoi nodiadau inni yn y wers Hanes mi ddeuai 'na ambell ebwch o Gymraeg o dro i dro.

Am bethau pell, oer a digyswllt, yn fy mhrofiad i, y byddai'n traethu'r rhan amlaf, ac yn ddigon undonog. Ond mi godais fy nghlustiau un bore pan soniodd am John Owen, Clenennau – roeddwn i'n gwybod am ffarm y Clena' ers blynyddoedd ac wedi cerdded droeon trwy'r iard ac ar hyd Parciau'r Meirch wrth fynd i edrych am deulu i mi oedd yn byw ym mhen-draw tir y Clena'. Ac roedd yn golygu rhywbeth i mi am y tro cynta erioed.

Mi ddywedodd Glenys Tan-rhiw, Nantmor – Glenys Parry o Ben-y-groes erbyn hyn – fod Hugh Jones wedi gofyn i bob un ohonom yn y dosbarth un diwrnod beth oeddem ni i gyd am fod ar ôl gadael yr ysgol, ac i mi ddweud mai pregethwr oeddwn i am fod . . .

Ie, chwerthin wnaeth pawb y diwrnod hwnnw hefyd! 'Does gen i ddim cof am y peth, ond mae Glenys yn dweud iddyn' nhw gael cerydd llym am wneud hynny.

Un arall a siaradai Gymraeg efo ni oedd W.J. Hughes. Dyna ichi golbiwr! Yn enwedig os dywedech chi gelwydd. Roedd o'n iawn fel arall. Mi dorrais i ryw hen beth oedd ganddo fo yn y lab ryw dro.

'Ylwch, Mr. Hughes,' medda fi – mi es i ato neu mi faswn i'n farw'n dod oddi yno: ''Dwi 'di torri'r hen beth oedd gynnoch chi'n fanna.'

'Be' 'di o 'ngwas i?' medda fo wrtha i . . . ' . . . yr unig bipet sy' gen i!'

Ac roeddwn i'n gweld fy arch yn cael 'i gneud! Ond wyddoch chi beth ddeudodd o wrtha i?

'Ewch i nôl brws llawr a selffiar,' medda fo, 'i hel y gwydr 'na.'

Chwarae teg iddo – roeddwn i wedi dweud y gwir, wedi cyfadda.

Fo fyddai'n rhoi *Arithmetic* inni ar un adeg a'i bwyslais mawr o wrth inni fynd ati i ddatrys unrhyw sym fyddai am inni roi amcangyfrif o'r ateb, a ninnau'n gorfod ysgrifennu'r ddwy lythyren A.V. ar gychwyn pob sym – yr *Approximate Value* fel y byddai'n ei alw. 'Synnwyr Cyffredin' fyddai'n ei alw yn Gymraeg, a syniad da oedd o hefyd.

Ffiseg, wrth gwrs, oedd prif faes Mr Hughes – pwnc na chymerais i ato o gwbl ond rwy'n dal i gofio rhyw dwdlyn o bwcad fechan oedd ganddo wrth egluro *The Principle of Archimedes* – roeddwn i'n gwybod beth oedd pwcad a dŵr.

Yn ei ddarlith ar Feddygon a Gwyddonwyr Eifionydd a draddodwyd yng Nghricieth yn 1983 mae O.E. Roberts, y gwyddonydd a'r llenor o Lanystumdwy, yn dweud peth fel hyn am W.J. Hughes:

Haedda Mr Hughes, un o Flaenau Ffestiniog, glod arbennig am ei ymdrechion i roi Edward David Hughes, Ynysgain Bach, Llanystumdwy, ar ben y ffordd a arweiniodd i'w gyfraniadau gwyddonol gwerthfawr a byd-enwog.

Credai W.J. fod dyfodol gwych i Edward fel gwyddonydd a rhoddodd fenthyg llyfrau iddo a'i arwain i'w ddysgu ei hun. Cafodd ganiatâd Prifathro Ysgol Sir Ffestiniog, a feddai amgenach labordy na'r Port, i ddefnyddio labordy 'Stiniog ar y Sadyrnau.

Aent gyda'r trên bach i 'Stiniog ar nos Wener, aros yng nghartref rhieni W.J. Hughes y noson honno, ac yn ôl nos Sadwrn. Fe ddaeth y bachgen hwnnw yn Gymrawd o'r Gymdeithas Frenhinol, yn Gymrawd o Brifysgol Llundain, gan dderbyn llawer o anrhydeddau eraill a chyhoeddi dros 200 o bapurau gwyddonol.

Mi adewais i'r ysgol o *Form IV* a hynny oherwydd y gwaith cartref – yr *homework* diddiwedd. 'Doeddwn i'n gweld dim synnwyr mewn teithio wyth milltir bob bore; treulio diwrnod crwn cyfa' mewn ysgol a theithio wyth milltir arall i gyrraedd adref i wneud rhagor o'r un peth.

Pan adewais i'r ysgol yn 1941, wedi claddu fy Nhad ers tair blynedd, a heb waith i fynd iddo, mi ddaeth W.J. Hughes yn unswydd i Ros-lan i ddweud bod 'na le i mi, pe dymunwn, yn *Cash Stores* – neu Siop Jones Cash fel y'i gelwid – ym Mhorthmadog. Ac yno, ac nid i bulpud, yr es i, a bod yno am saith mlynedd.

William Rowlands, y Prifathro, fyddai'n rhoi Cymraeg inni erbyn cyrraedd *Form IV* ond ni soniodd o na Miss P.J. Owen yr un gair yn fy nghlyw i am T.H. Parry-Williams, un o'r ysgolheigion gloywaf fu rhwng muriau'r ysgol erioed – un yr ydw i wedi gwirioni ar ei waith er y diwrnod y gadewais yr ysgol.

[Dangosodd ffilm fer o ryw ddau funud o William Rowlands yn ei henaint, ac yn gefndir chwaraewyd recordiad ohono'n canu rhan o Gân Bach y Saint. Tua'r diwedd mae William Rowlands yn plygu i godi papur oddi ar lawr. Dyma sylw Guto:

'Sut mae'ch iechyd chi rŵan, Mr. Rowlands?' meddwn i wrth dynnu'r ffilm 'na.

''Dwi'n oléw,' medda fo, 'ond fy ngolwg i.'

A chyn gorffen dweud hynny dyna fo'n plygu i godi papur oddi ar lawr!']

Efo Ben Griffiths (fo wnaeth logo Ysgol Porthmadog) efo fo ar bnawn Gwener, yn cael gwaith coed, y bûm i hapusaf. Nid am fy mod i mor hoff â hynny o waith llaw ond am ei fod yn siarad Cymraeg cartrefol drwy'r amser. Mae'n wir mai *dovetail joint* oedd o'n galw un asiad ond roedd o'n egluro sut i wneud hwnnw yn Gymraeg. Mi lwyddodd Bob Siop Newydd a minnau, ar y cyd, i wneud troli bach ddigon del, a hynny fesul tipyn o wythnos i wythnos.

Mi wnes y stôl bach yma fy hun ond 'dwi'n sylwi mai sgriwiau sy'n ei dal wrth ei gilydd ac nid *dovetail joints*.

1994

Llythyrau

Aeth Guto ati unwaith i fyfyrio ychydig ar Lythyru, fel y cyfryw, hynny ar gyfer difyrru gwrandawyr y gyfres radio Rhwng Gŵyl a Gwaith. *Dyma a ddaeth o hynny.*

Mae arna' i ofn 'mod i'n un o'r rhai salaf am fynd ati i sgwennu llythyr ond unwaith y gafaela' i ynddi hi 'fydd 'na ddim dal.

'Fydd gen i syniad yn y byd be' i' ddeud ar y cychwyn ar wahân i'r dull arferol, 'Gair bach gan fawr obeithio eich bod mewn iechyd.'

'Does wybod beth ddigwydd wedyn. 'Dwi wedi sgwennu ambell i lythyr nad oedd o'n ddim byd ond celwydd: celwydd gola' iawn, cofiwch.

Os bydd y derbynnydd yn un o fy ardal i 'fydd o'n ddim gen i ddeud fod y Gweinidog wedi bod ar 'i ddiod ers tridia, neu fod y fwya' annisgwyl o hen ferchaid yr ardal 'ma wedi priodi. A 'dwi'n meddwl i mi ddeud un tro fod y person wedi dechra' gwerthu poteli Jinji Biyr ym mhorth y fynwant fel opsisiwn i siop fach y pentra.

Rydw i hefyd, wrth gwrs, wedi sgwennu amal i lythyr mwy difri'. Ta' waeth, mae pob un wedi 'i ddifa erbyn hyn, wel felly 'ro'n i'n meddwl. Ond yn ddiweddar mi addefodd cyfaill i mi 'i fod o wedi cadw pob llythyr 'sgwennis i ato dros y blynyddoedd. 'Doedd 'no ddim o bwys mawr yn 'r un ohonyn' nhw hyd y cofia' i, ond beth bynnag 'sgwennis i, 'fedra' i fyth 'i wadu o. 'Dydi'r cyfan ar gael ar ddu a gwyn. Ac os digwydd i rywun arall drawo arnyn' nhw ryw dro wedi i mi fynd i'r twll du, mi fydd hwnnw (na 'dwaenodd o 'rioed mona' i yn y cnawd) yn llunio pictiwr neu farn gam neu gymwys amdana' i.

Dyma'r math o beth 'dwi'n 'i feddwl.

Y d'wrnod o'r blaen mi ddois ar draws llythyr wedi 'i anfon o Chwilog ar Hydref 5 1837. Llythyr oddi wrth Siôn Wyn o Eifion at John Williams, Tu hwnt i'r Bwlch, Porthmadog, sef cynrychiolydd neu asiant William Alexander Madocks: llythyr Saesneg.

Llythyr oedd o yn diolch am y gofal a'r croeso oedd o wedi 'i gael pan oedd o'n aros efo John Williams a'i wraig ym Mhorthmadog. Yna mae o'n mynd ymlaen i ddeud fel yr hoffai o fod yng nghyfarfod ordeinio William Ambrose.

Ofnaf y bydd eich sêt chwi yn llawn y diwrnod hwnnw. Er hynny 'rwy'n dymuno ac yn gobeithio y bydd i chwi neu Mr. Ambrose fod garediced â chwilio am gornel i mi eistedd yn rhywle yn y Capel. Mae'r meinciau yn gyffredinol mor gulion fel na allaf deimlo'n gyfforddus mewn unrhyw gapel ac eithrio yn eich sêt chwi.

A dyna chi. 'Does dim rhaid bod yn graff iawn, yn nac oes, i weld at beth roedd Siôn Wyn yn anelu ac yn naturiol rydach chi a finna yn ffurfio rhyw fath o bictiwr neu farn am gymeriad Siôn Wyn o Eifion.

Felly, os ydi fy nghyfaill sydd wedi cadw fy llythyra' i yn gwrando – 'Fasa ti mor garedig â rhoi matsian yn'yn nhw'r pnawn 'ma?' . . . Am 'wn i hefyd. Ella wedi'r cwbwl imi, yn ddamweiniol, fod wedi sgwennu rhywbeth bach eill fod o ddiddordeb i rywun, 'tasa hi ddim ond brawddeg fach go giwt fel y frawddeg yma gan Syr Ifor Williams ar gerdyn post at W. Gilbert Williams yn 1941.

Am y menyg a'r 3d clud, os soniwch am hynny eto, mi gana' i awdl ddychan i Ilbert a'i lladdo'n gelain gegoer.

'Sgwn i soniwyd am y menyg? Os do, p'le mae'r awdl ddychan?

P'run bynnag, fe gadwyd y cerdyn post a llythyr Siôn Wyn o Eifion, ac i Archifdy'r Sir yng Nghaernarfon y mae i mi ddiolch am gael 'u gweld nhw ac am gael dyfynnu ohonyn' nhw heddiw i chi.

Tudalen yn unig a gadwyd o'r llythyr hwn a ysgrifennwyd cyn ad-drefnu Llywodraeth Leol yn 1974.

Muriau Mawr
Rhos-lan
Cricieth

At Gyngor Dosbarth Llŷn

Foneddigion

Hyderaf y bydd y tywydd wedi cynhesu cyn y bydd raid i chwi eistedd gyda thraed oerion i drafod cynnwys y llythyr hwn ymysg llawer o rai eraill pwysicach. 'Does gennyf ond gobeithio y byddwch wedi cael paned o de cynnes cyn cychwyn, hynny yw, os nad oedd y pibelli wedi rhewi a chwithau heb ddiferyn.

Felly mae hi yma, beth bynnag – dim dafn i ddim ers wythnosau. Yn wir, 'does yma ddim dafn o ddŵr i'w yfed ers dechrau'r haf diwethaf, ac un drwg oedd o'r adeg honno. Yn wir, rwyf wedi bod yn amau droeon a ddylasem ei yfed o gwbl. Pa un bynnag, 'does yma ddiferyn o fath yn y byd rŵan.

Gan gofio, clywais fod gan y Cyngor Dosbarth yna lyn enfawr o ddŵr wedi ei gronni tua Chwm Ystradllyn ers rhai blynyddoedd bellach, a chlywais ar y teledu yr wythnos diwethaf (os nad wyf yn methu'n arw) fod un o'r swyddogion yna yn foddlon i'w ryfeddu ar y swm o ddŵr oedd ynddo – a 'dwi bron yn siŵr imi glywed fod eich Cyngor hyd yn oed yn gwerthu peth i Borthmadog neu Gyngor Tref Pwllheli. Fy llongyfarchiadau gonestaf ar eich llwyddiant a'ch gwelediad pan ymgymerasoch â chodi'r gronfa.

Erbyn meddwl, 'dwi'n cofio gweld agor traen ar draws yr ardal 'ma dro'n ôl – ond mi aeth heibio yma a 'Refail Bach o fewn lled cae neu ddau. Soniodd neb 'r un gair wrthym, ofynnodd neb oedda' ni'n yfad – yfad dŵr, felly. Yr ydym, wrth gwrs, ond fel yr eglurais uchod 'does 'ma ddim dafn.

Prin mai digywilydd-dra ar ein rhan fel trethdalwyr i'ch Cyngor yw gofyn i chwi ystyried ein cyflenwi â dŵr i'w yfed . . .

Cyhoeddwyd yn Y **Faner,** *Awst 3, 1990*

At Olygydd *Y Faner*

Y Pafiliwn . . . Y Babell . . . ?

Diddorol oedd darllen yn y wasg am y bwriad o ystyried sgriniau teledu mewn pebyll llai yn hytrach na gwario ar y babell fawr yn yr Eisteddfod Genedlaethol.

Pan oedd yr Eisteddfod ar ddod i Borthmadog bûm yn cenhadu dros gael gwared â'r pafiliwn mawr ond gan nad oedd croeso i'r syniad ar y pryd cynigiais – ynghyd ag addewidion ariannol gan gyfeillion eraill – dalu am gostau cael pabell a sgrin deledu fel arbrawf, ond 'doedd dim croeso.

Hoffwn, fodd bynnag, ddiolch i awdurdodau'r Eisteddfod am eu haelioni yn gadael y pafiliwn ym Mhorthmadog gyhyd i'n hatgoffa am y gwariant dianghenraid a fu o'i achos. Ys gwn i ym mh'le mae'r anghenfil mawr a drudfawr hwnnw erbyn hyn?

Guto Roberts,
Capel Uchaf,
Clynnog Fawr.

Cyhoeddwyd yn **Y Faner,** *Mai 3 1991*

Ein hawl foesol

Annwyl Olygydd,

Cyn i fflam y galwadau am ffurflenni Cymraeg y Cyfrifiad gael ei henhuddo am ddeng mlynedd arall, carwn ddatgan fy siom o glywed ambell un – go annisgwyl – yn galw am gael ffurflenni dwyieithog y tro nesaf.

Chwarae'r ffon ddwybig yw galw am ffurflen felly ac mae'r sawl sy'n frwd o'i phlaid yn euog o anwybyddu, gwadu a hyd yn oed wrthod ei hawl foesol.

Cofier mai er mwyn hwylustod i rai nad oes ganddynt mo'r gallu i ddysgu Cymraeg y paratoir ffurflenni dwyieithog yng Nghymru ac nid er mwyn y Cymro Cymraeg. Nid y Cymry Cymraeg sy'n rhoi costau ychwanegol ar ysgwyddau Cynghorau ac Adrannau Llywodraeth ond Cymry diog a Saeson Prydeinig.

Guto Roberts,
Clynnog Fawr.

Gorwelion
Y Groeslon
Caernarfon

Rhagfyr 2, 1995

Annwyl Olygydd

Yn eich adroddiad am yr ystafell sydd yn rhy fychan i ddal aelodau Parc Cenedlaethol Eryri yn y pencadlys ei hun nodir fod nam sylfaenol yng nghynllun yr adeilad. Gallesid yn hawdd, a theg, ychwanegu mai camgymeriad o'r mwyaf oedd codi adeilad mor anferth ar y llecyn arbennig yna ym Mhenrhyndeudraeth.

A phwy ond aelodau o Bwyllgor y Parc ei hun all ymhyfrydu ac ymffrostio yn y fath eldrych o adeilad? Mae'n hollol anghydnaws â'r lle a'r ardal, a'i gynllun yn un gymysgfa ysgeler. Clywais ragor nag un yn honni fod pensaernïaeth Ysbyty Bron-y-garth, na allesid ymfalchïo'n ormodol ynddo, yn ganwaith mwy addas i'r llecyn gwyrddlas a choediog hwn.

Mae ei anferthedd yn destun gwawd yn enwedig mewn perthynas â'r rhesaid tai sydd ychydig ymhellach o'r ffordd.

Ysgwn i pwy yw'r penseiri sy'n ymhyfrydu iddynt fod mor flaengar â Clough Williams-Ellis pan aeth ef ati i gynllunio Porthmeirion, ond yn rhy ddwl a dall i sylweddoli mai yn eu perthynas â'i gilydd ym Mhorthmeirion y mae'r adeiladau'n addas yno ac nid ochr yn ochr â chynllunio pob dydd unrhyw ddatblygiad.

'Tasa ti'n codi cwt mochyn neu roi rhawiad o sment mewn bol clawdd yn y Parc Cenedlaethol,' meddai rhywun, 'mi gei dy orfodi i'w ddymchwal pryd mae'r arglwyddi pwyllgorawl eu hunain yn cael gwneud a fynnont, ac mae dod heibio iddo yn y nos a'r golau artiffisial ar y pileri yn gneud i ddyn feddwl fod y Mri. Suds neu Teegos wedi ildio cyn cyrraedd Ffair Cricieth.'

Yn gywir,
Guto Roberts.

Annwyl Olygydd

Mae'n ddiamau i'ch darllenwyr, fel minnau, sylwi ar yr ailwynebu a'r lledu palmentydd a welir ym Mhwllheli, Pen-y-groes, Caernarfon a mannau eraill. Mae'r cyfnewidiadau hyn yn bethau i'w canmol ar un olwg ond eu bod bellach ar yr un patrwm.

Mae'r palmentydd o'r un lliw a ffurf ymhob tref; pob ynys draffig efo'i choler wen; pobman arall – lle cynt y cerddid yn rhwydd – wedi ei garegu a'i wneud yn anhramwyadwy, a'r mannau lle gellid gadael ein ceir am gyfnodau byrion wedi eu cwtogi a hynny pan fo cynnydd cyson mewn trafnidiaeth.

Clywais gymharu'r Maes yng Nghaernarfon â'r Sahara! Onid canmil gwell fyddai gweld hyd yn oed faes parcio bychan ar ei ganol yn hytrach na'r unffurfiaeth lom a moel a geir yno bellach? O glywed y cyfeirio parhaus at ddenu ymwelwyr i Gaernarfon prin y byddai'r moelni hwn yn sbardun i unrhyw ymwelydd ar dro ystyried aros yn y dref.

Nid wyf ar hyn o bryd am gwestiynu ynglŷn â'r ffynhonnell ariannol ond hoffwn yn fawr wybod pwy sy'n cynllunio hyn oll a pha Awdurdod sy'n caniatáu i'r unffurfiaeth hon weddnewid pob pentref a thref.

Tybed a oes gwir yn y stori fod sgwâr Tremadog i gael triniaeth debyg? 'Deffrown, deffrown . . . ' oedd geiriau rhyw hen gân a glywais gynt ond rhaid ychwanegu 'yr hwn sydd ganddo glustiau i wrando, gwrandawed' – a'r hwn sydd ganddo lygad, edryched.

Yn gywir,
Guto Roberts.

Pibo yn y Winllan

Annwyl Olygydd

O bob newydd o bwys cenedlaethol a glywais erioed, yr un am Seisnigo Amgueddfa Werin Cymru, Sain Ffagan, ar *Y Byd ar Bedwar* a roes yr ysgytwad fwyaf i mi.

Roedd y pwyslais ar bolisi dwyieithog yno (fel ym mhobman arall) yn sicr o arwain at hyn; a phan ddeuir â phennaeth uniaith – a'r iaith honno yn un Saesneg – i reoli a gweinyddu sefydliad Cymraeg, mae'r iaith Gymraeg yr un mor sicr o gael ei difwyno a'i rhoi ar y naill du â phe deuid ag anifail piblyd i barlwr.

Pwy, a faint o amddiffynwyr 'y winllan' sy'n mynd i godi eu llais? Pwy o blith gweinyddwyr, darlithwyr, Aelodau Seneddol a phleidiau gwleidyddol – sydd wedi tyfu o blith y werin gyffredin i'w safleoedd moethus presennol – sy'n mynd i ymladd y frwydr hon dros Sain Ffagan?

Esmwythach fydd hi i'r dyn cyffredin yn Nydd y Farn nag ar y rhai tawedog yn y mater hwn.

Guto Roberts,
Y Groeslon,
Caernarfon.

At y Golygydd

Mae 'na bendraw ar wneud sbort am ein pennau. Mae'n bryd cornelu penaethiaid BBC Cymru ynglŷn â'r Seisnigo cyson ar raglenni Cymraeg. 'Waeth heb â dadlau eu bod yn denu rhagor o wrandawyr. Os mai dyna'r nod gwnaed hynny mewn Tsieinëeg ac fe dorrid pob record!

Ysgwn i a ydynt mor ddiawledig o ddall na allant ragweld polisi o'r fath? Os Seisnigir y rhaglenni fesul canran ni fyddant yn hir cyn eu gwneud yn hanner a hanner. Byddai hynny'n ddigon i'r awdurdodau yn Llundain ddadlau na fyddai angen am Radio Cymru o gwbl, a byddai grym mewn dadl pe datblygid y weithred ysgeler hon i'w heithaf.

Pwy bellach yw aelodau Cyngor Darlledu Cymru? Onid cynrychioli'r genedl yw eu swyddogaeth? Mae Cymry Cymraeg y genedl hon yn erfyn ar ei gliniau am iddynt weithredu. Siawns nad oes gan rai ohonynt ddigon o grebwyll i sylweddoli beth oedd amcan a phwrpas sefydlu sianel i ddarlledu yn Gymraeg. Tybed – os nad ydynt yn cofio ymgyrchu'r dyddiau gynt – nad ydynt wedi darllen am hynny?

Mae i ddarlledu ei amcan a'i bwrpas a chyfrifoldeb Radio Cymru yw anelu at y nod hwnnw **yn Gymraeg**. Dyna paham y'i sefydlwyd. Ni fuasai neb synhwyrddoeth yn breuddwydio am chwarae rygbi mewn cwrt tennis.

Yn gywir,
Guto Roberts,
Y Groeslon, Caernarfon.

Annwyl Olygydd

Rwyf wedi gwrando a darllen am yr anesmwythyd sydd ynglŷn â'r Saesneg a gaiff ei gynnwys – yn sgyrsiau a chaneuon – mewn rhaglenni Cymraeg ar y radio ac, yn wir, ar S4C hefyd erbyn hyn.

Yr hyn sy'n fy synnu i yw anghwrteisi BBC Cymru yn gwrthod ymateb yn ddoeth a synhwyrol i'r anniddigrwydd. Mae'n anwybyddu llais a barn ei gwrandawyr ac yn llwyr anghofio mai'r Gymraeg yw'r iaith i fod ar Radio Cymru ac mai un o'm hawliau sylfaenol innau fel Cymro yw cael ei raglenni gwybodaethol a diddannol yn yr iaith Gymraeg.

Synnaf braidd na fuasai Bwrdd yr Iaith Gymraeg wedi ymyrryd erbyn hyn gan mai hanfod ei fodolaeth yw gwarchod yr iaith Gymraeg ym mhob rhyw fodd ac ar bob achlysur.

Yn niffyg unrhyw ymdrech ymddangosiadol gan y naill awdurdod na'r llall i roi i ni'r Cymry Cymraeg un o'n hiawnderau sylfaenol rhaid difrif ystyried mynd â'r achos i lys iawnderau Ewrop.

Buaswn yn ddiolchgar i chwi, Mr. Golygydd, pe caniataech i wlatgarwyr brwd ymateb i'r posibiliadau hyn yng ngholofnau'r *Cymro*.

Yn gywir iawn,
(Cymro Bach).

Ar brydiau byddai Guto yn 'gysfennu i'r wasg' yn enw 'Robat Jôs'. Ffugenw arall ganddo oedd J.F. Raymond Lewis.

Cyhoeddwyd yn **Yr Herald Cymraeg,** *Ionawr 7, 1995*

Mr Golygydd

Mae'r Nadolig trosodd. 'Diolch am hynny,' medd rhai. 'Wn i ddim pam y dywedant hynny 'chwaith gan na ellir beio'r Nadolig, fel y cyfryw, am yr un 'cur pen' na 'phrinder arian'. Mae'n rhydd i bawb wneud fel y myn wrth gwrs ac ystyried beth sydd o werth a beth sydd yn bwysig.

Byddaf yn pendroni llawer ynglŷn â'r bwseidiau o bobol Llŷn ac Arfon sy'n mynd i wneud eu 'Christmas Shopping' fel y'i galwant i Lerpwl a Chaer heb hidio'r un ffeuan am siopwyr Caernarfon, Pwllheli a Phorthmadog sy'n ceisio cadw eu busnesion i droi, a hyd yn oed gadw eu drysau yn agored erbyn hyn.

Mae'r 'Christmas Shoppers' yn anghofio eu bod yn hwyluso cau yr union siopau sydd yn rhoi gwaith i ieuenctid y pentrefi cyfagos (ac wedi gwneud hynny yn draddodiadol am ddegau o flynyddoedd). Siarad gwag a chamarweiniol yw honni fod yr archfarchnadoedd sydd ar gyrion y trefi yn creu gwaith ychwanegol. A oes rhywun wedi dadansoddi a chanfod faint yn llai neu ragor o swyddi a geir mewn siopau heddiw o gymharu â, dyweder, ddeng mlynedd yn ôl?

Mae yna un cwestiwn mawr arall yr hoffwn gael ateb iddo, Mr Golygydd, sef beth sydd yn peri i'n Cynghorwyr lleol fod mor barod gefnogol i'r Cwmnïau dieithr hyn ddod yma i wneud elw – a mynd ag ef oddi yma? Ynteu a oes a wnelo hoffter Swyddogion Cynllunio o adeiladau mawrion rywbeth â'r peth?

Yn gywir,
Robat Jôs.

Cyhoeddwyd yn **Yr Herald Cymraeg,** *Ionawr 21 1995*

Mae'n hen bryd i'r enwadau uno

Annwyl Olygydd

Ydi, mae hi'n flwyddyn newydd. Tybed mai hon fydd blwyddyn uno'r enwadau? Mae gennyf ryw gred eu bod bron â thorri'u boliau eisiau uno ond nad oes 'na'r un o'r arweinyddion efo digon o berfedd i wneud hynny. Dichon na ŵyr y rhelyw ohonynt beth ydi'r Calfinaidd yna sydd gan y Methodistiaid. Gwelais rywun o Sir Aberteifi (ar y teledu) yn honni fod yr aelodau cyffredin yn barod unrhyw ddiwrnod i uno ond bod blaenoriaid a diaconiaid yr enwadau yn gyndyn o wneud.

Bydd hen gyfaill sydd gennyf ym Mhen Llŷn – y cyfarfyddaf ag ef o dro i dro – yn colli arno'i hun yn lân pan soniaf am y pwnc.

'Ofn colli eu swyddi sydd ar eu hanner nhw,' meddai y dydd o'r blaen 'ac maen' nhw'n rhy ddall, os nad yn rhy ddwl, i sylweddoli mai yr un rhai sy'n llenwi pulpuda pob enwad – a gwneud cymwynas â'r capeli ac nid â'r Bod Mawr ydi hanas rhai o'r rheiny.

'Mi glywis i Fatus brwd y diwrnod o'r blaen yn pwysleisio mor bwysig oedd cael trochiad tros ei ben ac mai dyna oedd ei reswm tros beidio â joinio. Lol botas! Mi allasai fentro joinio capel Methodus neu gapel Annibynwyr a chymryd trochiad bach preifat mewn rhyw bwll yn afon Dwyfor fel yn 'Ffilm Lloyd George' ond cofio osgoi trobwll – rhag ofn i'r tir roi o'tano fo!

'Dyna i ti'r Annibynnwr brwd 'na wedyn! Beth sy'n rhwystro iddo fo joinio efo'r Methodistiaid? Mae'n ddigon hawdd bod yn Annibynnol efo'r rheiny gan fod y 'sêt fawr' a 'Chaerdydd' yn trefnu popeth: a beth sydd haws iddo fo na mwmian yn ddistaw rhyngddo ag ef ei hun: 'Nid oes i ni

Offeiriad . . .' a deud 'Amen' 'r un pryd â phawb arall.'

Os yw'r hen gyfaill yn bytheirio ar y mwyaf mae 'na lot o wir yn ei bethau.

Mae gennyf gof i Uno'r Enwadau fod yn y gwynt yn ystod y pumdegau ond na ddaeth dim ohono. Mae deugain mlynedd ers hynny, ond peidiwn â digalonni; dichon y cawn ddathliad gwerth chweil ymhen rhyw bum mlynedd. Fydd 'na'r un Capal ar 'i draed rwy'n ofni erbyn hynny, a chystal fyddai i'r Eglwys yng Nghymru – lle mae hi'n ddigon gwan – ymuno â nhw a chael 'Gweinidog' o'r Swyddfa Gymreig i'w bugeilio a Chwango bach o bump i ofalu am y casgliad.

Robat Jôs

Annwyl Olygydd Yr Herald

Mae'n plant ni wedi mynd dros y trothwy ers blynyddoedd bellach ac 'wedi gwneud yn reit dda'. Gan nad oedd yr un o'r ddau yn rhyw 'bright' iawn 'doedd dim i'w wneud ond pydru arni gorau gallasen' nhw a hynny'n ddigon di-gŵyn.

Trwy groen ei ddannedd y cafodd Dafydd ei 'lefel O', ac i ddweud y gwir, fasa fo ddim wedi cael 'i 'lefel A' dros 'i grogi onibai i Miss Davies, yr athrawes Gymraeg, ymdrechu efo fo.

'Darllenwch chi ddigon, 'machgan i,' fydda' hi'n ddeud. 'Mi wnewch rwbath ohoni hi os darllenwch chi. Fydd raid i chi ddim trïo cofio sut mae sillafu na phryd mae angen dyblu'r "n" nac edrych mewn geiriadur os darllenwch chi ddigon – mi ddaw yn rhan ohonoch chi.'

'Dwi ddim yn meddwl fod athrawon ein dyddiau ni yn gwybod sut mae sillafu ac mi fuasent hwythau, 'synnwn i fawr, fel y Swyddfa Gymreig, yn rhoi 'yn' ar ddiwedd 'cynllun'.

Rwyf am ddweud hefyd, Mistar Golygydd, mi fu'n agos i mi gael ffatan ychydig fisoedd yn ôl wrth gael cip ar waith ysgol Nigel No. 2 – roedd ei waith yn llawn camgymeriadau sillafu, ond yn waeth na hynny, 'doedd 'i athro fo ddim wedi nodi hynny – neu ddim yn gwybod yn amgenach. Nid hwn oedd y tro cyntaf, chwaith, coeliwch chi fi. Yr esgus dros beidio â rhoi'r bensel goch ar draws camgymeriad ydi nad oes angen torri calon y plentyn. Sut, mewn difri, y gall plentyn ddysgu fod rhywbeth yn anghywir heb ddangos hynny iddo fo? Go brin fod yr un rhiant erioed wedi gadael i'w blentyn fynd i'r ysgol efo'i sgidia am y traed anghywir; na gadael i fachgen fynd i'r ysgol efo balog 'i drowsus y tu ôl.

Mae gen i ofn yn fy nghalon mai plant heb fedru sbelio a heb fedru mynegi eu hunain yn glir a phendant mewn iaith weddol dderbyniol ydi'r plant 'ma sy'n cael rhibidires o lefelau A y dyddiau hyn. Mae'n wir na ellir dweud bellach eu bod yn anllythrennog! Ond y peryg' ydi bod y llyfu a'r cusanu a'r lluniau yn y wasg yn peri iddyn' nhw feddwl eu bod nhw'n glyfar ac i'w rhieni feddwl hynny hefyd, pryd nad yw llawer ohonynt fymryn galluocach na'u taid a'u nain a ddysgodd y 'twice one two', 'amo, amas, amat' a'r 'Pythagoras theorem' heb ddim ond ymdrech ac athrawon da.

Yn gywir,
Robat Jôs.

Cyhoeddwyd yn **Yr Herald Cymraeg,** *Ebrill 6 1991*

Cadw trethdalwyr yn hapus fydd fy nod

Annwyl Syr

Tybed a oddefwch i mi fanteisio ar eich papur i gyhoeddi fy mwriad i ymgeisio am sedd ar y Cyngor Dosbarth. Gallaf eich sicrhau mai buddiannau'r trethdalwyr a cheisio eu plesio hwy fydd fy nod.

Fy amcan cyntaf a phennaf fydd cynorthwyo unrhyw un a fydd yn dymuno codi tŷ newydd – boed hwnnw ar ei gyfer ef ei hun; un o'r teulu; i'w osod i ymwelwyr neu hyd yn oed i'w werthu (cyn pen dim).

Credaf y buasai hyn yn gadael rhagor o dai ar y farchnad ac yn rhoi cyfle i'n cymdogion o Loegr i brynu rhagor o dai o fewn cyrraedd glannau'r môr.

O gael mynd yn gynghorydd nod arall a osodwn i anelu ato fyddai plesio'r swyddogion. Byddai hyn yn fantais fawr wrth geisio ennill ffafr dros ganiatáu y tai a'r adeiladau y dymunwn weld eu codi yn fy etholaeth.

Gwyddoch eisoes fod gan y Cyngor ei bolisïau ynglŷn â'r ochr hon o ddatblygu ond gwn innau bellach fod modd goresgyn hyn a'r gallu hwnnw fydd fy nghryfder fel cynrychiolydd.

Un o'r anghenion pennaf yn y dosbarth yw gwaith i'n pobl ifanc ac felly byddaf yn troi pob carreg efo'r amcan hwnnw mewn golwg. Un o'r dulliau i ysgafnhau'r diweithdra ymysg merched yw gofalu fod rhagor o archfarchnadoedd yn cael eu codi ar gyrion y trefi.

Dichon y bydd hyn yn achos i gau nifer dda o'r siopau bychain preifat yn y pentrefi ond mae'n fodd hefyd i droi'r strydoedd yn fannau cerdded yn unig. Mae'n wir fod cyfnewidiadau fel hyn yn golygu bod elw'r archfarchnadoedd yn mynd oddi yma ond rhaid cofio fel y medr archfarchnadoedd hefyd gyflogi llawer yn rhagor o ferched gan nad ydynt yn cyflogi ond am ychydig o oriau bob dydd.

Ni rydd hynny gyflog â gafael iawn i'r un o'r merched ond mae'n fodd i rai ymryddhau o linynnau cyson y cartrefi.

Cyn terfynu cystal fyddai i mi addo fy nghefnogaeth i rai fydd yn ymgeisio am denantiaeth tai cyngor gan anelu i ddosbarthu'r etholwyr cyn belled ag y bo hynny'n bosibl – gofalu mai athrawon ysgol a gweithwyr mewn swyddfeydd gânt eu ffrydio i ambell bentref; gweithwyr cyffredin efo cyflogau cyson mewn pentref neu stad o dai arall; ac, os bydd o fewn fy ngallu, ceisio corlannu'r di-waith a'r diafael a'r potiwrs a'r bywtalis i rywle o'r naill du, ond ar yr un pryd yn gofalu y bydd y Cyngor yn cael y rhenti drwy'r Wladwriaeth Les.

Mae gennyf hefyd y gallu i 'gau fy llygaid' rhag gweld y siopau sy'n agored ar y Suliau.

Yn gywir,
J.R. Raymond Lewis.

Cafodd Guto wahoddiad ddwywaith i'w anrhydeddu fel aelod
o Orsedd y Beirdd, unwaith yn 1978 a'r tro arall yn 1993.
Gwrthod a wnaeth y ddau dro.

Ei reswm dros hynny oedd na welodd yr Orsedd yn dda i
anrhydeddu chwe dyn a enwyd ganddo fel rhai teilwng i'w
hanrhydeddu yn Eisteddfod Bro Dwyfor, 1975. A rheswm
swyddogion Yr Orsedd yn 1978 dros beidio â'u hanrhydeddu
oedd fod y chwech dan sylw yn dod o Fro Dwyfor ac 'nad yw'n
arferiad estyn anrhydedd yr Orsedd i bobl yr ardal pan fo'r
Eisteddfod yn yr ardal honno'.

Atebodd Guto na chadwyd at y rheol hon yn 1975 a nododd
enwau rhai o Fro Dwyfor a anrhydeddwyd yn Eisteddfod y
flwyddyn honno. Ac yr oedd ar dir hollol gadarn.

Dyma gopi o'r llythyr a anfonodd i Gofiadur Yr Orsedd pan
wahoddwyd ef yr ail dro:

Garreg Boeth
Capel Uchaf
Clynnog Fawr

Mawrth 27ain 1993

Annwyl Gyfaill

Diolch am eich llythyr dyddiedig y 24ain o fis Mawrth eleni
sy'n holi a fyddai gennyf ddiddordeb mewn derbyn aelodaeth
'er anrhydedd' yng Ngorsedd Beirdd Ynys Prydain.

Gwerthfawrogaf yn fawr y cyfle a'r anrhydedd a berthyn i'r
gwahoddiad ond rhaid imi gael nodi unwaith yn rhagor fod yn
Eifionydd (heb nodi unman arall) bersonau llawer teilyngach na
mi a ddylasai fod wedi cael eu denu i'ch cymdeithas ers
blynyddoedd lawer – rai ohonynt sydd wedi marw erbyn hyn.
Am y rheswm yna yn unig dyma wrthod eich cynnig hael.

Yn gywir,
Guto Roberts.

271

Yn ei swydd fel Ysgrifennydd Ymddiriedolwyr Eglwys Rhos-lan anfonodd y llythyr dilynol at Richard Parry, Pwllheli, crefftwr medrus dros ben a hen gyfaill iddo ef a'i deulu o gyfnod Yr Aelwyd yn Y Garn. Roedd ganddo feddwl y byd o Dic.

Muriau Mawr
Rhos-lan
Cricieth

Mai 28 1971

Annwyl Dic

Wedi sgwennu nifer o lythyrau yn ymddiheuro'n rhodresgar am anfon newyddion drwg mae'n bleser o'r mwyaf gennyf dy hysbysu fod Ymddiriedolwyr Capel Rhos-lan yn derbyn dy brisiad am y gwaith ar y Capel.

Fy mraint a'm hanrhydedd bellach yw cynnig y gwaith hwnnw i ti yn ffyddiog ac, yn wir, yn gwybod y byddi'n ymgymryd ag ef yn onest a chydwybodol.

Wedi ei gwblhau, braint ac anrhydedd pellach fydd cael estyn yn ddiwarafun y swm o £483.00 i tithau.

Bryd hynny, mawr fydd ymffrost y ddiadell fach ar gwr y Gors yn eu hadeilad a dychmygaf weld praidd o gorlannau eraill yn trefnu gwibdeithiau i ddotio at ei ysblander, a gwawr lwyd y Valspar Bindenol ar ei wyneb yn dyst i symlrwydd Eglwys Anghydffurfiol.

Yn gywir iawn,
Guto.

Richard Parry
Pwllheli

Ionawr 4 1966

Annwyl Merêd

'Does gen' i ffadan beni
   I'w gynnig iti, M'rêd,
Gan 'mod i'r creadur tlotaf
   O fewn i wledydd cred;
Clywais am Olwyn Fawr yn troi
Ond pryd mae'r diawl am ddechrau rhoi?

Mae cael y ddeupen llinyn
   I gydio ddiwedd mis
Yn dasg bur anodd cofia
   I un sy'n ffond o sbris,
Ond cyn i tithau 'ngalw'n granc
Dos ar y ffôn â dyn y Banc.

Dichon y d'wedi dithau
   Mor gywilyddus yw
Hen Lanc ar ben 'i ddeugain
   Heddiw yn methu byw
A thithau wedi rhoi mor hael
Ugain punt i berfformiwr gwael.

Ond cofia bris y petrol,
   Y dreth a'r siwrin, frawd,
Mae hon yn glamp o eitem
   I'r unig, gwan o gnawd
Sy'n jolihoetio drwy Ben Llŷn
Rhag byw am byth ar 'ben ei hun!

Ond mae argoelion gwella
    Yn fuan, nôl y si,
Mae gobaith ceiniog arall
    O goffrau'r B.B.C.
A chawn gydyfed peint neu ddau
A rhagor wedi amser cau.

Rhaid imi dy longyfarch
    Am fod yn drefnwr gwych
Yn trefnu llety'r 'Steddfod
    Mewn man heb fod yn sych;
Beth ddiawl 'di'r ots os methaf fyw
A thincial gwydrau ar fy nghlyw?

Mi godais Alun Pierce
    O'i wely'n hwyr y nos,
Ni theimlai'r deuddeg gini
    Yn ddim am 'fath good cause,
A phan ddêl Awst ni fydd yn syn
Gweld dynion duon eto'n wyn!

Hwyrach y gwelaf di nos Sadwrn, Mawrth 5ed.

Cofion a Blwyddyn Newydd Gampus,
Guto.

Muriau Mawr

Medi 1973

Chwartar wedi 1 (bora!)

Annwyl Merêd

Roedd dau gopi o'r *Old Darby* wedi eu rhwymo y naill yn y llall mewn cyfrol o'r Traethodydd 1851. Dyma i ti un. 'Dwi'n deall llai ar y duon na'r llythrenne! Felly tar' d'olwg.

Damia, mi gwela i hi rŵan! Y llinell ganol 'na 'di'r alaw?

P'run bynnag waeth i ti ga'l y copi.

Cofion,
Guto.

275

Rhos-lan

Gorffennaf 29, 1974

Annwyl Merêd,

'Chydig ddyddia' eto ac mi fyddi'n mynd i Gaerfyrddin i'r 'Steddfod Fawr. Fel y gwyddost 'fydda' i ddim yn dŵad 'leni (y tro cyntaf i mi fethu mynd ers tua 15 mlynedd; maen' nhw'n deud i bod nhw am adael un o'r hen gadeiria plygu yn wag ar ganol y maes a rhaff wen o'i chwmpas i gofio amdana' i!).

Gan i mi gael mynd hebot ti i'r 'Steddfod yn Rhuthun y llynedd 'alla' inna' ddim llai na gadael i titha' gael y rhyddid hwnnw 'leni. 'Drycha ar ôl dy hun a chofia fi at Reolwr y Midland Banc a'r Westmister.

Gan fod dwy flynedd er pan fuost ti yn y 'Steddfod o'r blaen buddiol fydd i mi dy atgoffa o ofynion 'Steddfotwr.

1. Trïa gofio pwy sydd wedi ennill ar y peth yma a'r peth arall dros y blynyddoedd. Cofia 'neud ffŷs o'r bobol hynny. Paid â thrafferthu darllen 'i gwaith buddugol nhw, 'dydi hynny ddim yn bwysig, a chofia beidio â gneud gormod o how-di-dw efo'r bobol na ddaru nhw 'rioed gystadlu.

2. Gloywa dipyn ar dy Gynganeddion y dyddia' nesa' 'ma. Os medri di, 'fodd 'n y byd, llunia ambell i linell ne' gwpled rhag digwydd iti drawo ar y Cofiadur. Paid ag ymboeni gormod am y *Groes o Gyswllt*, mi wnaiff ambell i *Lusg* seml neu'r *Draws Fantach* y tro'n iawn. Trïa gael ambell i air Saesneg yn dy gwpledi er mwyn y Cardis.

3. Trïa feddwl am ambell i un ddylasa' gael y Goban Wen yn 'Steddfod Cricieth er mwyn gwthio'r cwch i'r dŵr. I hwyluso'r gwaith dyma'r pwyntia' y gellid eu hystyried:

(a) Saesneg go dda.
(b) Cymraeg clapiog.
(c) Rhywun 'neith dalu am rownd.
(d) Wedi bod yn y Gwledydd Poethion.
(e) Perchen *Triumph 2000* neu *Daimler* (forget the *Minis*).

(f)   Cadeirydd Pwyllgor Addysg.

(g)   Cadw carafanau.

(h)   'Sgotwr rhyngwladol.

4. Pan fyddi'n cerdded y Maes gofala beidio â gwneud hynny'n waglaw. Mae'n hanfodol bwysig cael copi o Blodau'r Ffair neu Lol (wedi 'i blygu) yn dy gesail, gan blygu'r fraich a chwpanu'r llaw i'w gynnal. Os oes modd yn y byd trïa gael ambarel (dim ots os bydd hi'n braf) a sî-bŵts at y grumog (nid at y garrau!).

5. Cofia ymweld â'r Babell Lên. Y drydedd res o'r ffrynt yng nghyfeiriad y llwybyr canol ydi'r lle delfrydol. Ceisia fynd yno pan gynhelir Ymryson y Beirdd neu 'fedri di ddim cael penllinyn y sgwrs uwchben cinio gyda'r nos. Paid ar boen dy fywyd â cholli Beirniadaeth John Evans ar yr Englyn Digri (rhag ofn na chyhoeddir casgliad arall o Englynion Coch).

6. Y Ddrama. Trïa d'ora' fynd i weld un o'r rhain. Cyfieithiad os yn bosib, ac os bydd coffi rhwng act ne' ddwy, gora'n 'byd, gan ei fod yn creu awyrgylch theatr fendigedig. 'Fydd o fawr o wahaniaeth os na chei di siwgwr nac yn wir os na fydd coffi, ond trïa ddal d'afael mewn cwpan a soser. Yn anad unpeth arall paid â rhoi dy farn, hynny ydi, nes clywi di rywun arall yn deud. Ac os na fyddi di'n deall y Ddrama, cofia ganmol!

7. Dos i weld y Pypedau. Maen' nhw'n deud mai'r Canu Penillion ydi'r thema a'r stori 'leni.

8. Paid ag anghofio y Pafiliwn Celf a Chrefft a phan ddoi di i'r Adran Lluniau (peintiedig neu bensel felly) cofia ogwyddo dy ben dipyn i'r chwith (i'r dde os mai yr ochor honno y byddi di'n cario Lol). Trïa beidio ag aros yn rhy hir o flaen y llunia' traddodiadol, gorau oll os gelli sefyll o flaen un o'r 'Abstracts' dyrys. Gelli edrych ar y llun traddodiadol o'r fan honno! Ceisia gael gair efo Elis Gwyn pan ddoi di i adran y Ffotograffio ac ella y medar o ddeud pam fod tina' plant bach China bob amser yn wyn.

9. Pan ddoi di i adran y gwaith torri ar lechi rho ordor am fwrdd cegin – maen' nhw'n reit hwylus – 'na' nhw ddim troi ar

chwara bach, ac os digwydd i'r llechen fod yn drwchus ella cei di ddŵr ar y tebot o'i ochor o.

10. Rho dro rownd y Stondinau ddydd Gwener. Cofia alw ym Mhabell Cymdeithas yr Iaith ne' mi feddylian' dy fod ti'n Sais, ac os wyt ti'n dipyn o Lafur cofia alw ym Mhabell y Ddraig Goch. Galw heibio i Gwilym R. a Mathonwy – 'Ein Tad cofia'r Faner' chwedl Eifion Wyn.

Ffolineb fydda' imi bwyso arnat ti i drïo mynd i Babell yr Hen Gorff; mi wyddost fel finna' na fydd dichon mynd yn agos ati hi gan Brygethwrs.

Yn olaf ond nid y leiaf – Pabell Cwmni Theatr Cymru. Rho dro heibio'r Gweinyddwyr a rhag iti roi dy droed yn'i hi, nid Actorion fydd yno ond pobol o feysydd eraill. Prin y bydd yno Ddramodwyr 'chwaith.

11. Os medri di ddal ati 'ngwas i, gora'n byd, ond os byddi di'n tueddu i deimlo'n fflat at y diwadd mae 'na un Babell arall (ond na wn i un dim am ei dirgelion phabellyddol hi) y gelli di ei thrïo a honno ydi Ffydd y Bahai.

Fy nghofion ac yn nerth deall ac yn neall gwybod, pob hwyl i ti o fore Llun hyd nos Sadwrn.

Yn gywir iawn,
Guto,
/|\uriau /|\awr.

Y cyd-destun yw cyflwyniad arfaethedig o 'Fy Annwyl Eifionydd' yng Nghaerdydd. Awgrymais fod Ifan Wyn Williams yn rhagymadroddi'n fyr ar Eben Fardd a'i gyfnod.

Muriau Mawr
Rhos-lan

Chwefror 8, 1977

Annwyl Merêd,

Mi ges dy lythyr fora Llun a gweli nad wyf yn diolch amdano! Nid nad o'n i'n falch o glywed oddi wrthyt ond rydw i'n anghydweld yn hollol ac yn bendant â'th benderfyniad yn gofyn i nac Ifan Wyn na Dafydd Ddu i bregethu o 'mlaen i.

Tydw i'n amau dim ar allu traddodi y gŵr a enwaist a 'does gen i ronyn o amheuaeth o'i ysgolheictod a'i wybodaeth am lenorion y cyfnod na'r un cyfnod arall – ond 'dwi ddim isio 'i glywed o yn traethu y noson honno. (Mi wn i o'r gorau y gwnâi hynny les uffernol i mi yn bersonol). Mi gaiff o a phawb arall draethu 'faint a fynnon' nhw wedyn!

Gwyddost fy mod yn barod wedi torri deng munud o'r detholiad a chan fod hwnnw ar gael o fewn y cloriau gallaf ei gynnwys yn hawdd.

Gwyddost yn barod i mi ddatgan fy anfodlonrwydd i gael telynores ar y cychwyn a hynny gan fy mod i'n credu fod y deunydd ynddo 'i hun yn ddigon diddorol – ac mae'r ffaith dy fod ti yn canu cerddi Eben yn rhoi amrywiaeth i'r Rhaglen ac yn berthnasol. Ia, medda titha, mi **fasa** Ifan Wyn yn berthnasol. *'Dwi'n* gwbod hynny, ond gadawer i bobol (os bydd 'no rywun!) ofyn **wedyn** 'Pam fod y blydi Eban 'na'n sgwennu yn Susnag.' Yn wir, mae hynny'n cael ei ofyn ar y tâp! A'i ateb yn awgrymog.

Mae'n siŵr dy fod ti'n gofyn ers meitin, 'be' sy' ar yr uffarn penstiff?' Prin dy fod (o fy 'nabod) yn meddwl 'mod i wedi mynd yn fwy na llond fy sgidia. Os wyt ti cym'ra fo unwaith ac

279

am byth – rwyt ti'n rong. Yn hollol i'r gwrthwyneb. 'Does gen i ddim digon o hyder i afael ynddi hi (yn ogystal â'r rhesymau a nodais) o flaen cynulleidfa am awr a chwarter, yn enwedig ar ôl rhagymadroddi dadansoddol. Gwell i Ifan ddod yno i gario ymlaen pan fydda' i wedi baglu ar draws y Saesneg ac wedi colli fy ffrwt cyn y diwedd! Rhag dy roi di mewn lle cas yn gorfod dweud wrth Ifan Wyn, mi anfona' i air ato fo fy hun (ond nid cyn cael gair yn ôl) ond cofia mai fi sydd i wneud hynny. Rho ei gyfeiriad.

O ystyried y posibilrwydd o ymestyn deng munud, wnei di ddim canu cân neu ddwy arall? Mi dderbyniwn i hynny – ar unwaith.

I gloi (fel y bydd pregethwyr mawr yn deud!), gadawer i'r darllen a'r canu o'r deunydd a adawodd Eben ar ei ôl ddisgyn ar eu clyw, a siaraded **hwnnw**.

Ydwyf
(fel Dewi Wyn)
Y dyn drwg a phengaled a llawn hunan-dyb,
Guto.

Pnawn Sul

Anwl Santa

Ma Mam yn deud na cha i uffar o ddim Dolig am bod fi wedi bod yn hogyn drwg ond dwi licio chi Satan bach a wedi sgwennu lot o boscards i chi bob Dolig er pan dw i wedi dechra sgwenu efo inc. Nes i ddim sgwenu tro dwutha – nes i ffonio i chi. Nes i ddim clŵad ych llais chi chwaith dim ond llais hogan yn deud wrtha i am ddeud be on i isio ar ôl i gloch ganu – ond chlywis i mo'r blydi cloch byth a ddaru chi ddŵad â rhiw hen sglyfath o gêm liwdo – ond dwi isio presant hogyn mawr.

Ma Wmffra nymbar six yn deud fod o am gâl sgwtar go iawn efo mwg yn dŵad drw beipan o'i din o a dwi yn fwy na fo a dwi isio moto go iawn i fynd â Mam i Wyrcws am nad oes gynni hi ddim pres medda hi. Ac wrth bod Yncl Robat wedi dengid i ffwr efo gwraig Titsiar Rysgol dwi isio mynd i chwilio amdano fo a dŵad â fo adra i blanu rardd ne mi fydd raid i mi neud medda Mam a dwi ddim yn licio rar go iawn – dim ond llunia rhai ar cialindar – rhai efo bloda. Dwi ddim isio rar efo cabaits a letis a tatws ac os daw Yncl Robat yn ôl efo fi ac os gneith o blanu ciwcymbars mi wna i agor giât rar nes daw gwarthaig drwadd a byta a sathru cwbwl a malu tŷ gwydr. Dwi ddim yn licio ciwcymbars ac am bod Mam wedi rhoi ciwcymbar yn salad gnes i regi Mam a dyna pam na cha i bresant dolig medda Mam.

Cofio efo lot o swsus,
Hogyn Garag Bouth.

PC Os na cha i ddim byd mi na i ddeud wrth plant rysgol.
Dilewyd:
P.C. Ma mam yn rhy brysur i sbio ar y llythyr ma hi'n chwara efo injan sgwenu.

Y Dyn Camera

Teitlau Ffilmiau a Thapiau Fideo a gyflwynwyd i Archif Ffilm Genedlaethol Cymru.

A. Ffilmiau Super 8. Tynnwyd tua 1974.

Rîl 1:

(a)   JOHN GRIFFITH WILLIAMS, awdur *Pigau'r Sêr*, a.y.b. Athro ysgol, llenor, saer coed ac arlunydd. Brawd Y Parchedig R.O.G. Williams, Wil, Lora a Madge. Tua 4 munud.

(b)   ROBERT JONES, Fronolau Uchaf, Rhos-lan. Peintiwr wrth ei alwedigaeth. Gŵr diwylliedig. Tua $1/4$ munud.

(c)   OWEN ELIAS ROBERTS. Treuliodd flynyddoedd yn gweithio mewn labordai meddygol yn Lerpwl. Yn wreiddiol o Maen-y-Wern, Llanystumdwy. Llenor. Enillodd ddwy Fedal Ryddiaith Eisteddfod Genedlaethol Cymru.

(ch) Y PARCHEDIG R.O.G. WILLIAMS (Robin Williams), Bryntirion, Rhos-lan, yn codi wal gerrig o flaen y tŷ. Gweinidog, darlledwr, llenor.

(d)   W.S. JONES (Wil Sam), Tyddyn Gwyn, Rhos-lan, efo hen foto beic ac un diweddarach – un 'cacwn'. Bu'n cadw garej. Dramodydd a Llenor.

(dd) DYFED EVANS, Pencaenewydd, Pwllheli. Gohebydd *Y Cymro* am ugain mlynedd. Yna athro ysgol am tuag ugain arall. Un o Fynytho yn wreiddiol. Awdur *Cofiant Bob Owen*. Cyn-olygydd papur bro *Y Ffynnon* a chyfrannwr iddo. Mae'n ymweld yma â Chastellmarch yn Abersoch ac â Chapel Newydd, Nanhoron.

(e)   JOHN LLEWELYN WILLIAMS, Blaen-y-cae, Garndolbenmaen, yn mynd i weld y gwartheg efo'i gŵn defaid. Englynwr, cywyddwr, awdur cyfrol yn y gyfres Beirdd Bro.

Rîl 2:

(a)   WILLIAM D. JONES. Gweithiwr mewn siop yng Nghricieth. Un o Lanystumdwy yn wreiddiol. Bardd ac englynwr. Awdur y gyfrol *Diferion Dwyfach*.

(b)   JOHN GRIFFITH WILLIAMS (gweler rîl 1).

(c)   WILLIAM ROWLANDS, cyn-brifathro Ysgol Sir Porthmadog.

Un o'r Rhiw yn wreiddiol. Awdur *Y Llong Lo, Llawlyfr Dysgu Cymraeg* a *Prifeirdd Eifionydd*. Baledwr. Mae record ohono'n canu *Cerdd Bach-y-Saint*. Mae tua 90 oed yn y ffilm hon.

(ch) YR ATHRO GWILYM O. ROBERTS, Pontllyfni. Bu yn America am flynyddoedd. Bu'n cadw dosbarthiadau nos dan Adran Coleg Prifysgol Gogledd Cymru, Bangor. Bu'n cyfrannu colofnau cyson yn *Y Cymro* am flynyddoedd: rhai ohonynt yn rhai beiddgar iawn yng ngolwg ambell flaenor.

(d) DILYS CADWALADR, Nofelydd, bardd, enillydd coron Eisteddfod Genedlaethol Cymru, Y Rhyl, 1953. Awdur cyfrol o Straeon Byrion. Athrawes ysgol ar Ynys Enlli ac yn Nant Bwlch-yr-heyrn. Daeth i fyw i'r Suntur, Rhos-lan, (cartref y Robert Jones Rhos-lan rhyfeddol hwnnw). Roedd yn briod â gŵr o'r Iseldiroedd – Sieltinga. Bu ganddi gyfres dan enw ffug yn *Y Cymro.*

(dd) Y DOETHUR COLIN GRESHAM, Sais a ddaeth i fyw i Gricieth yn llanc ifanc. Dysgodd y Gymraeg. Bu'n amaethu Penystumllyn, yn berchennog Y Berthlwyd a Llwyn-yr-hwch (dwy ffarm yn Nantgwynant). Hanesydd Archaeolegol. Awdur y cyfrolau *Eifionydd, Medieval Stone Carving in North Wales, James Gresham and the Vacuum Railway Brake a History of Merioneth* (ar y cyd efo E.G. Bowen). Telynor. Gŵr swil, bonheddig, golygus ond dibriod.

(e) STEWART WHYTE MACEWAN JONES, Ganed yn Yr Alban. Mabwysiadwyd gan Albanes oedd yn wraig i Robert Henry Jones *(Cennin)* a aned yn Nyffryn Nantlle ac a ymgartrefodd yn Yr Allt ar Fynydd y Cennin. I orsaf Yr Ynys – b'le mae'r ffilm hon yn cychwyn – y daeth Stewart Jones yn blentyn bychan efo'r trên o'r Alban. Bu'n byw yn *Congo House* ar fin y rheilffordd yn Yr Ynys cyn symud yn ddiweddarach i Brythonfa, Rhos-lan, Cricieth. Daeth yn enwog fel actor ar lwyfan a theledu ac ennill prif wobrau am adrodd yn yr Eisteddfod Genedlaethol.

(f) ELIS GWYN JONES, Cafodd ei eni a'i fagu a byw am y rhan helaethaf o'i oes yma yn Nhy'n-llan, Llanystumdwy. Arlunydd, dramodydd, athro celfyddyd yn Ysgol Glan-y-môr, Pwllheli. Graddiodd yn Y Gymraeg yng Ngholeg Prifysgol Gogledd Cymru, Bangor. Brawd Wil Sam.

Rîl 3:

(a) OWEN ELIAS OWEN, Llawfeddyg. Ganwyd a magwyd ym Mhen-y-bryn, Cricieth. Cyhoeddwyd cyfrol o'i atgofion dan y pennawd *Doctor Pen-y-bryn* (Cyhoeddiadau Mei). Derbyniodd ei addysg gynnar yng Nghricieth ac Ysgol Sir Porthmadog cyn dilyn ei gwrs meddygol. Ei hobi – magu ieir ac anifeiliaid anwes, ac astudio hanes y Celtiaid.

(b) J.T. JONES, PORTHMADOG, Prifathro'r Ysgol Ganolraddol ym Mhorthmadog. Cyfieithydd gloyw dramâu Shakespeare i'r Gymraeg. Un o Langernyw yn wreiddiol. Brawd i R.E. Jones, athro ysgol yn Llanberis. Bardd ac englynwr.

(c) SYR T.H. PARRY-WILLIAMS, Diwrnod ei angladd. Cip ar y ceir yn dod dros y bont ym Meddgelert o gyfeiriad Rhyd-ddu. Y lluniau wedi eu tynnu yn y dirgel o ffenestri llofft gwesty Tanyronnen – ar ôl cael gwybodaeth gyfrin, wedi imi bwyso arno, gan Mr. Gruffudd Parry, Botwnnog. Gosodwyd ei lwch dan y garreg lwyd oedd wrth droed cofgolofn ei rieni.

(ch) DADORCHUDDIO COFEB AR DŶ'R YSGOL RHYD-DDU I GOFIO SYR T.H. PARRY-WILLIAMS, Diwrnod eithriadol o wyntog a glawog a'r cyfan yn cael ei yrru i fyny'r Bwlch o Feddgelert. Ffowc Williams, Syr Ben Bowen Thomas, Hogia'r Wyddfa, Thomas Parry a.y.b. Yna Gwyndaf Evans yn canu. Iolo Hughes-Jones, Prifathro Ysgol Syr Hugh Owen, Caernarfon, ar y pryd, William Williams (gŵr y Tŷ Capel) yn talu'r diolchiadau; Y Fonesig Amy Parry-Williams yn siarad efo Ifan Wyn Williams, Prifathro Ysgol Dyffryn Nantlle. Y tu ôl iddo mae Tom Jones, Llanuwchllyn. Yna Ifan Wyn Williams yn cyflwyno'r allwedd i'r Fonesig Amy Parry-Williams. Cip ar y bobl oedd yn aros yn y gwynt a'r glaw ac yna awn i mewn. Yno mae Ffowc Williams, a.y.b.

Rîl 4:

(a) CHARLES WILLIAMS, Ffilm breifat a wnes o Charles Williams yng Nghaerdydd yn mynd a symud a gorwedd a chodi yn ôl cyfarwyddiadau a chwiw y tynnwr lluniau. Dangosir yr elfen o Charles Williams yn dysgu rhannau i'w hactio.

(b) DIC HUGHES, Actor. Yn ymweld â'r ardal a'r pentref y bu'n byw ynddo am gyfnod ei blentyndod.

(c) PEN EI DENNYN, Y cast yn paratoi ar gyfer y gyfres hon a ddarlledwyd gan y BBC ddechrau'r saithdegau (gwaith Gruffudd Parry) yn cynnwys Ryan Davies, Charles Williams, Dic Hughes, a.y.b. ynghyd â disgyblion o Ysgolion Botwnnog a Phwllheli.

Rîl 5:
Tua 10-12 munud yn dangos cyhoeddi Eisteddfod Genedlaethol Cymru, Bro Dwyfor, Cricieth, 1974.

B. Tâpiau Fideo

1 (a) DARLITH Saesneg gan Yr Athro R. Tudur Jones a draddodwyd i Gymdeithas CAPEL yng Nghaernarfon, Mai 16 1987.
  (b) Cofnod o YSGOL SUL yng Nghapel Pencaenewydd, Eifionydd. Mai 24 1987.
2 (a) DARLITH EIFIONYDD 1989 gan Guto Roberts.(Cyhoeddwyd yn breifat: *Ar Lafar yn Eifionydd.*) (Dyn camera: John Roberts).
  (b) DARLITH EIFIONYDD 1987 gan W.R.P. George. (Cyhoeddwyd gan Wasanaeth Llyfrgell Cyngor Sir Gwynedd, 1988: *Rhai Agweddau ar y Gyfraith yn Eifionydd.*)
3 (a) DARLITH gan Dr. Meredydd Evans yn y Cwrs Llên Gwerin ym Mhlas Tan-y-bwlch. Mawrth 11 1989: *Rhai chwedlau cydwladol a rhai caneuon gwerin Cymraeg.*
  (b) Ymarfer darlith ar Robert Hughes, Uwchlaw'r Ffynnon, i'w thraddodi yn Nhrefor, Rhagfyr 17 1980. Guto Roberts.
4 (a) Cyfarfod gan ANTUR LLŶN yn Neuadd y Pentref, Clynnog Fawr. Ionawr 27 1989.
  (b) PREGETH gan Ifor Bowen Griffith (I.B.) yn y Capel Uchaf, Clynnog Fawr. (Llun gan gamera llonydd yn wynebu'r gynulleidfa). Mae tâp arall yn dangos y pregethwr – gweler rhif 24(b).
5 (a) PASIANT 'O'r Lôn Fudur at Foanerges' gan Y Parchedig Harri Parri yn Neuadd y Dref, Pwllheli. Rhagfyr 8 1985.
6 (a) DARLITH ar *Siôn Wyn o Eifion* gan Dewi Williams, Penmorfa, i Gymdeithas Lenyddol Llŷn, yn Llanengan 1989.
  (b) DARLITH ar *Williams Pantycelyn* gan Yr Athro R. Tudur Jones i'r W.E.A. yn Ysgol y Groeslon, Medi 1991.
7 (a) Copi o LUNIAU O WAITH ROBERT HUGHES, UWCHLAW'R FFYNNON ynghyd â sain o enw pob gwrthrych. (Mae tri chopi

arall gan aelodau'r teulu). Mae bwlch tua'r diwedd cyn dod at rai lluniau o'i waith sydd yn America.

8 (a) CYFARFOD *Cofio Penyberth* ar dir Penyberth ar Fedi 6 1986. (50 mlynedd wedi'r llosgi). Dadorchuddio'r plac. (Mae copi gan Mair Saunders).

9 (a) DARLITH *Pobol a Phetha* gan W.S. Jones (Wil Sam) yn y Cwrs Llên Gwerin ym Mhlas Tan-y-bwlch, Mawrth 20 1987.

  (b) DARLITH *Mogra Bryncroes* gan Hywel Parry, Y Groeslon, eto yn y Cwrs Llên Gwerin, Mawrth 21 1987.

10 (a) CYHOEDDI Eisteddfod Genedlaethol Cymru ym Mhorthmadog, 1986.

  (b) CYFARFOD o Bwyllgor Gwaith Eisteddfod Genedlaethol Cymru, Porthmadog 1987.

  (c) Golwg ar y Maes a'r Maes Carafanau brynhawn Sul cyntaf yr Eisteddfod ym Mhorthmadog, 1987.

11 (a) NOSON LAWEN gan Blaid Cymru yn Neuadd y Dref, Pwllheli, ar Orffennaf 5 1986 – *Gŵyl y Deffro*. (Gweler hefyd 17a a 23a).

12 (a) CYMANFA (flynyddol) yng Nghapel y Beirdd, Eifionydd, ar Nos Sul, yng Ngorffennaf 1989.

13 (a) PASIANT 'Cyfieithu'r Beibl, 1588' yn Eglwys Clynnog Fawr, Haf 1988.

14 (a) Peth o HANES SWYDDFA'R POST A'R SIOP yng Nghlynnog Fawr a'r newid dwylo, 1991, pan oedd Griffith Roberts yn ymddeol.

15 (a) DARLITH gan Yr Athro Bedwyr Lewis Jones a drefnwyd gan bapur bro *Y Ffynnon*, 1987.

  (b) Cyflwyno gwaith T.H. Parry-Williams gan Guto Roberts yn Neuadd Penmorfa, 1987. (Dyn camera: John Roberts).

16 (a) DADORCHUDDIO COFEB I HYWEL TUDUR yn Y Capel Uchaf, Clynnog Fawr, Gorffennaf 6 1991. Trefnwyd y cyfarfod a thalwyd am y gofeb gan Catrin Parri Huws, Ynys Wen, Henwaliau, Caernarfon (gynt o Brysgyni, Capel Uchaf).

17 (a) GORYMDAITH A RALI GŴYL Y DEFFRO gan Blaid Cymru, ym Mhenyberth a Phwllheli, Gorffennaf 5 1986. (Gweler hefyd 11(a).

18 (a) CYFARFOD yn Neuadd Rhosgadfan a DADORCHUDDIO COFEB I'R DR KATE ROBERTS ar Y Lôn Wen, Ebrill 11 1988.

19 (a) DARLITH gan Elis Gwyn Jones, Llanystumdwy, i Gymdeithas Ddiwylliannol Dyffryn Ogwen, Tachwedd 4 1988.

20 (a) CYMDEITHAS CYMRY ARIANNIN yn dathlu Gŵyl y Glaniad

yn Neuadd y Cyfnod, Y Bala, Gorffennaf 1987. (Anfonwyd copi i'r Wladfa ac o bosib fod copi gan Shân Emlyn).

21 (a) DARLITH ar Y Dr. Thomas Parry gan Dr. John Gwilym Jones yn Y Groeslon, Mawrth 21 1986.

(b) DARLITH (rhan ohoni) gan Yr Athro Gwyn Thomas yng Nghricieth, Ebrill 4 1986 (Darlith papur bro *Y Ffynnon*).

(c) Y Llawfeddyg Owen Elias Owen yn llofnodi ei hunangofiant *(Doctor Pen-y-bryn)* yn Siop y Pentan ym Mangor, 1985.

(ch) Y Llawfeddyg Owen Elias Owen yn canu i'w wraig a Marian (fy mhriod) a minnau ar aelwyd Y Garreg Boeth, Capel Uchaf, Tachwedd 26 1986.

22 (a) DARLITH EIFIONYDD 1985 gan Dewi Williams, Penmorfa, *Chwareli a Chloddfeydd yn y Pennant*. Cyhoeddwyd gan Wasanaeth Llyfrgell Cyngor Sir Gwynedd, 1986.

(b) DARLITH EIFIONYDD 1986 gan Deio Fôn Hughes, Rhos-lan, *Argraffu a Chyhoeddi yn Eifionydd*. Cyhoeddwyd gan Wasanaeth Llyfrgell Cyngor Sir Gwynedd, 1987.

23 (a) GWASANAETH HEDDWCH, GŴYL Y DEFFRO gan Blaid Cymru yng Nghapel Salem, Pwllheli, Gorffennaf 6 1986. (Gweler hefyd 11(a) a 17(a).

24 (a) CYMDEITHAS CYMRY ARIANNIN yn dathlu Gŵyl y Glaniad yn Neuadd y Cyfnod, Y Bala, Gorffennaf 1991. (Anfonwyd copi i'r Wladfa).

(b) PREGETH gan Ifor Bowen Griffith yn Y Capel Uchaf, Clynnog Fawr, Gorffennaf 2 1989. Gweler 4(b).

25 (a) DARLITH EIFIONYDD 1991 gan Twm Prys Jones, Llandwrog (gynt o Tyddyn Llan, Llangybi), ar *Addysg yn Eifionydd*. Cyhoeddwyd gan Wasanaeth Llyfrgell Cyngor Sir Gwynedd. (Mae hwn yn gopi gwreiddiol ar dâp SVHS).

26 (a) GWASANAETH BEDYDD gan Y Parchedig Meirion Lloyd Davies yng Nghapel Cwm Pennant, Eifionydd, Awst 28 1988. Y plentyn yn fab i Mr a Mrs Williams, Rhwngyddwyafon, Cwm Pennant.

27 (a) Ymweliad EWROSGOL â thref Pwllheli, 1991.

(b) Dadorchuddio COFEB I CHARLES WILLIAMS ym Modffordd, Medi 1991. (Oherwydd y tywydd bu'r dadorchuddio ar ôl y cyfarfod yn y capel).

(c) COFIO FRON-GOCH – yn Y Bala, 1991. Y Cyfamodwyr.

28 (a) Cofnod o Wasanaeth adeg CAU CAPEL Y TABERNACL,

Llanystumdwy. Pregeth gan Yr Athro R. Tudur Jones, Hydref 2 1990. Y Llywydd oedd Y Parchedig W. Stanley Owen, Cricieth.

(b) Cyfarfod COFIO A DADORCHUDDIO COFEB I'R ATHRO J.R. JONES ym Mhwllheli, Hydref 6 1990. (Mae copi gan Glarc y Dref).

29 (a) CYFARFOD TEYRNGED/COFIO NANSI RICHARDS yn Ysgol y Berwyn, Y Bala, Gorffennaf 23 1988. (Mae copi gan Roy Saer yn Amgueddfa Werin Cymru, Sain Ffagan).

30 (a) DARLITH LLŶN (Llyfrgell Arfon\Dwyfor) gan Gruffudd Parry, Botwnnog. Ebrill 12, 1989.

(b) DARLITH gan T. Llew Jones ar Fois y Cilie yng Nghwrs Llên Gwerin, Plas Tan-y-bwlch, Mawrth 21 1987.

31 (a) DARLITH gan J.G. Bumby eto ym Mhlas Tan-y-bwlch, Mawrth 21 1987.

32 (a) DARLITH EIFIONYDD 1988 gan Yr Athro R. Tudur Jones – *Tân yn Eifionydd* (cyhoeddwyd gan Wasanaeth Llyfrgell Cyngor Sir Gwynedd, 1990).

(b) DARLITH EIFIONYDD 1990 gan y Meddyg John L. Jones Morris – *Eifionydd a'r Môr* (cyhoeddwyd gan Wasanaeth Llyfrgell Cyngor Sir Gwynedd, 1991).

33 (a) Cyhoeddi EISTEDDFOD GENEDLAETHOL YR URDD, DYFFRYN NANTLLE, yng Nglynllifon, Calan Mai 1989.

34 (a) SGWRSIO YNG NGWEITHDY HENDRE BACH, Rhos-fawr, Y Ffôr, efo Rhys Roberts ar Fawrth 11 1989 ac yng nghwmni Dyfed Evans a John Roberts – ar fore oer!

35 (a) W.S. JONES (Wil Sam) ymysg ei gasgliad o foto beics, 1989.

36 (a) COFIO BOB OWEN, CROESOR Tri siaradwr: Ifor Owen, Llanuwchllyn; Dyfed Evans, Pencaenewydd a Robin O.G. Williams, Rhos-lan. Trefnwyd gan Blaid Cymru ym Mhlas Tan-y-bwlch, Gorffennaf 26 1986.

37 (a) DARLITH gan Miss Namora Williams ar Garneddog i'r W.E.A. ym Mhorthmadog, Hydref 4 1986. (Ni chawsai bulpud gan y trefnwyr felly mae'n gwyro ei phen).

(b) PRIODAS yr actor Charles Williams a Maggie Rowlands, ym Môn. Mehefin 12 1987.

38 (a) DARLITH Tom H. Williams, Berth-ddu, Pontllyfni, i Gymdeithas Hanes Dyffryn Nantlle, Mehefin 9 1988.

(b) GORYMDAITH Canghennau Urdd Gobaith Cymru yng Nghaernarfon i gyhoeddi Eisteddfod Genedlaethol yr Urdd 1990. Ebrill 22 1989.

39 (a) CYNGERDD CYHOEDDI EISTEDDFOD (1990) YR URDD yn Ysgol Dyffryn Nantlle, Pen-y-groes – gan enillwyr Eisteddfod y Sir yn 1989.

40 (a) GŴYL Y GLANIAD 1989 gan Gymdeithas Cymry Ariannin yn Neuadd y Cyfnod, Y Bala. Mae'r cyfarfod yng ngofal Aled Lloyd Davies a Thriawd Menlli.

41 (a) GŴYL Y GLANIAD 1986 gan Gymdeithas Cymry Ariannin yn Aberystwyth. Y siaradwr yw: Y Parchedig Huw Jones (Y Bala gynt) ac fe'i cyflwynir gan Y Parchedig Eirian Lewis, Mynachlog-ddu.

42 (a) SGWRS efo W.H. Reese, Ffestiniog, sef y gŵr a'r bardd a gyhoeddodd ei waith ar y cyd ag Aneirin Talfan Davies yn y gyfrol *Y Ddau Lais*, 1937. Awdur *Y Llais yn ôl* (Cyhoeddiadau Mei), 1982. Ni all W.H. Reese ddarllen na chofio ei farddoniaeth erbyn hyn. Dyna paham mai fy llais i sydd i'w glywed yn darllen ond ceir hefyd dâp sain ohono ef ei hun a wnaed cyn hyn.

(b) Dr D Tecwyn Lloyd yn traddodi DARLITH dan nawdd *Y Ffynnon* yng Nghricieth, Ebrill 21 1989. Tua awr a thri chwarter.

43 (a) Cofnod o'r CYFARFOD a gaed yn Neuadd y Cyfnod, Y Bala, ar Ragfyr 2 1989 i lansio'r gyfrol *Edau Gyfrodedd* gan Irma Hughes de Jones o Ariannin. Y siaradwyr: Ifor Owen, Llanuwchllyn; Cathrin Williams, Bangor ac Elwyn Evans o Wasg Gee, Dinbych.

44 (a) Cyfarfod COFIO TRYWERYN ar lan Llyn Celyn ar Dachwedd 11 1985. Y siaradwyr: Y Parchedig Ifan Lynch, Y Parchedig R.S. Thomas a'r Prifardd Ieuan Wyn, Bethesda.

(b) Awr heb undim ar y tâp.

(c) Siân Hawys yn dweud gair adeg y gwersyllu gan GYMDEITHAS YR IAITH GYMRAEG YM MORFA BYCHAN, Eifionydd, Awst 29 1986, i wrthwynebu'r Cwmni sydd am godi tua 800 o dai.

(ch) CYFARFOD yn Neuadd Garndolbenmaen i wrthwynebu'r bwriad o godi tai ym Morfa Bychan. Y siaradwyr: Elis Gwyn Jones, Llanystumdwy a Geraint Jones, Trefor, Hydref 14 1986.

45 (a) CYFARFOD TEYRNGED ELWYN ROBERTS (Plaid Cymru) yn Llangefni, Mai 27 1989 (y camera yn wynebu'r siaradwyr – yr un â thâp 46).

46 (a) Yr un cyfarfod â thâp 45 ond bod camera arall yn wynebu'r gynulleidfa yn y tâp hwn.

47 (a) CYFARFOD PREGETHU Cydenwadol Blynyddol Rhoshirwaun yn Neuadd Rhoshirwaun, Awst 1991. Mae hwn yn recordiad ar

Dâp Super VHS (yr un cofnod â thâp 48) ond bod hwn yn wynebu'r llwyfan.

48 (a) Cofnod o'r un cyfarfod â thâp 47 ond wedi ei dynnu â chamera oedd yn llonydd ar y llwyfan ac yn wynebu'r gynulleidfa. NID yw'r tâp hwn yn Super VHS fel Tâp 47.

49 (a) Dr Meredydd Evans yn trafod gwaith Syr T.H.Parry-Williams efo Cymdeithas Lenyddol Arfon yn Llyfrgell y Dref, Caernarfon, Mawrth 17 1987.

50 (a) CANNWYLL YN OLAU. Pasiant gan Y Parchedig Harri Parri yn Neuadd y Dref, Pwllheli, Tachwedd 1987.

51 (a) Thomas Williams, Pandy, Golan, Garndolbenmaen (Twm Brooklands) yn sgwrsio yn ei gartref, 1987. (Ef oedd gwrthrych y darlun buddugol yn Adran Celf a Chrefft Eisteddfod Porthmadog). Mae rhan o'r tâp hwn gan ei nith yng Nghwm-y-glo.

52 (a) ADUNIAD blynyddol cyn-fyfyrwyr Colegau Amaethyddol Madryn a Glynllifon yng Nglynllifon, efo Hogia Llandygai, 1990.

53 (a) BARBACIW yn Ffarm Afon-wen, 1986. (I godi arian at achos da).

54 (a) Dathlu GŴYL Y GLANIAD (Cymdeithas Cymry Ariannin) efo Hogia'r Wyddfa a Marian Lloyd Evans (Ty'n Giât, Llanystumdwy).

(b) CÔR IEUENCTID ARIANNIN yn Y Bala, Mehefin 10, 1991.

(c) ASADO ar gyfer y Côr yn Hen-dŷ, Caernarfon, Mehefin 1991.

55 (a) DADORCHUDDIO COFEB ar Frynawel, Carmel, cartref Syr Thomas Parry a Gruffudd Parry, Mawrth 6 1993. Y siaradwyr: Yr Athro R. Geraint Gruffydd, Huw Roberts (Pwllheli), a Dafydd Glyn Jones. Y Llywydd: Yr Athro Gwyn Thomas. Tâp SVHS.

56 (a) DARLITH gan Yr Athro Hywel Teifi Edwards ar Eisteddfod Ffair y Byd, Chicago, 1893. Yng Ngholeg Glynllifon, Ebrill 16 1993. (Tâp SVHS). Y Cadeirydd: Y Bonwr Ceredig Davies, Llandwrog.

57 (a) GWASANAETH Y PLYGAIN yn Eglwys Sant Pedr, Pwllheli, Ionawr 10 1993. Trefnwyd gan Glwb y Bont, Pwllheli, at Gronfa Goffa Saunders Lewis. Awr a thri chwarter.

58 (a) DADORCHUDDIO COFEB i gofio Thomas Jones yng Ngherrigelltgwm, Ysbyty Ifan, a charreg i gofio T. Osborne Roberts yn Ysbyty Ifan, Mai 15 1993, a chyfarfod yn Neuadd Bentref Ysbyty Ifan. Tâp SVHS.

59 (a) DARLITH gan Y Parchedig Huw Jones, Rhuddlan (Y Bala gynt)

yn y Cwrs Llên Gwerin ym Mhlas Tan-y-bwlch, Chwefror 12 1993.

60 (a) CYFARFOD TEYRNGED i'r Athro Bedwyr Lewis Jones yn Neuadd P.J., Bangor, Chwefror 7 1993. Tâp SVHS.

61 (a) DARLITH EIFIONYDD 1992. Hen Gerddorion Eifionydd gan Geraint Jones, Trefor. Tachwedd 18 1992. I gael ei chyhoeddi gan Wasanaeth Llyfrgell Cyngor Sir Gwynedd fel Bywgraffiadau o Gerddorion Eifionydd. Tâp SVHS.

62 (a) AGOR THEATR GORFFWYSFA, LLANBERIS gan Dafydd Wigley, A.S. Ebrill 5 1993, a pherfformiad o'r ddrama *Awel Dro* gan Gwmni Llanberis. Tâp SVHS.

63 Cyfarfod LLONGYFARCH Y PRIFARDD GERWYN WILLIAMS am ennill Coron Eisteddfod Nedd 1994 (yn Llandwrog, dan arweiniad Y Prifardd Gerallt Lloyd Owen). Tâp Super VHS.

64 DADORCHUDDIO COFEB I W. GILBERT WILLIAMS, M.A., yn Rhostryfan, Sul, Medi 4 1994. Tâp VHS.

65 Dathlu DEUCANMLWYDDIANT YSGOL SUL CAPEL UCHAF, CLYNNOG FAWR, Gwynedd, Hydref 23 1994. Tâp Super VHS.

66 DARLITH gan Dyfed Evans, Pencaenewydd, ar *Papurau* i Gymdeithas Hanes Dyffryn Nantlle, Ionawr 12 1995. Tâp VHS.

67 Cyfarfod DATHLU CANMLWYDDIANT GENI'R PARCHEDIG TOM NEFYN WILLIAMS yn Edern, Chwefror 9 1995 (roedd yno dros 800 o bobl). Tâp Super VHS.

68 GRUFFUDD PARRY (Botwnnog) a'i ferch Mrs Enid Evans yng Nghymdeithas Hanes Dyffryn Nantlle, Mawrth 9 1995. Tâp VHS.

69 (a) ELIS GWYN JONES, LLANYSTUMDWY yn ei ardd 1994 a 1995.
   (b) YMGYRCH SENEDD I GYMRU, Caernarfon. Gorffennaf 2 1995.
   (c) Taith MERCHED Y WAWR, Brynaerau, i'r YSGWRN, Mehefin 1995. Tâp VHS.

70 FRED GREEN, Trevelin, Cwmhyfryd, Patagonia, yn sgwrsio efo Guto Roberts, 1995.(Mae copi o'r tâp hwn yn Llyfrgell Genedlaethol Cymru). Tâp VHS.

71 (a) AGOR LLADD-DY CWMNI CIG ARFON, Gorffennaf 15 1995.
   (b) Dathlu 200 mlwyddiant corffori Eglwys Pen-y-maes (B) Cricieth, Mehefin 9 1996. Tâp VHS.

72 TEYRNGED Plwyfolion Llanaelhaearn, Trefor a Chlynnog am 21 ml. o offeiriadaeth Y Parchedig Idris Thomas, Ebrill 4 1996. Tâp VHS.

73 (a) Y Democratiaid Rhyddfrydol yn ymweld â Llanystumdwy, Mawrth 25 1995.

  (b) Gwasanaeth wrth fedd D. Lloyd George ar Fawrth 26 1995 i gofio am ei farw yn 1945. Tâp VHS.

74   Y Cyfarfod yng Nghapel Moreia, Llanystumdwy, cyn agor rhan newydd Amgueddfa D. Lloyd George yn Llanystumdwy, Rhagfyr 1990. Tâp VHS.

75   DAFYDD DAVIES HUGHES, CRICIETH. Gŵr ifanc 30 oed sy'n rhyfeddu a dotio at goed, yn cael ei holi gan Guto Roberts am y modd y bu iddo adnewyddu ac ychwanegu yn ôl ei gynllun ei hun at Tŷ Croes Bach, Y Rhiw, ger Aberdaron. Awst 1995. Tâp gwreiddiol SVHS.

75 (a) Yr un Tâp â Rhif 75 wedi ei olygu a gosod cerddoriaeth yn gefndir. Tâp VHS.

76   CÔR SEION, ESQUEL, Patagonia, a Phlant ac Ieuenctid Chwilog yn Neuadd Chwilog, Gorffennaf 5 1996. Tâp VHS.

77 (a) GOSOD PLAC ar gartref Telynores Eryri, Cwmcloch, Beddgelert, 1996.

  (b) DARLITH gan Y Parchedig Emlyn Richards, Cemais, Ynys Môn i Gymdeithas Hanes Dyffryn Nantlle, 1997.

  (c) DADORCHUDDIO PLAC ar gartref Gwenallt yn Aberystwyth, Mawrth 15 1997.

78   CAMPAU CŴN DEFAID, Gwar-rhos, Rhos-fawr, Pwllheli. Awst 31 1996.

79 (a) DADORCHUDDIO PLAC ar fur Ysgol Gynradd Llangybi yn Eifionydd i gydnabod ffilmio *Yr Etifeddiaeth* gan John Roberts Williams (Cynhyrchydd) a Geoff Charles (dyn camera) yn 1948/49. Tâp SVHS.

  (b) DARLITH gan Dr. John Llywelyn Williams ar W.J. Parry i Gymdeithas Hanes Dyffryn Nantlle, 1997. (Camosodwyd y camera ond mae hon yn ddarlith bwysig. Heb amrywio'r lluniau gan y credid nad oedd y camera yn gweithio). Tâp SVHS.

80 (a) CYFLWYNO COPI O DDARLUN sef hunanbortread o waith Robert Hughes, Uwchlaw'rffynnon, i Gapel y Babell, Llanaelhaearn gan Y Prifathro Elfed ap Nefydd Roberts, Mai 9 1993.

  (b) LISI JONES, LLANDWROG UCHAF yn 85 oed yn sgwrsio efo Guto Roberts ond, yn amlwg, ei chof am ei gwaith ei hun a hyn ac arall wedi dirywio. Cyhoeddwyd llyfrau o'i barddoniaeth y cyfeirir atynt yn y sgwrs. Gorffennaf 12 1986.

81 GEFEILLIO NEFYN A PHORTH MADRYN. 1998. Anfonwyd i'r Archif Ffilmiau, Tach. 1998.

82 GWASG DWYFOR, Pen-y-groes yn 1986.

83 ARDDANGOSFA GELF A CHREFFT, Eisteddfod Genedlaethol yr Urdd, Dyffryn Nantlle, 1990.

84 ANIFEILIAID Pen'rallt, Llanystumdwy, tua 1994.

85 DENGMLWYDD papur bro Y Ffynnon, 1985. Arddangosfa yn Neuadd y Dref, Pwllheli.
    Cyflwyniad Dyfed Evans a John Roberts.

85 Gosod DAUCANFED RHIFYN Y Ffynnon yn Ysgol Llangybi, Ebrill 19 1994.

86 Dathlu CANMLWYDDIANT YSGOL EIFIONYDD, Medi 30 1994.

87 Cyhoeddi'r llyfr PONTIO AMSER (Elizabeth Wynne Davies) ym Oriel Glynyweddw, 16.7.1990.

88 Dathlu PEN-BLWYDD Wilfred Jones, Garndolbenmaen yn 80. Rhagfyr 4 1985.

89 Dathlu PRIODAS AUR Y Bonwr a'r Fns D. Glyn Williams, Cricieth, Awst 14 1990. Dathlu PEN-BLWYDD D. Glyn Williams yn 80 oed ar Fedi 29 1996 a W.D. Jones yn adrodd ei ddau englyn iddo.

90 Noson AGOR Y CIOSG, Garreg Boeth, Capel Uchaf dan arweiniad Dyfed Evans a Guto Roberts. Tynnwyd lluniau'r Noson Lawen gan Emily Williams, Hen Reithordy, Llanarmon. Awst 24 1990 (a rhan o rif 89).

91 NOSON LAWEN mewn pabell, Garreg Boeth, Capel Uchaf, Mehefin 1993.

92 RALI CYMDEITHAS YR IAITH GYMRAEG, Caernarfon, Medi 18 1993.

93 Agor Swyddfa newydd Plaid Cymru yng Nghaernarfon gan y DR GWYNFOR EVANS, Hydref   22 1993.

94 RALI'R FFERMWYR IFAINC yn Lleuar Bach, Pontllyfni. Diwrnod cyfan o weithgareddau. Tua 1990.

95 DATHLU PEN-BLWYDD Mary Jones, Pennant, Trefor (Moelfre, Cwm Pennant) yn 80 oed. Ionawr 14 1995.

96 Sgwrs efo GRIFFITH POVEY, Tŷ Cerrig, Rhos-lan, tua 1989.

97 SIOE PONTLLYFNI, Awst 31 1987.

98 PERERINDOD ESGOBAETH BANGOR i Enlli. 1992. (Y copi gwreiddiol ym meddiant Y Canon Idris Thomas).

99 Sgwrs efo HYWEL ELLIS, Rhos-lan. Tua 1993.

100 Sgwrs efo SIÂN LLOYD WILLIAMS, Tynygongl. Gorffennaf 13 1986.

101 Guto Roberts yn cofnodi ei atgofion am y siop ym Mhorthmadog i Esyllt Nest Roberts, Y Ffôr, 1994.

102 Eto'n adrodd ei atgofion am Isallt Fawr a.y.b.

103 Sgwrs efo DAFYDD WYN OWEN, Bach y Saint, Cricieth, a Dewi Williams, Mehefin 1986. Safle hanesyddol ym Mach y Saint.

104 ELEANOR JONES, (93 oed), Llwyn-y-Ne, Clynnog yn adrodd ychydig o'i hanes yn gweini ac yn enwi'r trigolion yng nghyfnod ei hieuenctid. Awst 1993.

105 WHELDON JONES, Cae-coch, Rhos-lan, Gorffennaf 1988.

106 JANE JONES, Tŷ Penfro, Pant-glas. Tua'r un cyfnod.

107 TAI FFATRI, Garndolbenmaen, fel yr oedd yn 1990.

108 GWLADYS PRICE, Porthmadog, Ebrill 1987, yn sôn am y Cwmni Drama a fu yn y dref.

109 PARTI MICHAEL WILLIAMS, Pencaenewydd, wedi iddo ennill arian y Loteri. Mehefin 6 1995.

110 Siop NELSON, Caernarfon. Tachwedd 22 1992. (pwt byr)

111 ASADO i groesawu CÔR SEION, ESQUEL, yn Hen Dŷ, Caernarfon. Gorffennaf 1996. (gweler rhif 76).

112 Troi gwair yng nghae Garreg Boeth. 1987.

113 Adeilad YN NHAN-Y-BWLCH, Capel Uchaf. CADW Graddfa II*.

114 Pwt byr o Ddolbenmaen hyd Gwm Ystradllyn; Tŷ Mawr Ynyspandy a cherdded y Lôn Goed efo R.J. Owen, Llwyn-y-Ne, Clynnog.

Darlith Eifionydd

Trefnai Guto'r darlithiau blynyddol hyn yng Nghricieth ym mis Tachwedd dan nawdd Llyfrgell y Sir: yng Ngwesty'r Marine i gychwyn ac yna yng Ngwesty Siôr IV. I osgoi ailadrodd, un yn unig oedd i fod yn Atgofion Plentyndod.Fe'u mynychid gan 80-100 o bobl a throsodd a byddai Guto wedi anfon nodyn trwy'r post at nifer fawr i sicrhau cynulleidfa deilwng. Cyhoeddid y darlithiau hyn gan y Llyfrgell ymhen y flwyddyn ar ôl eu traddodi ond gan ei fod wedi penderfynu cynnwys llun o bob cymeriad y soniai amdano, a olygai fod angen gwell safon argraffu nag arfer, ymgymerodd â chyhoeddi ei ddarlith ef ei hun ar ei gostau ei hun ac fe'i hargraffwyd gan Wasg Dwyfor.

1980	Hunaniaeth Eifionydd	Elis Gwyn Jones
1981	Teulu'r Trefan	Dr. Colin Gresham
1982	Achau yn Eifionydd	Yr Athro T. Ceiri Griffith
1983	Meddygon a Gwyddonwyr Eifionydd	O.E. Roberts
1984	Siarad Hen Amserau	John Henry Jones
1985	Chwareli a Chloddfeydd yn y Pennant	Dewi Williams
1986	Argraffu a Chyhoeddi yn Eifionydd	Deio Vaughan Hughes
1987	Rhai Agweddau ar y Gyfraith yn Eifionydd	Dr. W.R.P George
1988	Tân yn Eifionydd	Dr. R. Tudur Jones
1989	Ar Lafar yn Eifionydd	Guto Roberts
1990	Eifionydd a'r Môr	Dr John L. Jones-Morris
1991	Addysg yn Eifionydd	Twm Prys Jones
1992	Hen Gerddorion Eifionydd	Geraint Jones, Trefor